LES NATIONALISMES RUSSES

Jules Sergei Fediunin

LES NATIONALISMES RUSSES

Gouverner, mobiliser, contester dans la Russie en guerre

CALMANN LEVY

La collection Liberté de l'esprit a été créée en 1947
par Raymond Aron.
Elle est aujourd'hui dirigée par Gilles Achache.

CALMANN LÉVY
ÉDITEUR DEPUIS 1836

COUVERTURE
Maquette : 'Olo

ISBN : 978-2-7021-8908-5

Lectori benevolo salutem

SOMMAIRE

Préface 11
Introduction 17
La persistance de la guerre entre les nations, 19. – *Le nationalisme, un phénomène politique toujours d'actualité*, 35. – *Du nationalisme en temps de guerre*, 48.

I. Idées et acteurs du « nouveau » nationalisme russe.... 65
1 – Aux origines des nationalismes russes contemporains, 73. *2 – Un nationalisme stato-impérial en recomposition*, 87. *3 – La montée d'un ethnonationalisme russe*, 99. *4 – Les visions officielles de la nation russe*, 115. *5 – La stratégie sélective du régime de Poutine face à la diversité des nationalismes*, 125. *6 – La « question ukrainienne » du nationalisme russe*, 137.

II. Les nationalismes non et para-étatiques à l'épreuve de la guerre.. 153
7 – Les (ethno)nationalistes d'opposition : d'une espérée « révolution nationale » à la crise du mouvement, 159. *8 – Les nationalistes pro-Kremlin entre idéal et*

loyauté, 181. *9 – Post-février 2022, une (nouvelle) mobilisation nationaliste*, 197. *10 – Vladimir Poutine débordé par un « nationalisme Z » ?*, 213. *11 – Une surenchère patriotique : les « patriotes en colère » remis à leur place*, 225.

III. Du nationalisme officiel poutinien........................... 245
12 – Un conservatisme en évolution, 253. *13 – La rupture avec le monde occidental et « l'illibéralisme » russe*, 265. *14 – L'année 2022, un coup d'accélérateur*, 285. *15 – Se légitimer par le nationalisme*, 301. *16 – Justifier la guerre par le nationalisme. De l'instrument à l'idéologie ?*, 315.

Conclusion.. 339
Bibliographie.. 353
Annexes... 357
Remerciements.. 363

PRÉFACE

On pourrait appliquer à l'objet de ce livre la métaphore que Clausewitz réservait à la guerre : le nationalisme est un caméléon.

Un caméléon qui a la vie dure. Que l'on y songe : alors que la notion même de « nationalisme » s'est cristallisée il y a plus d'un siècle – au début des années 1890 en France, dans la foulée de la crise boulangiste et grâce à la plume de Maurice Barrès –, cette idéologie qui met la nation au-dessus de toute autre considération continue d'être capable de susciter, en Occident comme ailleurs, des émotions puissantes et des passions politiques hautement mobilisatrices. Sans doute le nationalisme est-il si plastique qu'il a adopté des formes très différentes selon les lieux et les moments : pour autant, il reste un élément essentiel du politique contemporain. Actualité du nationalisme : voici une première certitude.

De son actualité – mais de sa dangerosité aussi – l'ouvrage que Jules Sergei Fediunin consacre à sa version russe actuelle ne fera que nous persuader davantage, s'il en était besoin. De ce nationalisme-là, le lecteur français ne connaît souvent que des bribes – l'auteur de ces lignes ne fait pas exception, qui doit confesser d'emblée qu'il n'est nullement familier de la société russe –, des bribes prenant le plus souvent la forme de quelques noms emblématiques évoqués dans les médias. Mais il ignore tout de l'extraordinaire nébuleuse idéologique qu'il est permis de ranger sous l'étiquette « nationaliste » ; il ignore tout de ses différents courants, de leur performativité politique ; il ignore tout, de même, de la relation complexe que ces derniers entretiennent avec le pouvoir russe actuel ; tout, enfin, de l'instrumentalisation du nationalisme par celui-ci. C'est tout cela que nous fait découvrir, sous un volume restreint, l'auteur de la fine analyse politique que l'on va lire. Et disons-le d'emblée : la découverte de cette nébuleuse a quelque chose de vertigineux pour un lecteur d'Europe occidentale ; pour un lecteur français tout particulièrement.

Jules Sergei Fediunin n'hésite pas à inscrire son sujet dans une utile profondeur de champ : la longue introduction de son livre prend le temps de revenir sur les origines et les définitions du nationalisme moderne, avant d'en rechercher les racines dans la Russie du XIXe siècle – racines profondes, comme on s'en rendra compte à la lecture, et que la rupture bolchevique et l'oppression stalinienne n'ont nullement éradiqué. C'est ainsi que l'auteur dessine avec clarté les deux grands courants (eux-mêmes subdivisibles et subdivisés en une infinité de nuances) qui structurent le champ d'un nationalisme russe « idéologiquement bicéphale » : un courant défini comme « stato-impérial » d'une part, relevant d'une « volonté de domination sur des espaces et des populations divers quant à l'ethnicité, la culture ou la religion », et donc porteur d'un « projet d'une nation composite insérée dans une vaste entité politique, définie tantôt comme civilisation (ou Etat-civilisation), tantôt comme empire » ; et un autre courant défini comme « ethnocratique », qui s'est progressivement renforcé de manière récente, porteur pour sa part d'une vision ethnique de la nation russe, et « animé par la tentation de former un État national qui favoriserait les intérêts du groupe ethnique majoritaire ». C'est donc bien au pluriel, comme le titre de l'ouvrage l'indique, qu'il faut entendre le nationalisme russe. Et de ce point de vue – là réside tout particulièrement le vertige que j'évoquais à l'instant – on reste ébahi par la complexité de ce qui apparaît comme une immense « galaxie », ainsi que la nomme l'auteur, ébahi aussi par l'inquiétante « richesse » de ses « écosystèmes d'acteurs ». Ébahi enfin, disons-le, par la dimension parfois insensée de tant d'écrits des acteurs en question : de l'étude minutieuse de l'auteur émerge la figure inquiétante d'un monde agressif où la rumeur, l'idéologie du complot (occidental, naturellement...), voire la paranoïa pure et simple, règnent décidément en maître... Et dans ce monde-là, avant même la guerre ouverte par l'agression russe du 24 février 2022, la « question ukrainienne » occupait déjà une place centrale.

Mais s'il avait décidé d'en rester là, l'ouvrage que l'on va découvrir s'en serait tenu à une simple histoire des idées, détachée de la spécificité politique de cette séquence si particulière que traverse la Russie depuis un peu plus d'une dizaine d'années. Or, le spécialiste du nationalisme qu'est Jules Sergei Fediunin entend confronter son objet à un autre, placé au centre de gravité de son étude : il s'agit évidemment de la *guerre*, qui constitue largement, me semble-t-il, le vrai sujet du livre. La guerre, ou plutôt *les* guerres dans lesquelles la Russie s'est impliquée depuis plus d'une décennie ; une décennie marquée par l'appui (militairement décisif) au régime syrien lors de la guerre civile, par la conquête de la Crimée, par le soutien à l'insurrection du Donbass, par l'agression de l'Ukraine enfin, ce conflit majeur qui a rebattu les cartes et reconfiguré le champ politique russe, de même qu'il a reconfiguré celui des nationalismes, notamment dans leur relation au pouvoir poutinien et inversement.

Ainsi voit-on que l'appropriation par Poutine de certains thèmes et de certaines notions du nationalisme a *précédé*, avant de l'accompagner, la guerre d'Ukraine, rendant celle-ci plus probable car plus nécessaire sans doute aux yeux de la sphère dirigeante. On pourrait croire ensuite qu'après le 24 février 2022, la guerre a suscité un ralliement unanime des milieux nationalistes au « président de guerre » qu'est devenu Vladimir Poutine. Pourtant, les choses se présentent sous un jour nettement plus complexe : Jules Sergei Fediunin montre très bien que si, au feu du conflit ouvert avec l'Ukraine, le nationalisme russe est devenu ce que je serais tenté d'appeler un « nationalisme-pour-la-guerre » (l'auteur évoque pour sa part un « nationalisme de guerre »), il peut aussi, au nom d'une guerre jugée trop mollement menée, devenir un contempteur du régime : c'est ce rôle qu'assume en particulier Evgueni Prigojine, longuement étudié par l'auteur, et ce avant même sa mutinerie des 23 et 24 juin 2023. De son côté, si le pouvoir poutinien a su récupérer, en vue de la mobilisation de l'opinion pour la guerre, et de manière principalement « opportuniste », de nombreux éléments potentiellement mobilisateurs de la rhétorique nationaliste – la dénonciation de l'« Occident collectif » au titre d'éternel ennemi constitue évidemment l'un des plus importants *topoi* de ce « nationalisme officiel », pétri de ressentiment – il a su également faire le tri entre un nationalisme intégré à la « culture de guerre » du régime, et un autre à la radicalité jugée excessive (que l'on pourrait nommer le « nationalisme Z »), tenu sous un étroit contrôle et même devenu, dans certains cas, la cible d'un endiguement répressif mené par le régime : un endiguement sans commune mesure toutefois avec l'impitoyable répression subie par les opposants à la guerre proprement dite. Pour autant, l'auteur souligne avec force que le régime poutinien ne peut être crédité d'une doctrine nationaliste cohérente.

Et les Russes eux-mêmes dans tout cela ? Comment mesurer leur degré d'adhésion à ces différentes versions du nationalisme et, de là, à la guerre elle-même ? C'est une question que tout lecteur se posera dès sa lecture commencée... Même s'il va de soi que Jules Sergei Fediunin n'avait aucun moyen d'enquêter en Russie, on se félicite que le spécialiste des idées se garde d'oublier l'opinion publique. À cet égard, sa connaissance des différents sondages effectués en Russie depuis deux ans lui permet de nous fournir d'utiles aperçus sur les réalités du soutien russe à la guerre : un soutien *réel* minoritaire dans sa dimension la plus engagée (10 à 15 % de l'opinion ?), cohabitant avec une large acceptation du conflit à l'origine, mais en voie d'affaiblissement assez net dès lors que la prolongation de la guerre pèse de manière croissante sur la société russe. D'autre part, l'auteur n'oublie pas non plus la dimension performative du « national-étatisme » poutinien en termes de prise en main de cette même société, en particulier dans le champ éducatif ou dans la défense des « valeurs traditionnelles », grâce à une législation *ad hoc*. Oui, la société russe se modifie sous l'impact de la guerre et d'une propagande étatique à laquelle, selon un schéma bien connu, finissent par croire les dirigeants. On touche ici à la haute capacité de transformation du social que recèle l'activité guerrière moderne : le conflit russo-ukrainien ne fait pas exception à cette règle d'airain.

À l'issue de la lecture de ce livre stimulant, il est difficile de ne pas se demander ce que deviendra le nationalisme russe *après* la guerre d'Ukraine. Si l'on peut être assuré qu'il ne disparaîtra pas, lui qui existe sans vraie solution de continuité depuis le XIXe siècle, on peut être assuré également que ce nationalisme ô combien pluriel subira de nouvelles mutations selon que la guerre sera perdue ou victorieuse, ou bien qu'elle se conclura par ce que l'on appelait, pendant la Grande Guerre, une « paix blanche », c'est-à-dire une fin de conflit sans vainqueur ni vaincu. Une chose est sûre, en tout cas : le caméléon nationaliste russe est fort loin d'avoir achevé sa trajectoire politique.

Stéphane Audoin-Rouzeau
directeur d'études à l'EHESS

INTRODUCTION

Ce livre a été écrit à un moment dramatique. En février 2022, l'Europe est confrontée au plus important conflit armé sur son territoire depuis 1945, aussi bien en ce qui concerne l'intensité des combats que les pertes subies. L'invasion massive de l'Ukraine par la Russie a pris la communauté européenne de court, tant son hypothèse semblait irréaliste sur un continent ayant vécu deux guerres mondiales et tant elle rappelait l'odieux « crime d'agression », pour lequel les dignitaires nazis furent inculpés lors du procès de Nuremberg. Les conflits qui ravagent l'Afrique et le Moyen-Orient, et dans lesquels les États de l'Union européenne et de l'OTAN se trouvaient impliqués plus ou moins directement, paraissaient, eux, trop « lointains » pour qu'ils puissent réintroduire le spectre de la guerre dans les horizons d'attente des Européens.

Sur l'Ancien Continent plus qu'ailleurs, une myopie eurocentrique s'agrippait à l'espoir que la guerre puisse être abolie ou qu'elle soit vouée à une disparition graduelle sous l'effet des progrès de la civilisation. Les plus optimistes constataient, chiffres en main, la réduction des violences, indice d'une « pacification universelle[1] ». Des observateurs plus prudents pointaient du doigt l'effacement de la guerre « classique », État contre État, au profit de la prolifération des guerres civiles, quoique souvent « internationalisées », parmi d'autres formes de conflits violents telles que le terrorisme doctrinaire (islamiste, d'extrême droite ou autre)[2].

Après tout, le « déni de guerre[3] » s'ancre dans une *doxa* qui est parmi les mythes fondateurs de l'Union européenne, soigneusement entretenus par ses instances dirigeantes. Forte d'une mission de promotion de la paix et de la démocratie à travers le monde, l'Europe unie est dépeinte comme la réponse définitive aux destructions de la première moitié du siècle passé, imputées aux formes extrêmes du nationalisme[4]. De Jürgen Habermas à Jean-Marc Ferry, l'idée « postnationale », ou cosmopolitique, a fait son chemin[5]. Souvent animée par la recherche d'un cadre d'action plus « inclusif » que celui de l'État-nation, jugé abîmé voire

1. Steven Pinker, *La Part d'ange en nous. Histoire de la violence et de son déclin*, trad. de l'anglais par D. Mirsky, Paris, Les Arènes, 2017 (2011).

2. Pierre Hassner, « Guerre, stratégie, puissance », *Revue Défense nationale*, n° 743, 2011, p. 9-16 ; Bertrand Badie et Dominique Vidal, *Nouvelles guerres. Comprendre les conflits du XXIe siècle*, Paris, La Découverte, 2016.

3. Stéphane Audoin-Rouzeau, *La Part d'ombre : le risque oublié de la guerre. Dialogues avec Hervé Mazurel*, Paris, Belles Lettres, 2023.

4. Vincent Della Sala, « Europe's Odyssey ? Political Myth and the European Union », *Nations and Nationalism*, vol. 22, n° 3, 2016, p. 532.

5. Jürgen Habermas, *Après l'État-nation. Une nouvelle constellation politique*, trad. de l'allemand par R. Rochlitz, Paris, Fayard, 2000 (1998) ; Jean-Marc Ferry, *Comment peut-on être européen ? Éléments pour une philosophie de l'Europe*, Paris, Calmann-Lévy, 2020.

dépassé[6], cette idée relève surtout d'un projet politique d'inspiration kantienne qui ferait sortir l'Europe de ses « compartiments » nationaux enclins à la guerre[7].

Ce livre part du constat que ni la guerre, ni le nationalisme ne sont près de disparaître de sitôt. L'exemple russe sera utilisé pour illustrer cette observation. Nous, les Européens, nous sommes-nous alors trompés sur toute la ligne ?

LA PERSISTANCE DE LA GUERRE ENTRE LES NATIONS

Il est vrai que les transformations de la guerre ont grandement contribué à la formation des États territoriaux souverains. Les recherches du sociologue et historien Charles Tilly l'ont bien montré : en Europe, « la guerre a fait l'État, et l'État a fait la guerre[8] ». À l'inverse, le « principe des nationalités », cette invention concomitante à la modernité européenne qui invoque le *droit* des peuples (redéfinis comme « nations ») à se gouverner eux-mêmes, a profondément changé la nature du fait guerrier. Celui-ci est progressivement devenu l'affaire des masses[9].

6. Ulrich Beck et Edgar Grande, *Pour un Empire européen*, traduit de l'allemand par A. Duthoo, Paris, Flammarion, 2007 (2004). *Cf.* Yves Lacoste, *Vive la nation. Destin d'une idée géopolitique*, Paris, Fayard, 1997.

7. Herfried Münkler, « Peut-on abolir la guerre ? Réflexions à partir de l'horizon d'expérience de la guerre classique » (trad. de l'allemand par C. Jouin), *Le Grand Continent*, 20 avril 2020, https://urlz.fr/qiPe.

8. Charles Tilly, « Reflections on the History of European State-Making », dans C. Tilly (dir.), *The Formation of National States in Western Europe*, Princeton, Princeton University Press, p. 42.

9. *Idem*, « States and Nationalism in Europe, 1492-1992 », *Theory and Society*, vol. 23, n° 1, 1994, p. 131-146.

À la fin du XXe siècle, Tilly prédisait que l'affaiblissement (supposé) des États et leur volonté de maintenir leurs frontières pourraient conduire à la fin de l'ère du nationalisme « dans environ cinquante ans ». Et d'envisager trois scénarios différents[10]. Le premier suggère la consolidation nationale d'un petit nombre d'États existants, susceptible de se produire dans les pays « riches » du Nord global. Le deuxième scénario prévoit, au contraire, le morcellement des États en une multitude d'unités politiques plus ou moins autonomes. Ces processus de désagrégation affecteraient principalement les pays « pauvres » du Sud. Enfin, le troisième scénario passe par le découplage entre l'appartenance à une communauté de culture et l'allégeance à un État, selon le modèle d'une Europe fédérale ; en somme la citoyenneté « postnationale » que Habermas a baptisée « patriotisme constitutionnel[11] ». Ce dernier scénario, disait Charles Tilly, offre « l'espoir de voir diminuer la volonté des peuples de se massacrer les uns les autres pour le contrôle d'un territoire[12] ».

Après la signature du traité de Maastricht, en 1992, et l'élargissement successif de l'Union européenne à l'Est (en 1995, 2004, 2007 et 2013), on constate que les nations du Vieux Continent ne s'empressent pas de s'effacer au profit d'une entité supranationale. Toutes les grandes épreuves des dernières années l'ont démontré : de la « crise migratoire » de 2015 (devenue permanente) à la pandémie de Covid-19, en passant par la gestion périlleuse de la crise de la dette publique grecque.

---

10. *Ibid.*, p. 144.

11. Dominique Schnapper, « Nationalité et citoyenneté », *Pouvoirs*, n° 160, 2017, p. 61-71.

12. C. Tilly, « States and Nationalism... », *op. cit.*, p. 144.

Gil Delannoi argumente que la coopération intelligente des nations serait la meilleure solution possible pour l'Union européenne, l'idée d'une Europe « postnationale » ne pouvant pas figurer parmi les hypothèses plausibles[13]. C'est à leurs nations respectives que l'écrasante majorité des Européens restent attachés, « évoluant exclusivement ou prioritairement dans un environnement national[14] ». Réconcilier appartenance nationale et construction européenne s'impose dès lors comme la condition *sine qua non* de la pérennité de l'Union[15].

D'autre part, la coexistence pacifique des nations d'Europe plus ou moins démocratiques[16] prouve qu'elles ne vivent pas pour faire la guerre. Notons que cela ne les empêche pas de participer aux interventions militaires à l'extérieur de leurs frontières[17]. Cette coexistence, possible et souhaitable, ne doit donc pas faire oublier le risque persistant de recours à la violence *en dehors* de l'Union européenne, dans un monde qui est tout sauf homogène. Ayant réalisé, dans l'après-1945, l'idée de nation au sens plein du terme – communauté jouissant d'une souveraineté complète, de frontières bien délimitées, d'un régime

---

13. Gil Delannoi, *La Nation contre le nationalisme, ou la Résistance des nations*, Paris, PUF, 2018.

14. Alain Dieckhoff, *La Nation dans tous ses États : les identités nationales en mouvements*, Paris, Flammarion, 2de éd., 2012 (2000), p. 289.

15. Gérard Bouchard, *L'Europe en quête d'Européens. Pour un nouveau rapport entre Bruxelles et les nations*, Bruxelles, Peter Lang, 2017.

16. Voir Ben Stanley, « Backsliding Away ? The Quality of Democracy in Central and Eastern Europe », *Journal of Contemporary European Research*, vol. 15, n° 4, 2019, p. 343-353.

17. Pierre Manent, « Retour ou déclin de la guerre ? », *Inflexions*, n° 33, 2016, p. 85-94.

démocratique mais aussi d'une certaine unité morale et culturelle –, les sociétés européennes semblent oublier que cette situation n'est pas universelle[18]. De nombreuses frontières entre États demeurent contestées, en dehors de certaines zones en Europe (les espaces de l'ancienne URSS et de l'ex-Yougoslavie exclus) et des Amériques[19]. Leur relatif « pacifisme », au sens d'absence de guerres d'ampleur, s'explique justement par le fait que l'essentiel des conflits autour du territoire et des populations qui s'y trouvent a été résolu, par la force, la diplomatie ou la combinaison des deux, au cours du XIXe et pendant la première partie du XXe siècle.

Ailleurs, la guerre n'a cessé de faire rage. Et de changer d'apparence, confirmant la célèbre formule de Clausewitz : la guerre est un caméléon, qui s'adapte à son environnement[20]. Au Moyen-Orient, durant les dernières décennies, elle s'est manifestée sous toutes ses formes : guerre classique (Iran-Irak), conflit civil opposant divers groupes sur le territoire d'un État, conflit civil connaissant l'intervention de gouvernements étrangers (aujourd'hui, en Syrie et au Yémen), conflit israélo-palestinien donnant avec constance lieu à des affrontements asymétriques

---

18. Raymond Aron, « Universalité de l'idée de nation et contestation » (1982), dans G. De Ligio (dir.), *Raymond Aron, penseur de l'Europe et de la nation*, Bruxelles, Peter Lang, 2012, p. 125-140. Voir également Dominique Schnapper, *La Communauté des citoyens. Sur l'idée moderne de nation*, Paris, Gallimard, 1994.

19. James Lee Ray, « Does Interstate War Have a Future ? », *Conflict Management and Peace Science*, vol. 19, n° 1, 2002, p. 53-80.

20. Carl von Clausewitz, *De la guerre*, trad. de l'allemand par D. Naville, Paris, Minuit, 1955 (1832). Voir également Raymond Aron, « Clausewitz et notre temps », *Études internationales*, vol. 43, n° 3, 2012, p. 339-370.

qui impliquent de nombreux acteurs et dont le dernier avatar est la guerre Israël-Hamas de 2023.

Le même constat est vrai pour le continent africain, où la guerre reste une réalité permanente : guerres coloniales ou d'indépendance (de l'Algérie à l'Angola), d'innombrables conflits civils, parfois instrumentalisés par des puissances extérieures (les États-Unis et l'URSS puis la Russie au premier chef, mais aussi la Turquie, l'Égypte ou les monarchies du Golfe), guerres interétatiques (guerre de l'Ogaden, guerre ougando-tanzanienne ou guerre Érythrée-Éthiopie)... S'ajoutent des conflits « mixtes » mêlant rébellions et affrontements entre plusieurs États, à l'image des deux guerres du Congo.

À l'issue de la Seconde Guerre mondiale, l'Asie n'a pas non plus été épargnée. La guerre d'indépendance d'Indochine se poursuit de 1946 à 1954, tandis que la fin de la guerre civile chinoise, en 1949, débouche sur la séparation entre Taïwan et la Chine continentale, devenue communiste. Cette dernière lance des interventions militaires au Xinjiang et au Tibet, *de facto* indépendants. Suivent la guerre de Corée, trois guerres entre l'Inde et le Pakistan, la guerre du Vietnam, particulièrement longue et sanglante. L'Indonésie annexe la Nouvelle-Guinée occidentale en 1969 et, de 1975 à 1999, occupe le Timor oriental. La guerre civile et le terrible génocide khmer rouge ravagent le Cambodge. La révolution de Saur, en Afghanistan, en 1978, et l'invasion soviétique du pays alimentent des violences en chaîne, entre guerre asymétrique, guerre civile, intervention militaire de l'OTAN et retour des talibans au pouvoir à Kaboul, en 2021. La même année, le coup d'État militaire en Birmanie plonge le pays dans un conflit civil. Depuis des années, les regards se tournent vers la manière dont Pékin, ayant

« réintégré » Hong Kong et Macao, pourrait tenter de conquérir Taïwan, au nom de la réunification nationale chinoise.

La prolifération observable d'antagonismes armés, concomitante à la dislocation des ordres politiques, conduit à un obscurcissement de la distinction fondatrice entre la guerre et la paix. Ces antagonismes se caractérisent en effet « par la superposition et l'enchevêtrement, souvent complexe, de différentes dimensions, qui renvoient tantôt à la guerre intérieure [...], tantôt à la lutte entre des groupes ou des factions à l'intérieur de ces contextes de violence, tantôt encore à l'intervention, directe ou indirecte, ouverte ou dissimulée, ponctuelle ou continue, de puissances extérieures[21] ». Des disparités internes et des tensions ethniques ou nationales ne cessent d'alimenter ces conflictualités dans un monde où « l'action violente reste l'une des composantes essentielles des dynamiques politiques[22] ».

En 2022 seulement, l'Institut de recherche sur la paix d'Oslo a enregistré cinquante-cinq conflits ouverts dont l'une des parties est un État, et ce dans trente-huit pays. Huit de ces conflits ont été classés comme des guerres, avec au moins mille victimes liées au combat durant une année civile dans chaque cas.

La même année, le nombre des pertes dues aux conflits armés à travers le monde a d'ailleurs atteint un niveau

21. Dominique Linhardt et Cédric Moreau de Bellaing, « Ni guerre, ni paix. Dislocations de l'ordre politique et décantonnements de la guerre », *Politix*, n° 104, 2013, p. 13.

22. Amin Allal, Gilles Dorronsoro et Olivier Grojean, *Politiques de la violence. Organiser la lutte de la Colombie au Pakistan*, Paris, Karthala, 2021, p. 7.

sans précédent depuis 1984, s'élevant à plus de deux cent quatre mille personnes. Deux conflits particulièrement sanguinaires ont été responsables de la majeure partie de ces décès : la guerre du Tigré, en Éthiopie, commencée en 2020 puis prolongée par de nouveaux antagonismes armés depuis 2023, et la guerre lancée par la Russie contre l'Ukraine, avec environ cent mille et quatre-vingt-un mille cinq cents victimes, respectivement[23]. Des millions de déplacés ont été enregistrés, et le nombre de morts au combat et de civils massacrés n'a cessé d'augmenter depuis lors.

Ces deux conflits sont pourtant de nature différente. La guerre d'Éthiopie est un conflit à dimension interne, avec toutefois l'engagement d'acteurs extérieurs dont l'armée érythréenne intervenant aux côtés des forces du gouvernement éthiopien. Elle résulte, structurellement, des rivalités autour du partage du pouvoir et de la répartition des richesses économiques entre les entités territoriales censées représenter les principales communautés ethnolinguistiques, le tout dans un État fédéral composite, inspiré du modèle soviétique des « nationalités ». Les politiques d'autodétermination et de centralisation d'une part, et les demandes de reconnaissance ethnoculturelle d'autre part sont au cœur même de ce conflit[24]. En Éthiopie comme ailleurs, la fragilité des institutions d'État et les tentatives de différents groupes aspirant à les « privatiser »

23. Anna Marie Obermeier et Siri Aas Rustad, « Conflict Trends : A Global Overview, 1946-2022 », PRIO Paper, 2023, https://urlz.fr/qjEU.

24. Sonia Le Gouriellec, « Éthiopie : dynamiques de la guerre civile », *Politique étrangère*, vol. 87, n° 1, 2022, p. 97-107 ; Serge Dewel, « Le conflit du Tigré (Éthiopie) : une "guerre civile", vraiment ? », *Monde commun*, n° 8, 2023, p. 98-113.

ont souvent conduit au déchaînement de la violence[25]. Si l'Éthiopie ne dispose pas d'institutions démocratiques inclusives, ce n'est pas non plus une autocratie monocentrique dotée d'une capacité de répression centralisée. Cela fait que le pays est particulièrement exposé aux conflits civils[26]. Les pertes civiles, résultant notamment de massacres organisés, sont ici largement majoritaires.

La guerre d'Ukraine présente les traits d'une guerre telle que définie en droit international : affrontement armé entre États, dont le nombre minimal est égal à deux. Si les pertes militaires, ukrainiennes et russes, sont prépondérantes, le nombre de civils morts a pourtant dépassé le seuil de dix mille personnes en novembre 2023, selon l'ONU[27].

C'est la disparition de ce type de conflit que beaucoup d'observateurs envisageaient. Autrefois dominante[28], la guerre interétatique a en effet été éclipsée, dans un monde postcolonial, par l'expansion de toutes sortes de conflits internes. Minorisée, elle n'a pourtant jamais disparu. La solide étude statistique réalisée par le politiste Bear Braumoeller montre que, depuis deux cents ans,

25. Paul Collier, Lani Elliott, Håvard Hegre, Anke Hoeffler, Marta Reynal-Querol et Nicholas Sambanis, *Breaking the Conflict Trap : Civil War and Development Policy*, Washington (DC), World Bank Publications, 2003.

26. Håvard Hegre, Tanja Ellingsen, Scott Gates et Nils Petter Gleditsch, « Toward a Democratic Civil Peace ? Democracy, Political Change, and Civil War, 1816-1992 », *American Political Science Review*, vol. 95, n° 1, 2001, p. 33-48.

27. « Avec plus de 10 000 civils morts, la guerre en Ukraine atteint un "tournant historique" », ONU, 21 novembre 2023, https://urlz.fr/qksx.

28. Raymond Aron, *Paix et guerre entre les nations*, 8e éd., Paris, Calmann-Lévy, 2004 (1962).

« aucune tendance générale à la baisse n'a été observée en matière de fréquence ou de mortalité des guerres » entre États[29]. Certes, la probabilité pour une personne d'être tuée au combat a considérablement diminué durant les décennies suivant la Seconde Guerre mondiale, sur fond de croissance exponentielle de la population mondiale[30]. Néanmoins, les données dont on dispose ne permettent simplement pas d'affirmer le déclin du conflit international à long terme.

La bonne nouvelle est que la théorie de la « paix démocratique » a surmonté l'épreuve du temps[31]. En règle générale, les démocraties (libérales) ne se font pas la guerre entre elles, bien que la causalité entre paix et démocratie semble être régie par d'autres facteurs (prospérité économique, distribution des richesses, égalité femmes-hommes)[32]. La mauvaise nouvelle est qu'au mieux la moitié des pays du monde peuvent être considérés comme démocratiques, les deux tiers de la population mondiale vivant sous des régimes plus ou moins autocratiques[33].

En effet, les États autoritaires ne manquent pas lorsqu'il s'agit de déclencher ou d'attiser des conflits internationaux. Tous les autoritarismes ne se valent pas pour

29. Bear F. Braumoeller, *Only the Dead . The Persistence of War in the Modern Age*, Oxford, Oxford University Press, 2019, p. 9.

30. Nils Petter Gleditsch, « Toward a Social-Democratic Peace ? », *Ethics et International Affairs*, vol. 34, n° 1, 2020, p. 67.

31. James Lee Ray, « War on Democratic Peace », *International Studies Quarterly*, vol. 57, n° 1, 2013, p. 198-200.

32. Dan Reiter, « Is Democracy a Cause of Peace ? », *Oxford Research Encyclopedia of Politics*, 2017, https://urlz.fr/qnW2 ; N.P. Gleditsch, « Toward a Social-Democratic Peace ? », *op. cit.*

33. Voir les données du programme de recherche *Varieties of Democracy* (V-Dem) : https://v-dem.net/.

autant : les dictatures personnelles, civiles comme militaires, sont les plus enclines à s'engager dans une guerre, étant donné la quasi-absence de contraintes internes pouvant être exercées par l'entourage de l'autocrate (direction du parti dominant, membres d'une junte militaire…), sans même parler de la société civile, inaudible car muselée[34].

Hier, l'exemple de l'Irak de Saddam Hussein, qui lança les agressions contre l'Iran en 1980 et, dix ans plus tard, contre le Koweït, était emblématique. Aujourd'hui, on pense naturellement à la Russie de Vladimir Poutine. Avant d'envahir l'Ukraine, Moscou a remporté un (deuxième) conflit sanglant contre la Tchétchénie rebelle puis mené une guerre éclair contre la Géorgie, en août 2008, pour renforcer son protectorat sur les régions séparatistes d'Abkhazie et d'Ossétie du Sud. Plus tard, elle s'est lancée dans une intervention militaire extérieure en Syrie, pour soutenir le régime dictatorial de Bachar el-Assad[35]. En 2014, au moment de l'annexion de la Crimée et du conflit dans le Donbass, et plus encore à la veille de l'invasion russe de 2022, l'Ukraine disposait d'un système démocratique. Cette démocratie ukrainienne – certes imparfaite, avec un État (de droit) plus faible que la société civile (active) – contrastait avec un système politique russe de plus en plus brutal et répressif[36]. Originellement autoritarisme « bureaucratique » se faisant

34. Jessica L.P. Weeks, *Dictators at War and Peace*, Ithaca, Cornell University Press, 2014.

35. Marie Mendras, *La Guerre permanente : l'ultime stratégie du Kremlin*, Paris, Calmann-Lévy, 2024.

36. Timothy J. Colton, « Ukraine and Russia : War and Political Regimes », *Journal of Democracy*, vol. 33, n° 4, 2022, p. 20-36.

passer pour une démocratie[37], le régime poutinien s'est transformé en dictature personnelle au fil des années.

Si l'Ukraine, agressée, est grandement soutenue par les démocraties occidentales, la Russie est militairement assistée par des États très autoritaires : le Bélarus d'Alexandre Loukachenko lui prête son territoire pour le déploiement des troupes et des armes, tandis que le régime des mollahs en Iran et la dictature quasi totalitaire de Kim Jong-un en Corée du Nord lui livrent en masse du matériel militaire. Le soutien politique et économique de la Chine de Xi Jinping est également très précieux pour Moscou.

Sans vouloir minimiser l'importance du type de régime politique, Braumoeller propose une explication alternative à la persistance de la guerre entre États : ce sont les ordres internationaux qui diminuent le risque d'un conflit entre leurs membres, qu'ils soient démocratiques ou non. Le concept d'ordre international se réfère à un groupement de nations comprenant une ou plusieurs grandes puissances et dont les rapports mutuels sont régis par un certain nombre de principes « à portée potentiellement universelle[38] ». L'exemple du Concert européen durant la première moitié du XIXe siècle, du Congrès de Vienne (1815) au déclenchement de la guerre de Crimée (1853), est emblématique.

En jugulant la guerre à l'intérieur, les ordres internationaux augmentent en contrepartie la probabilité

---

37. Juan J. Linz et Alfred Stepan, *Problems of Democratic Transition and Consolidation : Southern Europe, South America, and Post-Communist Europe*, Baltimore, Johns Hopkins University Press, 1996, chap. 3 ; Nicolas Baverez, « Les démocratures contre la démocratie », *Pouvoirs*, n° 169, 2019, p. 5-17 ; Thomas Hochmann, « Cinquante nuances de démocratures », *Pouvoirs*, n° 169, 2019, p. 19-32.

38. B. Braumoeller, *Only the Dead*, *op. cit.*, p. 153.

d'un conflit extérieur opposant les États membres d'un ordre particulier et ceux qui en sont exclus, ou encore les acteurs appartenant à des ordres alternatifs. Selon le politiste, les « ordres [internationaux] multiples et rivaux, comme ceux qui ont existé avant la Seconde Guerre mondiale et pendant la guerre froide, sont particulièrement enclins aux conflits[39] ». Cette perspective permet de mieux comprendre la prolifération des guerres « par procuration », de la Corée à l'Angola et du Vietnam au Mozambique, entre 1945 et 1989/1991. Elle est aussi utile pour analyser les dynamiques de la violence après la fin d'un monde bipolaire qui fut divisé en ordres menés par les deux Grands : les États-Unis et l'URSS[40].

L'ordre international instauré en Occident, et appelé « libéral », a certainement assuré la protection de ses membres. Mais, parallèlement, il a contribué à l'usage de la force dans le cadre d'interventions militaires durant la guerre froide comme à son issue. Yougoslavie, Afghanistan, Irak, Libye, Mali, Syrie… Certaines de ces interventions comme celles en Afghanistan et en Irak, justifiées au nom de la « guerre contre le terrorisme », ont fini par « coproduire » la violence dans les pays concernés[41]. Par ailleurs, elles corroborent les résultats des études expérimentales montrant que les attitudes

---

39. *Ibid.*, p. 206.

40. R. Aron, *Paix et guerre entre les nations*, *op. cit.*, notamment chap. XV.

41. Bruno Charbonneau, Marielle Debos, Jean-Paul Hanon, Christian Olsson et Christophe Wasinski, « De la "guerre contre le terrorisme" aux guerres sans fins : la co-production de la violence en Afghanistan, au Mali et au Tchad », *Cultures et Conflits*, n° 123-124, 2021, p. 67-82.

bellicistes ne sont pas moins présentes dans les démocraties libérales que dans les contextes (très) autoritaires[42].

Aujourd'hui affaibli, l'ordre libéral continue, par l'entremise de l'alliance politico-militaire qu'est l'OTAN, de maintenir la paix en son sein. Les graves tensions pouvant exister entre ses États membres, par exemple entre la Turquie (non européenne et peu démocratique) et la Grèce, n'ont pas conduit à la guerre. Or ce rôle pacificateur s'arrête aux frontières extérieures de l'ordre occidental. Certains observateurs, comme John Mearsheimer, affirment que les conflits entre la Russie et certains de ses États voisins sont largement imputables à la téléologie de l'Alliance atlantique, qui a poursuivi son expansion à l'est en dépit des mises en garde explicites de Moscou. Selon ce théoricien réaliste, la promesse d'adhésion faite à la Géorgie et à l'Ukraine lors du Sommet de l'OTAN à Bucarest, en avril 2008, a alimenté les peurs des dirigeants russes percevant cette hypothétique adhésion comme une menace existentielle pour la sécurité de leur pays[43]. Quatre mois plus tard, les chars russes ouvraient le feu sur les forces armées géorgiennes, en Ossétie du Sud. La révolution de 2014 à Kiev, conduisant à la destitution du président « prorusse » Viktor Ianoukovitch, aurait posé la menace de l'intégration accélérée de l'Ukraine à l'OTAN. L'annexion russe de la Crimée, réalisée dans la foulée[44],

42. Femke E. Bakker, *Hawks and Doves : The Flawed Microfoundations of Democratic Peace Theory*, Colchester, ECPR Press, 2024.

43. John J. Mearsheimer, « The Causes and Consequences of the Ukraine War », *Horizons : Journal of International Relations and Sustainable Development*, n° 21, 2022, p. 12-27.

44. Daniel Treisman, « Crimea : Anatomy of a Decision », dans D. Treisman (dir.), *The New Autocracy : Information, Politics, and*

puis l'invasion de l'Ukraine, seraient toujours motivées par les mêmes raisons géopolitiques.

Cette explication, qui étaie en partie le discours du Kremlin, est pourtant réfutée par des observateurs d'orientation libérale. Ainsi, pour Robert Person, professeur de relations internationales, et Michael McFaul, professeur à l'université Stanford et ancien ambassadeur des États-Unis à Moscou (2012-2014), la véritable raison du bellicisme poutinien réside dans sa crainte de l'émergence d'une démocratie de type occidental en Ukraine voisine, qui « saperait la stabilité » du régime russe, kleptocratique et autoritaire[45]. C'est également l'avis de Marie Mendras, qui reprend à son compte le jugement de l'opposition libérale russe, aujourd'hui exilée : « Poutine déstabilise l'Ukraine parce qu'il est sur le qui-vive dans sa forteresse. [...] L'urgence pour Poutine est de garder le pouvoir en Russie, certainement pas de l'étendre à l'Ukraine dans un projet de conquête territoriale traditionnelle[46]. »

Quels que soient les motifs réels de Vladimir Poutine, le constat reste le même : aspirant à rejoindre le camp occidental, l'Ukraine en est restée écartée au moment de l'invasion russe. Elle n'a pu bénéficier ni de garanties de sécurité de l'Alliance atlantique, censée assurer la protection commune de ses membres, ni des bénéfices escomptés de l'adhésion à la communauté des démocraties prospères (Union européenne). C'est le prix de cette exclusion que l'Ukraine paie aujourd'hui sur les champs de bataille... Tous ces éléments

Policy in Putin's Russia, Washington (DC), Brookings Institution Press, 2018, p. 277-298.

45. Robert Person et Michael McFaul, « What Putin Fears Most », *Journal of Democracy*, vol. 33, n° 2, 2022, p. 18-27.

46. M. Mendras, *La Guerre permanente*, *op. cit.*, p. 280.

ne dévalorisent certainement pas l'aspiration à l'avènement d'une paix planétaire fondée sur les valeurs de la démocratie sociale, inclusive et prospère[47]. En revanche, ils compliquent considérablement le chemin qui y mène.

L'invasion russe de l'Ukraine fait écho à d'autres guerres modernes, la Première Guerre mondiale au premier chef. Cette isomorphie est notamment soulignée par Stéphane Audoin-Rouzeau : plus de cent ans après, le modèle de guerre de positions n'a globalement pas perdu de sa pertinence[48]. Sur le front ukrainien, l'artillerie domine les champs de bataille. Malgré le large recours à des systèmes d'armes de haut niveau technologique dont les drones, la masse humaine reste d'une importance décisive, et les armées régulières, professionnelles, se voient toujours renforcées par des volontaires et des réservistes mobilisés. À rebours du slogan occidental du « zéro-mort », qui consacre la préservation des hommes et met en avant l'image d'une guerre technologue menée à distance[49], les pertes humaines s'accumulent, bien qu'elles soient proportionnellement inférieures à celles subies par les principaux belligérants de la Grande Guerre. Le consentement de la société ukrainienne à l'effort armé, depuis les premiers mois de l'invasion russe, a pu faire penser à celui des Français aux débuts du premier conflit mondial. Comme par le passé, les propagandes respectives dévalorisent, diabolisent et déshumanisent le

47. N.P. Gleditsch, « Toward a Social-Democratic Peace ? », *op. cit.*

48. Stéphane Audoin-Rouzeau, « La guerre est d'abord un fait politique », *Alternatives économiques*, 4 mars 2023, https://urlz.fr/qlic.

49. André Dumoulin, « Le "zéro-mort" : entre le slogan et le concept », *Revue internationale et stratégique*, n° 44, 2001, p. 17-26.

groupe ennemi. Sur les réseaux sociaux, des Russes et des Ukrainiens ne cessent de se maudire : les premiers se font traiter d'« orques » (*orki*) et de « cochono-chiens » (*svinosobaki*), les seconds d'« ukraino-nazis » (*oukronatsisty*) et d'*oukropy*, ethnophaulisme fondé sur la proximité phonétique entre les mots russes « Ukrainien » (*oukrainets*) et « aneth » (*oukrop*). Il y a peu de doute que cette déshumanisation a contribué à légitimer, voire à amplifier les destructions infligées par les troupes russes aux populations et infrastructures ukrainiennes.

Néanmoins, chaque guerre est unique. Les données naturelles et les facteurs humains – des convictions des dirigeants politiques au choix de la stratégie militaire, en passant par les sources de la cohésion interne des belligérants et le nombre de réservistes – font la particularité du conflit armé opposant la Russie à l'Ukraine. Connaître l'histoire et le contexte de ces deux États et sociétés est dès lors d'une importance cruciale pour pouvoir saisir le fait guerrier dans toute sa complexité.

Pour l'observateur de la politique russe, l'effacement concomitant de la guerre interétatique et du nationalisme autoritaire n'est pas une hypothèse fertile. En faire l'hypothèse revient justement à refuser de comprendre les origines et les enjeux de la guerre que le régime de Vladimir Poutine a déclenchée contre l'État ukrainien. C'est plutôt la *persistance* tant du fait guerrier que du phénomène nationaliste qui doit devenir une prémisse, et non une conclusion, de toute politique étrangère et de sécurité en Europe. À condition, bien sûr, que l'Union européenne et les nations qui la constituent souhaitent maintenir leur capacité à définir les normes de leur organisation politique et à fixer librement leurs relations avec le monde extérieur, voire à influer sur le cours des affaires internationales à l'ère où l'Europe n'est plus au centre du monde[50].

Ce livre entend contribuer à une meilleure connaissance des dynamiques propres à la société russe qui ont précipité la guerre en Ukraine. En dépit des ambiguïtés, dues à sa polysémie, mais aussi de ses fréquents usages et mésusages, le concept de nationalisme demeure indispensable à cette fin, pourvu qu'on l'utilise comme un cadre d'analyse, libre *a priori* de tout jugement de valeur, et non comme une catégorie idéologique en débat. C'est à travers le prisme de ce concept, appelé à saisir un phénomène protéiforme, que la guerre sera ici appréhendée.

LE NATIONALISME, UN PHÉNOMÈNE POLITIQUE TOUJOURS D'ACTUALITÉ

Il fait peu de doute que la Russie voit, aujourd'hui, une résurgence du nationalisme. Or le cas russe est loin d'être le seul à témoigner de la ténacité d'un phénomène aussi transversal[51]. De la Turquie à l'Inde, de la Chine aux États-Unis en passant par le Vieux Continent, le nationalisme semble avoir le vent en poupe à bien des égards. La « normalisation » des droites radicales est désormais un fait accompli dans différentes parties du monde[52]. Elle s'accompagne de l'expansion transna-

50. Bertrand Badie, *Nous ne sommes plus seuls au monde : un autre regard sur « l'ordre international »*, Paris, La Découverte, 2016.

51. Harris Mylonas et Maya Tudor, « Nationalism : What We Know and What We Still Need to Know », *Annual Review of Political Science*, vol. 24, 2021, p. 109-132.

52. Cas Mudde, *The Far Right Today*, Cambridge, Polity Press, 2019.

tionale du phénomène « illibéral », compris comme un rejet des valeurs associées au libéralisme après leur expérimentation. Ce rejet se manifeste sur plusieurs plans. Politiquement, on observe une tendance générale à la réaffirmation de l'État-nation souverain au détriment des organisations supranationales, telles l'ONU ou l'Union européenne, et du multilatéralisme. Sur le plan économique, il s'agit de diverses formes de protectionnisme allant jusqu'à des « guerres commerciales », à l'image de celle que se mènent les États-Unis et la République populaire de Chine. Concernant les valeurs culturelles, on peut parler du rejet du multiculturalisme – au profit d'une homogénéisation culturelle ou d'une culture dominante –, mais aussi de la mise en cause des droits des minorités ethniques, sexuelles et de genre[53].

Partout en Occident, le clivage entre « mondialistes » et « nationalistes » a récemment été mis en avant[54]. Les porte-parole des deux camps rejettent ces étiquettes collées par leurs adversaires, à quelques exceptions près : songeons à Donald Trump assumant ouvertement son nationalisme (blanc)[55].

En Europe, la résurgence du nationalisme depuis les trente ou quarante dernières années se manifeste à travers son aspect défenseur, voire restaurateur de la nation, face à la mondialisation dite « néolibérale », à

53. Marlène Laruelle, « Illiberalism : A Conceptual Introduction », *East European Politics*, vol. 38, n° 2, 2022, p. 303-327.

54. Jules Sergei Fediunin, « Le clivage "progressistes" contre "nationalistes" a-t-il un sens ? », *Le Débat*, n° 203, 2019, p. 93-97.

55. Robert Schertzer et Eric Taylor Woods, « #Nationalism : The Ethno-nationalist Populism of Donald Trump's Twitter Communication », *Ethnic and Racial Studies*, vol. 44, n° 7, 2021, p. 1154-1173.

l'intégration et à la « gouvernance » européennes, jugées non démocratiques (le prétendu « diktat » de Bruxelles ou de Berlin), ou encore face à l'immigration perçue comme porteuse d'une supposée « islamisation » des sociétés européennes[56]. La sortie du Royaume-Uni de la Communauté européenne, le Brexit, s'est faite au nom du retour à une nation politique plus indépendante : *Take back control*, « reprendre le contrôle », étant devenu le slogan des partisans du *Leave*. En parallèle, de nombreux mouvements nationalistes, à commencer par le parti Fidesz, au pouvoir en Hongrie, le Rassemblement national (ex-Front national), en France, et Fratelli d'Italia (« Frères d'Italie »), cherchent à transformer l'Union européenne de l'intérieur, en imposant leur agenda et en pénétrant ses instances de pouvoir.

La montée des nationalismes « périphériques » qui, en recourant directement à Bruxelles, visent à se procurer leurs propres États nationaux ou, au moins, une autonomie plus large, contribue à raviver des nationalismes majoritaires. Le cas de l'Espagne est emblématique à cet égard : la radicalisation du nationalisme catalan, affichant un programme indépendantiste, a récemment conduit à la montée du parti de droite radicale Vox et à la « normalisation » des expressions d'un nationalisme espagnol[57].

---

56. Pierre-André Taguieff, *La Revanche du nationalisme : néopopulistes et xénophobes à l'assaut de l'Europe*, Paris, PUF, 2015 ; G. Delannoi, *La Nation contre le nationalisme*, *op. cit.*, p. 188 et suivantes ; Paul Kubicek, « Illiberal Nationalism and the Backlash Against Liberal Cosmopolitanism in Post-Communist Europe », *Nationalism and Ethnic Politics*, vol. 28, n° 3, 2022, p. 332-350.

57. Mathieu Petithomme, « La Catalogne, du nationalisme à l'indépendantisme ? Les enjeux d'une radicalisation », *Critique internationale*, n° 75, 2017, p. 133-155 ; Elias Dinas, Sergi Martínez et

Que la mondialisation ralentisse, recule ou change de forme, elle n'entraîne point la transformation des sociétés en ensembles « postnationaux ». Sans en être le seul acteur, l'État-nation demeure pour autant la pierre angulaire de la communauté internationale. Plus précisément, la forme nationale constitue le modèle standard d'organisation politique des États, quelle que soit leur cohésion interne réelle ou leur relative fragilité. Comme le rappelle Anne-Marie Thiesse, un « groupe de population semble aujourd'hui en droit de former un État indépendant si et seulement si cette population forme une nation[58] ». L'adhésion à l'Organisation des *nations* unies demeure l'ultime symbole de la reconnaissance d'une souveraineté politique. En témoignent, dans le contexte de la guerre Israël-Hamas, les débats autour de l'admission de la Palestine comme État membre de plein droit à l'ONU.

Somme toute, de nombreuses enquêtes historiques et sociologiques convergent vers le constat suivant : l'appartenance à la nation, formalisée dans la citoyenneté mais aussi « ancrée » dans les institutions sociales et l'expérience quotidienne d'individus, continue d'ordonner la vie des sociétés modernes[59]. Les identités nationales prescrivent

---

Vicente Valentim, « Social Norm Change, Political Symbols, and Expression of Stigmatized Preferences », *Journal of Politics*, vol. 86, n° 2, 2024, p. 488-506.

58. Anne-Marie Thiesse, « La nation, une construction politique et culturelle », *Savoir/Agir*, n° 2, 2007, p. 13.

59. Alain Dieckhoff et Christophe Jaffrelot, « La résilience du nationalisme face aux régionalismes et à la mondialisation », *Critique internationale*, n° 23, 2004, p. 125-139 ; Siniša Malešević, *Grounded Nationalisms : A Sociological Analysis*, Cambridge, Cambridge University Press, 2019 ; Pascal Ory, *Qu'est-ce qu'une nation ? Une histoire mondiale*, Paris, Gallimard, 2020.

certains comportements et en désapprouvent d'autres. Elles véhiculent le « désir de vivre ensemble », selon la formule d'Ernest Renan[60], et ouvrent des perspectives pour l'avenir.

Dans son sens le plus général, le « nationalisme » se réfère à un discours construit autour du concept de nation, qui se présente comme un symbole moderne particulièrement puissant[61]. Compte tenu de l'étymologie du mot, où *nasci* en latin signifie « naître » et *natio* « progéniture », le discours nationaliste renvoie à la constitution puis au maintien d'une collectivité distincte composée d'individus « supposés avoir des choses en commun, par opposition à celles qui n'auraient aucun lien mutuel[62] ». Plus précisément, selon Margaret Canovan, l'idée de nation permet d'associer les identifications culturelles aux solidarités politiques : d'une part le sentiment d'appartenance à une communauté ethnique, des traditions partagées, une langue parlée ou écrite et le sens d'une histoire commune ; d'autre part le partage des droits civiques, des valeurs et du territoire de la « patrie », idéalement disposant d'un État indépendant[63].

L'établissement des frontières politiques de la nation fait émerger un espace culturel commun, qui inclut les initiés, ou « les siens », mais exclut les profanes, ou « les autres ». Cet espace est celui de la culture nationale, qui sert à son tour à « délimiter la communauté politique[64] ».

---

60. Ernest Renan, *Qu'est-ce qu'une nation ?*, postface de N. Tenzer, Paris, Mille et Une Nuits, 1997 (1882).

61. Katherine Verdery, « Whither "Nation" and "Nationalism" ? », *Daedalus*, vol. 122, n° 3, 1993, p. 37-46.

62. *Ibid.*, p. 38.

63. Margaret Canovan, *Nationhood and Political Theory*, Cheltenham, Edward Elgar, 1996.

64. A.-M. Thiesse, « La nation, une construction politique et culturelle », *op. cit.*, p. 14.

Les principes de la citoyenneté politique, tels que définis par la Déclaration des droits de l'homme et du citoyen de 1789, font en effet appel à des principes voulus universels, qui sous-tendent, depuis, les démocraties libérales : la liberté individuelle, l'égalité devant la loi, la propriété ou encore la résistance à l'oppression. Si ces valeurs et les droits qu'elles inspirent sont tendanciellement applicables aux sociétés modernes dans toute leur diversité[65], la pratique d'une culture commune ne l'est pas. C'est elle qui, en deçà de l'adhésion formelle à la collectivité, distingue l'homme (membre du genre humain) du citoyen (membre d'une nation particulière).

La nation moderne s'institue à travers ses deux dimensions principales, l'une ethnique ou culturelle et l'autre politique[66]. « Ainsi la nation apparaît-elle dans le lieu théorique et dans le temps historique où l'attribut culturel devient un levier politique, où une histoire se cristallise en géographie, où un *ethnos* s'enrichit d'une nouvelle identification, celle d'un *demos*[67] », résume Pascal Ory.

Pas de nations purement civiques (politiques) ou ethniques (culturelles), donc[68]. Mais l'équilibre entre ces deux dimensions de la nation n'est pas établi une fois pour toutes. Au contraire, il est susceptible d'évoluer avec le temps, ainsi qu'en fonction des projets concurrentiels de (re)construction nationale qui mettent l'accent tantôt sur l'origine ou la culture commune (ethnonationalisme ou

65. Michel Wieviorka, *Retour au sens. Pour en finir avec le déclinisme*, Paris, Robert Laffont, 2015, p. 21-56.

66. G. Delannoi, *La Nation contre le nationalisme*, *op. cit.*

67. P. Ory, *Qu'est-ce qu'une nation ?*, *op. cit.*, p. 106.

68. Rogers M. Smith, « Nations civiques, sociétés libérales : les risques normatifs des catégories empiriquement vides », *Raisons politiques*, n° 8, 2002, p. 131-148.

nationalisme culturel), tantôt sur les valeurs politiques partagées et l'État commun (nationalisme politique ou civique).

Le rôle des frontières de la nation est primordial. On pourrait appliquer aux collectifs nationaux la thèse de l'approche interactionniste de l'ethnicité : c'est « la *frontière* ethnique qui définit le groupe, et non la substance culturelle qu'elle délimite[69] ». Établissant la relation à l'Autre, les frontières, territoriales mais aussi symboliques, constituent la pierre de touche du nationalisme[70]. Cet « effet de frontière », souligne Véronique Nahoum-Grappe, renforce le sentiment d'appartenance à une nation. Mais il n'en produit pas moins « la normalisation et la valorisation de la violence contre un autrui qui habite de l'autre côté[71] », violence qui peut prendre des formes variées jusqu'à déclencher, dans des situations extrêmes, des pulsions génocidaires.

En amont de toute doctrine ou de tout mouvement, le nationalisme est un discours politique qui « permet ou empêche certaines autres façons de parler ou d'agir[72] », qui établit des loyautés et des solidarités particulières. Les loyautés et les solidarités du citoyen (ou du national) ne sont pas celles de l'adepte d'une religion ni celles du membre d'un parti.

---

69. Fredrik Barth, « Introduction », dans F. Barth (dir.), *The Social Organization of Culture Difference*, Bergen, Universitetsforlaget, 1969, p. 15. Souligné par l'auteur.

70. Christophe Jaffrelot, « Pour une théorie du nationalisme », dans A. Dieckhoff et C. Jaffrelot (dir.), *Repenser le nationalisme. Théories et pratiques*, Paris, Presses de Sciences Po, 2006, p. 29-103.

71. Véronique Nahoum-Grappe, « La préférence pour la haine. Quelques réflexions sur les élans collectifs », *Inflexions*, n° 26, 2014, p. 133.

72. Craig Calhoun, *Nationalism*, Minneapolis, University of Minnesota Press, 1997, p. 4.

Compris comme discours, le nationalisme a souvent été opposé au patriotisme : le premier serait la haine des autres et le second l'amour de sa patrie. Si ces deux termes peuvent avoir des connotations différentes, donnant libre cours à des exercices de rhétorique, l'un comme l'autre n'en demeurent pas moins polymorphes. Tous deux sont, selon les mots du politiste Rogers Brubaker, « des moyens de construire des arguments politiques en faisant appel à la *patria* : la patrie, le pays, la nation[73] ».

Cette parenté sémantique rend peu convaincante toute tentative théorique visant à faire du (mauvais) nationalisme la forme pervertie ou extrême du (bon) patriotisme[74]. Souvent, le patriotisme revendiqué n'est pas moins guerrier que le nationalisme. Celui-ci, à son tour, n'est pas toujours belliciste. Craig Calhoun rappelle justement qu'« une bonne partie de ce que nous considérons aujourd'hui comme le patriotisme pacifique des nations occidentales modernes et établies de longue date est cependant le fruit de siècles d'histoire sanglante[75] ». Toujours est-il qu'en Occident comme ailleurs, se référer au patriotisme est un moyen pour le locuteur de se présenter sous un jour (plutôt) positif, tandis que les appels au nationalisme se voient, en règle générale, disqualifiés. Il n'est donc pas surprenant que tous les nationalismes ne disent pas leur nom, lui préférant la respectable posture patriotique.

---

73. Rogers Brubaker, « In the Name of the Nation : Reflections on Nationalism and Patriotism », *Citizenship Studies*, vol. 8, n° 2, 2004, p. 120.

74. P.-A. Taguieff, *La Revanche du nationalisme*, *op. cit.*, p. 18 et suivantes.

75. C. Calhoun, *Nationalism*, *op. cit.*, p. 85.

En somme, le nationalisme et le patriotisme s'apparentent à deux expressions d'un même langage politique. Contextuelles, ces expressions tendent à s'intriquer voire à se confondre, particulièrement en temps de crise ou de conflit. Dans cette optique, une solution évidente consisterait à étudier le discours des acteurs sociaux qui se disent nationalistes ou patriotes, voire les deux à la fois. Charles Maurras, théoricien du « nationalisme intégral », a ainsi soutenu que « la distinction entre patrie et nation, patriotisme et nationalisme, ne tient pas. Le culte de la patrie est le respect, la religion de la terre des pères ; le culte de la nation est le respect et la religion de leur sang[76]. »

L'approche discursive du nationalisme a le mérite de la clarté mais reste insuffisante. Les doctrines portées par des idéologues comme des praticiens visent, *in fine*, à produire de l'action politique. Il est significatif que l'un des plus importants théoriciens du nationalisme, Anthony Smith, définisse celui-ci comme un « mouvement idéologique », où les idées et les actes censés les mettre en pratique sont d'égale importance. L'objectif de ce mouvement est d'atteindre et de « maintenir l'autonomie, l'unité et l'identité pour le compte d'une population considérée par quelques-uns de ses membres comme constituant une "nation", actuelle ou potentielle[77] ».

Porter un projet national au nom et pour le bien d'une « nation » s'impose comme une condition nécessaire pour tout nationalisme. Celui-ci entretient un rapport étroit

76. Lettre de Charles Maurras à Henri Massis du 13 septembre 1923, cité par Massis dans Marcel Clément, *L'Enquête sur le nationalisme*, Paris, Nouvelles Éditions latines, 1957, p. 41.

77. Anthony D. Smith, *National Identity*, Londres, Penguin Books, 1991, p. 73.

avec l'État qui, en dépit de ses transformations actuelles, fait preuve d'une remarquable permanence et demeure la principale unité politique moderne[78]. « Le problème du nationalisme, insiste Ernest Gellner, ne se pose pas quand il n'y a pas d'État[79]. »

À suivre l'approche d'un autre Britannique ayant grandement contribué au renouveau des *nationalism studies*, John Breuilly, le nationalisme peut être défini avant tout comme une « forme de politique », axée sur les rapports de pouvoir dans un État et portée par des acteurs qui cherchent à exercer le pouvoir étatique au nom de la nation. Avant toute autre chose, celle-ci est susceptible d'avoir et d'entretenir une identité singulière permettant de la distinguer des autres nations. Deuxième élément indispensable de tout nationalisme : les intérêts et les valeurs de la nation, à commencer par sa souveraineté, sont proclamés comme étant supérieurs à toute autre considération d'ordre individuel ou corporatiste. Enfin, l'indépendance, ou du moins l'autonomie, de la nation doit être assurée par tous les moyens disponibles[80].

Cette approche permet d'accentuer le caractère éminemment politique du nationalisme. Par là même, elle met en lumière sa dimension parfaitement rationnelle, sinon instrumentale : le nationalisme résulte d'une

---

78. Stephan Leibfried, Evelyne Huber, Matthew Lange, Jonah D. Levy, Frank Nullmeier et John D. Stephens (dir.), *The Oxford Handbook of the Transformations of States*, Oxford, Oxford University Press, 2015.

79. Ernest Gellner, *Nations et nationalisme*, trad. de l'anglais par B. Pineau, Paris, Payot, 1989 (1983), p. 17.

80. John Breuilly, *Nationalism and the State*, 2de éd., Manchester, Manchester University Press, 1993 (1982), p. 2.

volonté des acteurs de conquérir, de conserver et d'exercer le pouvoir. Il s'apparente ainsi à une stratégie politique[81]. Et ce malgré l'apparente intransigeance des revendications nationalistes, qui en appellent aux émotions collectives. C'est d'ailleurs à la dimension psychique, passionnelle des « idéaux nationaux » que Sigmund Freud imputait, dans l'entre-deux-guerres, l'échec des efforts visant à instaurer une instance internationale suprême qui interdirait le recours à la violence pour résoudre les conflits[82]. Pierre Hassner, observateur sagace de la « revanche des passions », nationalistes ou religieuses, rapporte cette phrase de Raymond Aron qui, au moment de la guerre d'Algérie, avait réfuté l'idée que l'intérêt économique ou la défaite militaire persuaderait les Algériens de renoncer à leur quête d'indépendance : « Ceux qui croient que les peuples suivront leurs intérêts plutôt que leurs passions n'ont rien compris au XXe siècle. » Ni au siècle présent, insiste Hassner[83].

Tel Janus aux deux faces, le nationalisme, se manifeste à la jonction des intérêts et des passions. En effet, la défense de « l'intérêt national », quel que soit le sens que les acteurs donnent à cette notion, a trop souvent justifié l'intransigeance, donné du courage ou même conduit à la cruauté. Au demeurant, l'affirmation somme toute logique selon laquelle le monde politique est fait d'« un entrelacement inextricable d'intérêts, d'idées et de passions[84] »

81. Sherrill Stroschein, « Populism, Nationalism, and Party Politics », *Nationalities Papers*, vol. 47, n° 6, 2019, p. 923-935.

82. Albert Einstein et Sigmund Freud, *Pourquoi la guerre ?*, trad. de l'allemand par B. Briod, Paris, Rivages, 2005 (1933).

83. Pierre Hassner, *La Revanche des passions. Métamorphoses de la violence et crises du politique*, Paris, Fayard, 2015, p. 14, 50.

84. *Ibid.*, p. 36-37. Soulignement non retenu.

s'applique parfaitement au nationalisme. Instrument dans les mains d'acteurs étatiques ou d'« entrepreneurs » idéologiques se servant « de la rhétorique nationaliste pour promouvoir leurs agendas politiques et pour atteindre des objectifs spécifiques[85] », le nationalisme n'en demeure pas moins le producteur des identités et des émotions collectives. Elles sont à leur tour « utilisées comme des ressources de mobilisation pour poursuivre des intérêts personnels ou collectifs[86] ».

Les divergences quant à la définition de la nation, ses valeurs et ses intérêts relèvent d'une règle de la vie politique moderne, et non d'une exception. Nationaliste autoproclamé, Maurice Barrès s'interrogeait : « Le nationalisme, c'est de résoudre chaque question par rapport à la France. Mais comment faire, si nous n'avons pas de la France une définition et une idée communes[87] ? »

On peut s'attendre en effet à ce que tout acteur politique, ou presque, tente de mettre à son service le capital symbolique de la « nation » et de la « patrie ». Les dirigeants en place, disposant de ressources administratives, économiques et médiatiques importantes, tendront à imposer leur vision de ces symboles dans l'optique d'asseoir leur autorité. Cela est d'autant plus vrai dans des contextes non démocratiques. Si, hors de périodes de crise majeure, les démocraties favorisent un débat relativement ouvert sur l'identité nationale, l'objectif d'un chef autoritaire est de

85. Pål Kolstø, *Strategic Uses of Nationalism and Ethnic Conflict : Interest and Identity in Russia and the Post-Soviet Space*, Édimbourg, Edinburgh University Press, 2022, p. 2.

86. *Ibid.*, p. x.

87. Maurice Barrès, *Scènes et doctrines du nationalisme*, Paris, Félix Juvin, 1902, p. 81.

convaincre les gouvernés que sa parole est « la voix légitime de la nation, l'expression même de la volonté nationale[88] ».

Ceux qui s'y opposent, d'une manière plus ou moins radicale, essaieront d'en proposer des conceptions alternatives dans une tentative de contestation de l'ordre établi. Infailliblement mobilisateur, le nationalisme est essentiellement ambivalent lorsqu'il s'agit du pouvoir politique et de sa légitimation. Susceptible aussi bien de servir l'ordre établi que de mener une lutte contre lui, il favorise tantôt l'intégration, tantôt la désintégration des États[89]. Si le nationalisme d'opposition « constitue un moyen [efficace] pour critiquer le *statu quo* et retirer ainsi sa légitimité à l'État », le nationalisme mis à son service se présente comme un outil le rendant « légitime aux yeux des gouvernés[90] ».

La pluralité des conceptions de la nation-patrie fait d'elle une « zone de conflit[91] ». Un groupe linguistique, ethnique voire racial, ou un collectif de citoyens ; un corps homogène ou un ensemble multiculturel ; une nation repliée sur elle-même ou tournée vers l'extérieur voire expansionniste (souvent au nom d'une mission historique)… Les multiples significations accordées à

88. Walker Connor, « Nationalism and Political Illegitimacy » (1980), dans D. Conversi (dir.), *Ethnonationalism in the Contemporary World : Walker Connor and the Study of Nationalism*, Londres, Routledge, 2002, p. 33.

89. C. Calhoun, *Nationalism*, *op. cit.*, p. 103. Voir également Michael Mann, « A Political Theory of Nationalism and Its Excesses », dans S. Periwal (dir.), *Notions of Nationalism*, Budapest, Central European University Press, 1995, p. 44-63.

90. J. Breuilly, *Nationalism and the State*, *op. cit.*, p. 387.

91. John Hutchinson, *Nations as Zones of Conflict*, Londres, Sage, 2005.

la catégorie « nation » varient selon le contexte spatio-temporel et s'accordent avec des conditions politiques et des contenus idéologiques très variés. Au regard des idéologies « épaisses » proposant un programme politique global comme le libéralisme, le conservatisme ou le socialisme, eux-mêmes polyphoniques, le nationalisme s'apparente à une « structure plastique » capable de les infiltrer et d'en changer la coloration[92]. Il est donc « un moyen plus qu'une fin[93] ».

De là découle le constat suivant : tout nationalisme porte en lui des caractéristiques particulières qu'aucune analyse sérieuse ne peut négliger. Bien qu'il s'inscrive dans des constellations régionales voire mondiales, le nationalisme n'en demeure pas moins un phénomène « local », ancré dans un territoire, une culture et une tradition.

Soulignons maintenant la confluence, partielle, entre nationalisme et violence politique.

DU NATIONALISME EN TEMPS DE GUERRE

Si l'on retient la définition du nationalisme par la politique, on peut soutenir qu'il fut et reste l'un des moteurs de la guerre au cours des deux derniers siècles[94]. Le nationalisme affirme en effet la quête de l'indépendance ou de l'autonomie d'une population. La réalisation de cette quête passe par le refus de toute domination étrangère,

92. Michael Freeden, « Is Nationalism a Distinct Ideology ? », *Political Studies*, vol. 46, n° 4, p. 748-765.

93. G. Delannoi, *La Nation contre le nationalisme*, *op. cit.*, p. 144.

94. Andreas Wimmer, *Waves of War : Nationalism, State Formation, and Ethnic Exclusion in the Modern World*, Cambridge, Cambridge University Press, 2013.

qu'elle soit incarnée par une dynastie monarchique qui se réclame d'une origine allogène ou par un empire colonial.

À suivre l'approche de Gellner, tout mouvement nationaliste effectif cherche à faire coïncider les frontières culturelles et les frontières politiques d'une nation[95]. Cet impératif n'est certes pas universel : en témoignent l'expérience des États multinationaux démocratiques comme le Canada, l'Inde ou le Royaume-Uni, qui accordent une certaine autonomie administrative à des collectivités culturellement spécifiques, en cherchant ainsi à affaiblir l'appel des nationalismes « de dissociation », contestant l'État[96]. Néanmoins, il continue d'alimenter des sentiments irrédentistes et d'attiser des conflits territoriaux[97]. Mais ce constat général ne suffit pas pour apprécier les rapports, complexes, qu'entretiennent guerre et nationalisme.

Beaucoup ont tendance à croire que le nationalisme est à l'origine de la guerre. Ce point de vue se résume par la célèbre phrase de François Mitterrand : « Le nationalisme, c'est la guerre ! » La question du sens de la causalité ne cesse toutefois de susciter un débat, vieux de plus d'un siècle. Une approche équilibrée, qui tient compte des facteurs variés, soutiendrait que si le

95. E. Gellner, *Nations et nationalisme*, *op. cit.*

96. Voir A. Dieckhoff, *La Nation dans tous ses États*, *op. cit.* ; Michael Keating, *Plurinational Democracy : Stateless Nations in a Post-Sovereignty Era*, Oxford, Oxford University Press, 2001 ; Alfred Stepan, Juan Linz et Yogendra Yadav, *Crafting State-Nations : India and Other Multinational Democracies*, Baltimore, Johns Hopkins University Press, 2010.

97. Walker Connor, « Can Autonomy Stunt the Self-Determination Impulse ? Tensions Arising from Ethnic and Political Borders », *International Journal of the Sociology of Language*, n° 213, 2012, p. 51-62.

nationalisme engendre la guerre, celle-ci n'en produit pas moins la cohésion nationale… et de nouvelles passions nationalistes. Ces passions peuvent conduire au développement de récits tant victimaires que triomphalistes. Elles peuvent aussi prendre la forme d'un ressentiment, d'une nostalgie violente ou d'un esprit de revanche, surtout lorsque l'issue d'un conflit est jugée défavorable, voire catastrophique pour la nation ou l'État qui l'incarne[98].

Il existe cependant des raisons logiques et empiriques de contester l'affirmation d'une influence mutuelle entre violence organisée et phénomènes nationalistes. Les guerres existaient bien avant l'avènement du nationalisme, concomitant de la modernité politique[99]. Ces guerres, prémodernes, ne reposaient pas sur une mobilisation de masse : l'idéal du citoyen-soldat ne date que de la fin du XVIIIe siècle. D'abord théorisé[100], puis mis en pratique au moment de la Révolution française avec la levée en masse décidée par la Convention, en 1793, cet idéal a été progressivement répliqué dans d'autres sociétés d'Europe et au-delà[101]. Il n'empêche que la formation de la conscience nationale, sur le Vieux Continent, a été

98. John A. Hall et Siniša Malešević, « Introduction : Wars and Nationalisms », dans J.A. Hall et S. Malešević (dir.), *Nationalism and War*, New York, Cambridge University Press, 2013, p. 1-28.

99. Liah Greenfeld, *Nationalism : Five Roads to Modernity*, Cambridge (MA), Harvard University Press, 1992.

100. Joseph Servan, *Le Soldat citoyen, ou Vues patriotiques sur la manière la plus avantageuse de pourvoir à la défense du royaume*, s.l. [Neufchâtel], 1780.

101. Daniel Moran et Arthur Waldron (dir.), *The People in Arms : Military Myth and National Mobilization since the French Revolution*, Cambridge, Cambridge University Press, 2003.

un processus de longue haleine qui ne touche les larges masses de la population européenne qu'à la charnière des XIXe et XXe siècles[102]. À l'échelle planétaire, ce n'est qu'au « siècle dernier et au début du XXIe siècle [que] le nationalisme s'est pleinement enraciné dans les institutions de l'État moderne, du système éducatif à la sphère publique en passant par les médias, l'armée et la fonction publique[103] ». Pourtant, les nations sont habituellement imaginées comme provenant des temps immémoriaux, voire « intemporelles[104] ».

D'autre part, toutes les formes de nationalisme n'ont pas la même propension à la guerre. Des études historico-statistiques montrent que l'ethnonationalisme, qui s'attache à une vision ethnique ou raciale (« par le sang ») de la nation, influe fortement sur le déclenchement des guerres entre États[105]. Cette affirmation est somme toute logique, puisque les frontières d'un groupe ethnique ne coïncident pratiquement jamais avec les frontières politiques. Vouloir réunir les membres d'une nation définie comme *ethnos* dans un même État augmente considérablement le risque du recours à la violence.

Les dirigeants d'inspiration ethnonationaliste auront du mal à « accepter l'assimilation des membres de leur

102. Eugen Weber, *La Fin des terroirs. La modernisation de la France rurale, 1870-1914*, trad. de l'anglais par A. Berman, Paris, Fayard, 1983 (1976) ; Walker Connor, « From Tribe to Nation ? », *History of European Ideas*, vol. 13, n° 1-2, 1991, p. 5-18.

103. S. Malešević, *Grounded Nationalisms*, *op. cit.*, p. 7.

104. Walker Connor, « The Timelessness of Nations », *Nations and Nationalism*, vol. 10, n° 1-2, 2004, p. 35-47.

105. Gretchen Schrock-Jacobson, « The Violent Consequences of the Nation : Nationalism and the Initiation of Interstate War », *Journal of Conflict Resolution*, vol. 56, n° 5, 2012, p. 825-852.

groupe ethnique à la culture dominante d'un État voisin[106] ». Ils tenteront de négocier le statut de ces populations et des territoires qu'elles habitent. En cas d'échec des efforts diplomatiques, ils feront probablement usage de la force, peu importe son coût matériel ou symbolique. L'Allemagne hitlérienne constitue à cet égard un cas extrême du fait de sa radicalité[107], qui tient à l'exacerbation, dans une société allemande en crise profonde, de tendances communes à l'Europe de l'époque dont l'antisémitisme, le racisme, le colonialisme ou l'eugénisme[108]. Le conflit entre l'Arménie et l'Azerbaïdjan en est un exemple plus courant : ce conflit autour d'un territoire et des populations qui s'y trouvent n'a cessé d'alimenter, au fil des décennies, les passions ethnonationalistes de part et d'autre. Cette même logique, identitaire, de projets nationalistes rivaux explique le gros du conflit israélo-palestinien.

En revanche, l'esprit belliciste n'est pas habituellement caractéristique des nationalismes civiques, qui en appellent à un collectif de citoyens. La vision essentiellement politique et, *a fortiori*, démocratique de la nation assure à un État qui la porte un certain respect des projets nationaux alternatifs, mais aussi une meilleure prise en compte des coûts liés à l'action étrangère agressive. Il est logique de supposer que les « intérêts nationaux » d'une communauté citoyenne disposant de frontières bien

---

106. *Ibid.*, p. 834.

107. Christian Ingrao, *La Promesse de l'Est. Espérance nazie et génocide, 1939-1943*, Paris, Seuil, 2016.

108. Johann Chapoutot, « Le nazisme est-il notre contemporain ? De la référence au nazisme, de ses limites, de ses enseignements », *Cités*, n° 93, 2023, p. 79-91.

délimitées se prêtent davantage à la négociation que ceux portés au nom d'un peuple divisé. Ayant combattu par le passé, les États-Unis et le Mexique n'envisagent plus de se faire la guerre pour le Texas, les deux pays étant attachés à une vision civique de leurs nations respectives. À rebours de la formule mitterrandienne, tous les nationalismes ne se valent pas face à la guerre.

Un esprit sceptique ferait même valoir que si le nationalisme et la violence politique organisée étaient intrinsèquement liés, « il y aurait beaucoup plus de cas de guerres, de terrorismes, de génocides et de révolutions d'inspiration nationaliste qu'il n'y en a en réalité[109] ».

Cela ne signifie pas pour autant qu'il n'existe aucun lien entre les deux phénomènes. Le nationalisme et la guerre entretiennent une relation d'influence réciproque. D'un côté, le contexte de guerre contribue à rendre les différentes formes de la violence moins impensables sinon pleinement légitimes, jusqu'à atteindre leur paroxysme[110]. Au siècle dernier, les génocides des Arméniens, des Juifs, des Cambodgiens, des Tutsis et des Bosniaques à Srebrenica se sont tous déroulés sur fond de conflit armé. La Shoah, écrit Johann Chapoutot, est indissociable d'« un contexte de guerre et de difficultés liées à la guerre qui motivent des franchissements de seuil considérables dans les catégories, la décision et l'action[111] ». De l'autre côté, la présence des nationalismes rivaux et combatifs,

109. Siniša Malešević, « Is Nationalism Intrinsically Violent ? », *Nationalism and Ethnic Politics*, vol. 19, n° 1, 2013, p. 16.

110. Christian Ingrao, *Le Soleil noir du paroxysme. Nazisme, violence de guerre, temps présent*, Paris, Odile Jacob, 2021.

111. J. Chapoutot, « Le nazisme est-il notre contemporain ? », *op. cit.*, p. 88.

qui mettent en question les frontières existantes, augmente drastiquement le risque d'un conflit interétatique.

Cette dynamique de confluence est démontrée par l'historien Eric Lohr, qui introduit le terme « nationalisme de guerre » pour décrire la transformation radicale des expériences nationalistes dans l'Empire russe au moment de la Grande Guerre[112]. Cette notion permet en effet de conjuguer deux perspectives théoriques.

La première souligne le caractère processuel du nationalisme, qui se déroule toujours dans un espace-temps particulier[113]. Le temps du conflit est un temps *autre* que celui de la paix, et le passage du second au premier, et *vice versa*, affecte drastiquement les expressions du nationalisme. La seconde perspective est liée à la perception de la guerre comme étant un contexte « mobilisateur », qui affecte les populations d'un territoire concerné. Par le truchement de la mobilisation des émotions collectives et de la propagande, la guerre interétatique contribue à consolider des consciences ethniques ou nationales, à raviver ou à faire naître un attachement à la « patrie », dont on pouvait ne pas se soucier avant le conflit. Pour le dire plus crûment, la guerre forge la nation[114].

112. Eric Lohr, « War Nationalism », dans E. Lohr, V. Tolz, A. Semyonov et M. von Hagen (dir.), *The Empire and Nationalism at War*, Bloomington, Slavica Publishers, 2014, p. 91-107.

113. Voir Rogers Brubaker, *Nationalism Reframed. Nationhood and the National Question in the New Europe*, New York, Cambridge University Press, 1996.

114. Ce constat ne s'applique pas toujours aux conflits civils. Ainsi, en Amérique latine, des « guerres internes » n'ont pas contribué à légitimer les États qui les ont connues (Colombie, Mexique, Salvador) ni à renforcer le sentiment de fierté nationale de leurs habitants. Voir Miguel Angel Centeno, Jose Miguel Cruz, Rene

Le « nationalisme de guerre » est donc radicalement différent du nationalisme en « temps calme[115] », car il est directement lié à la violence de masse et à sa légitimation. La guerre peut cristalliser et galvaniser des expériences nationalistes déjà accumulées, qui prennent des formes (plus) violentes et militarisées face à un adversaire collectif : l'État ou le peuple ennemi[116]. Lohr a ainsi démontré que l'entrée de la Russie tsariste en guerre en août 1914 a déclenché une transformation spectaculaire du nationalisme russe d'avant-guerre, tout en « banalisant » des pratiques radicales qui semblaient peu concevables avant le premier conflit mondial. Ces pratiques inclurent les violences de masse contre les « sujets étrangers ennemis », à savoir les sujets allemands du tsar, les expulsions et expropriations des Juifs et des colons allemands des zones de front par les forces armées, ou encore l'organisation par celles-ci de pogroms.

La brutalisation de la société par la guerre se voit ainsi justifiée par l'imaginaire d'une nation unie et assiégée, imaginaire qu'elle contribue à façonner. Cet engrenage rend plus concevable la poursuite d'une violence perçue comme défensive, pourvu que la société belligérante y reste consentante, ou du moins ne s'y oppose pas[117].

Flores et Gustavo Silva Cano, « Internal Wars and Latin American Nationalism », dans J.A. Hall et S. Malešević (dir.), *Nationalism and War*, *op. cit.*, p. 279-305.

115. Bart Bonikowski, « Nationalism in Settled Times », *Annual Review of Sociology*, vol. 42, 2016, p. 427-449.

116. John Hutchinson, *Nationalism and War*, Oxford, Oxford University Press, 2017.

117. Annette Becker et Stéphane Audoin-Rouzeau, *14-18, Retrouver la guerre*, Paris, Gallimard, 2000.

La dimension symbolique du nationalisme de guerre n'est pas moins importante. Elle se traduit par les multiples façons de marquer les valeurs de la nation, à commencer par sa souveraineté et sa puissance (restaurée). En témoigne l'image du président Ilham Aliev embrassant le drapeau national azerbaïdjanais sur la place centrale de Stepanakert (Khankendi en azéri), capitale du Haut-Karabagh, repris aux séparatistes arméniens en octobre 2023.

Aujourd'hui, la guerre russo-ukrainienne confirme un rapport étroit entre guerre et nationalisme, qui se manifeste aux portes de l'Europe unie. Et ce pour la deuxième fois depuis que le couple guerre-nationalisme a refait surface en ex-Yougoslavie, au moment même où d'aucuns parlaient de « la fin de l'histoire[118] ». Au sein de l'Ukraine attaquée par la Russie, les autorités font aujourd'hui appel à l'imaginaire de la nation en armes, consacrée autrefois en France par la *Marseillaise* et la bataille de Valmy. La nation ukrainienne est sollicitée pour défendre la patrie agressée, fragilisée contre un ennemi despotique et un occupant puissant : le « Goliath » russe, selon les propos de Volodymyr Zelensky à la conférence de Munich sur la sécurité de février 2023. Ceci est un nationalisme à teneur civique qui, en temps de guerre, mobilise la communauté de citoyens au nom de la valeur suprême de la nation souveraine, par-delà les divisions internes[119].

---

118. Francis Fukuyama, *La Fin de l'histoire et le Dernier Homme*, trad. de l'anglais par D.-A. Canal, Paris, Flammarion, 1992. Plus tard, le politiste est revenu sur son idée de la suprématie de l'idéal libéral-démocratique : Mathilde Fasting, *After the End of History : Conversations With Francis Fukuyama*, Washington (DC), Georgetown University Press, 2021.

119. Olga Onuch et Henry E. Hale, *The Zelensky Effect*, Londres, Hurst Publishers, 2022.

Les diverses factions de la classe politique ukrainienne, traditionnellement morcelée, ont mis leurs différends de côté pour former une union sacrée. L'invasion russe a façonné une grande cohésion au sein de la société ukrainienne, avec de très nombreux Ukrainiens, ukrainophones, russophones ou bilingues exprimant leur soutien au gouvernement en place, s'engageant volontairement dans les forces armées ou participant massivement à l'action humanitaire. Exigeant, ce nationalisme est aussi restrictif en temps de guerre, avec la proclamation et les reconduites régulières de la mobilisation générale. Il s'appuie sur la conscience politique du citoyen et son dévouement à la collectivité, en dépit d'une fatigue de guerre qui a fini par s'installer chez une importante partie de la population d'Ukraine[120].

La composante civique du « nationalisme de guerre » ukrainien est toutefois contrebalancée par une composante ethnique, qui se fonde sur l'officialisation du récit mémoriel glorifiant un ethnonationalisme radical incarné par l'Organisation des nationalistes ukrainiens et l'Armée insurrectionnelle ukrainienne, deux organisations ayant collaboré avec les nazis au début des années 1940 et combattu les Soviétiques dans le cadre de leur lutte pour une Ukraine indépendante[121]. Considérant la Russie comme le pire ennemi de l'Ukraine, ce récit est complété par des politiques de « décommunisation » et de « dérussification » mises en place depuis 2014 et renforcées après

120. Hélène Richard, « Loin du front, la société ukrainienne coupée en deux », *Le Monde diplomatique*, novembre 2023, p. 4-5.

121. Georgiy Kasianov, « Nationalist Memory Narratives and the Politics of History in Ukraine Since the 1990s », *Nationalities Papers*, 2023, p. 1-20, DOI : 10.1017/nps.2023.10.

février 2022[122]. Les écoles publiques enseignant dans des langues autres que l'ukrainien ont cessé d'exister en Ukraine[123]. Le gouvernement cherche à fidéliser sinon à démanteler l'Église orthodoxe ukrainienne, rattachée avant 2022 au patriarcat de Moscou, pour la remplacer par une Église autocéphale nationale, créée en 2018[124]. Après les toponymes soviétiques, les noms relatifs à la Russie sont bannis pour désigner les lieux publics ; des statues de chefs militaires et d'artistes, considérées autrefois comme patrimoine commun de la Russie et de l'Ukraine, sont détruites ; des livres en russe sont retirés des bibliothèques publiques…

Un constat s'impose : la guerre autour du territoire et des identités nationales est bien *là*, aux portes de la communauté européenne, qui n'a cessé de chercher à tracer ses limites[125]. La décision des vingt-sept chefs d'État et de gouvernement de l'Union européenne d'accorder, en juin 2022, le statut de pays candidat à l'adhésion à l'Ukraine, aux côtés de la Moldavie voisine, est hautement symbolique. Non seulement elle intervient en contexte de guerre ouverte, mais elle honore aussi, ne fût-ce qu'indirectement, une certaine forme de nationalisme : civique, pro-européen, en armes. Du jamais-vu en Union européenne, qui se veut une terre de paix par excellence.

122. Le passage qui suit reprend l'article : Jules Sergei Fediunin et Hélène Richard, « La Russie est-elle impérialiste ? », *Le Monde diplomatique*, janvier 2024, p. 1, 12-13.

123. Nikita Taranko Acosta, « Ukrainisation à marche forcée », *Le Monde diplomatique*, mai 2019, p. 9.

124. Kathy Rousselet, « Divorces à l'orthodoxe », *Le Monde diplomatique. Manière de voir*, n° 188, avril-mai 2023, p. 24-26.

125. Michel Foucher, *Le Retour des frontières*, Paris, CNRS Éditions, 2016.

L'ouverture des négociations d'adhésion avec ces deux pays en juin 2024 a confirmé l'importance de la décision prise deux anx plus tôt.

Le conflit russo-ukrainien nous oblige, nous, les Européens, à nous défaire de certaines certitudes et de certaines croyances antérieures. Le revanchisme russe et le danger qu'il présente pour l'Europe unie incitent à revenir sur la pertinence durable de la guerre et du nationalisme.

***

Dans le sillage de ces remarques introductives, ce livre mettra en lumière l'arc idéologique des nationalismes dans la Russie en guerre contre l'Ukraine. En présentant les différents aspects du nationalisme russe, les chapitres les relieront aux évènements majeurs de l'histoire récente. Parmi eux, avant même l'invasion russe de l'Ukraine, la « crise ukrainienne » de 2014 constitue, à bien des égards, un tournant dans la politique russe en faisant réagir l'ensemble des acteurs, qu'ils assument leur « nationalisme » ou qu'ils se disent « patriotes ». Elle n'en révèle pas moins de nombreuses ambiguïtés dans leurs prises de position.

Le livre s'intéressera autant à des usages instrumentaux du nationalisme par le régime de Vladimir Poutine qu'à ses expressions passionnelles relayées par des acteurs ralliés au régime ou s'opposant à lui. Si certains de ces « entrepreneurs » idéologiques aspirent à écraser l'ennemi, agrandir le conflit et atteindre des objectifs maximalistes, d'autres essaient d'empêcher les développements jugés néfastes pour la Russie. En revanche, les représentations du collectif national véhiculées dans les discours ordinaires des Russes ne seront pas étudiées en détail[126].

L'ouvrage s'inscrit dans une démarche résolument pluridisciplinaire qui fait appel aux approches développées en science politique et relations internationales, en histoire et sociologie des idées, mais aussi en anthropologie numérique. Cette dernière relève d'une analyse des discours sur les réseaux sociaux dont Telegram. L'analyse portera sur les discours et les acteurs qui les portent, qu'ils soient officiels ou non étatiques. Ces acteurs, multiples, évoluent dans des milieux différents, ce qui colore leur production idéologique. On étudiera l'évolution des relations et des réactions des principaux acteurs nationalistes, le tout afin de permettre au lecteur d'avoir une vision plus exhaustive des dynamiques nationalistes dans une Russie en guerre.

Cette démarche méthodologique procède de trois perspectives générales. La première est une perspective de contextualisation. Elle se soucie d'intégrer les évènements du temps présent dans leur contexte et dans leur temporalité. La deuxième est, au contraire, une perspective d'universalisation. Elle passe par l'usage de théories générales et de comparaisons afin d'éviter l'écueil qui consiste à exagérer la singularité, ou l'exceptionnalisme, de l'objet « nationalisme russe ». Le croisement de ces deux perspectives permet de dépasser les visions culturalistes, historicistes ou « kremlinologiques », qui tendent à expliquer les transformations de la Russie contemporaine à travers le prisme d'un facteur prétendument universel.

126. Voir Karine Clément, *Contestation sociale à bas bruit en Russie. Critiques sociales ordinaires et nationalismes*, Vulaines-sur-Seine, Éditions du Croquant, 2021.

Ainsi, on rejette les procédés qui consistent à attribuer le bellicisme du régime poutinien à la « matrice culturelle » russe[127]. De même, on récuse les explications invoquant la « nature » despotique de la Russie, qui aurait toujours été, et resterait, un empire expansionniste[128]. La dimension personnelle du régime poutinien a, certes, grandi au fil des années, avant d'atteindre son apogée au moment de la décision prise par Vladimir Poutine d'envahir l'Ukraine, en février 2022 ; décision qui n'a guère enchanté d'influents membres de l'entourage du président russe[129]. Il est pourtant réducteur d'expliquer la guerre par le parcours professionnel du chef du Kremlin, ou encore par les ambitions personnelles de cet ancien officier du KGB soviétique soucieux de laisser son empreinte dans l'histoire russe[130].

La troisième perspective méthodologique consiste, elle, à analyser de façon simultanée les « textes » et les « actes ». Les idées nationalistes, parmi d'autres, sont indissociables de l'action politique. Dans le sillage de la « nouvelle » histoire des idées politiques, je pars du principe que les idées « n'existent pas indépendamment des

127. Igor Iakovenko, *Poznanie Rossii : tsivilizatsionnyï analiz* [Connaître la Russie : une analyse civilisationnelle], 3e éd., Moscou, Znanie, 2017 (2008).

128. Nina L. Khrushcheva, « Russia's Rotting Empire », *World Policy Journal*, vol. 25, n° 3, 2008, p. 109-117 ; Ruslan Zaporozhchenko, « The End of "Putin's Empire" ? Ontological Problems of Russian Imperialism in the Context of the War Against Ukraine », *Problems of Post-Communism*, vol. 71, n° 2, 2024, p. 119-130.

129. Maxime Samoroukov, « La fragile invulnérabilité du Kremlin. Pourquoi la Russie est toujours au bord de l'effondrement », *Carnegie Politika*, 16 avril 2024, https://urlz.fr/qzPF (en russe).

130. Gaia Ackerman et Stéphane Courtois (dir.), *Le Livre noir de Vladimir Poutine*, Paris, Robert Laffont et Perrin, 2022.

usages qui en sont faits, usages toujours historiquement situés, en fonction des enjeux et des stratégies des acteurs qui s'en saisissent[131] ».

Il en découle que les acteurs sociaux qui mobilisent des idées à travers leurs discours ont des intentions variées et poursuivent des stratégies multiples, que ce soit sur les plans intellectuel, politique ou personnel. Dans le cas de la Russie contemporaine, ces intentions et ces stratégies doivent être replacées dans le contexte qui précède et accompagne le conflit le plus important qu'elle a lancé : la guerre d'Ukraine.

***

Le livre s'organise en trois parties, divisées chacune en plusieurs chapitres. La première partie présente les origines du nationalisme russe et la diversité de ses expressions en amont du conflit russo-ukrainien. Face à une « galaxie nationaliste » faite d'acteurs et de courants divers, l'État russe a construit une stratégie combinant cooptation et répression.

Accordant toujours une attention particulière à l'Ukraine, les milieux nationalistes connaissent une profonde transformation dès 2014, qui sera justement analysée dans la deuxième partie. On se penchera notamment sur l'effet galvanisant que la guerre a produit sur les acteurs nationalistes au moment où la Russie annexait la Crimée et apportait son soutien aux forces séparatistes dans les régions ukrainiennes de Donetsk et de Louhansk, frontalières du territoire russe. Cette dynamique s'intensifie

131. Arnault Skornicki et Jérôme Tournadre, *La Nouvelle Histoire des idées politiques*, 2de éd., Paris, La Découverte, 2024 (2015), p. 4.

avec le lancement de l'invasion massive de l'Ukraine, en février 2022, au point que certains remettent en cause l'autorité du commandement militaire russe ou celle de Vladimir Poutine en personne.

La dernière partie analysera les ressorts idéologiques du régime poutinien, qui a longtemps vanté son pragmatisme. Se voulant l'incarnation du « vertueux » patriotisme, il a procédé à la récupération du discours nationaliste dans le sillage de la « crise ukrainienne ». Ce recyclage des idées nationalistes a pourtant accéléré la production d'une idéologie officielle en poussant le régime à assumer une coupure radicale avec le monde occidental.

PARTIE I

IDÉES ET ACTEURS DU « NOUVEAU » NATIONALISME RUSSE

« Et que personne ne nous reproche de tomber dans le nationalisme russe ! Le nationalisme russe n'existe pas dans la nature, tout le monde le sait. » C'est par ces mots que le patriarche Kirill (né en 1946), à la tête de l'Église orthodoxe russe, a conclu son discours d'ouverture d'une réunion extraordinaire du Conseil mondial du peuple russe, le 27 mars 2024, à Moscou[1]. Tendancieuse, cette déclaration contraste avec les « instructions » (*nakaz*) formulées à l'intention des autorités politiques russes par ladite organisation, fondée en 1993 sous les auspices de l'Église et présidée par le patriarche en personne[2]. Le premier paragraphe du document, publié le jour même sur le site du patriarcat de Moscou, qualifie « l'opération militaire spéciale » – terme utilisé par le Kremlin pour désigner l'invasion de l'Ukraine commencée en février 2022 – de « nouvelle étape

1. Discours du patriarche Kirill à la réunion du Conseil mondial du peuple russe, 27 mars 2024, http://surl.li/uffgm (en russe).

2. Tous les termes et noms russes ont été transcrits en français afin de traduire le plus fidèlement possible leur phonétique originale. Dans les références bibliographiques en caractères latins, l'orthographe des noms et prénoms figurant dans la référence d'origine a été gardée.

dans la lutte de libération nationale du peuple russe contre le régime criminel de Kiev et contre l'Occident collectif qui le soutient[3] ».

Relevant incontestablement d'un discours nationaliste, ces propos reflètent l'une des fractions du nationalisme russe, qui fait florès dans le pays en guerre. Depuis l'arrivée de Vladimir Poutine (né en 1952) à la présidence russe, en 2000, le nationalisme constitue un discours politique prépondérant, qui a atteint son apogée au moment de la guerre russo-ukrainienne. Mais ce que l'on appelle communément « *le* nationalisme russe » présente en réalité de multiples facettes. Il serait ainsi plus approprié de mettre le terme au pluriel et de parler *des* nationalismes russes.

Différents critères discriminants permettent de distinguer les éléments constitutifs de cette pluralité. Deux d'entre eux semblent primordiaux, l'un idéologique et l'autre relatif au rapport à l'ordre politique établi.

Sur le plan des idées, les nationalismes russes se structurent autour de deux pôles, voire deux types idéaux : l'un ethnocratique, l'autre stato-impérial. Le premier véhicule avant tout une vision ethnique de la nation russe. Politiquement, cet ethnonationalisme est animé par la tentation de former un État national qui favoriserait les intérêts du groupe ethnique majoritaire (*rousskie*). Le second type du nationalisme russe relève, lui, d'une volonté de domination sur des espaces et des populations divers quant à l'ethnicité, la culture ou la religion[4]. Contrairement au

---

3. Instructions du XXVe Conseil mondial du peuple russe « Le présent et l'avenir du monde russe », patriarcat de Moscou, 27 mars 2024, http://surl.li/uffgf (en russe).

4. Pål Kolstø et Helge Blakkisrud, « Exploring Russian Nationalisms », dans P. Kolstø et H. Blakkisrud (dir.), *Russia Before and After Crimea :*

premier, il porte le projet d'une nation composite insérée dans une vaste entité politique, définie tantôt comme civilisation (ou État-civilisation), tantôt comme empire.

Si ces deux versants du nationalisme russe sont dotés d'une certaine épaisseur historique, ils se reconstituent à l'issue de la période soviétique. Et ce dans un contexte radicalement nouveau, lié à la désintégration de l'URSS, aux profondes transformations de la société russe et au changement de la place qu'occupe la « nouvelle » Russie dans le monde.

Les expressions plurielles du nationalisme russe peuvent également être classées en fonction du rapport au pouvoir politique qu'entretiennent les acteurs qui les portent. Historiquement, on constate une rivalité entre les doctrines officielles du nationalisme, véhiculées par les acteurs de l'État tsariste, soviétique puis russe, et ses expressions « populaires » portées quant à elles par des forces agissant à ses marges voire contre lui[5]. À l'époque « poutinienne », on peut penser à une classification plus nuancée : le champ du nationalisme russe se diviserait ainsi en plusieurs « cercles concentriques », ou encore « écosystèmes » d'acteurs[6].

Le premier cercle est celui des « grands hommes » du pouvoir, dont le président Poutine et son entourage,

---

Nationalism and Identity, 2010-17, Édimbourg, Edinburgh University Press, 2018, p. 1-20.

5. Emil Pain, « Contemporary Russian Nationalism in the Historical Struggle Between "Official Nationality" and "Popular Sovereignty" », dans P. Kolstø et H. Blakkisrud (dir.), *Russia Before and After Crimea*, *op. cit.*, p. 23-49.

6. Marlène Laruelle, *Le Nouveau Nationalisme russe. Des repères pour comprendre*, Paris, L'Œuvre, 2010 ; *idem*, *Russian Nationalism : Imaginaries, Doctrines, and Political Battlefields*, New York, Routledge, 2018.

y compris Sergueï Lavrov, ministre russe des Affaires étrangères depuis 2004, et Dmitri Medvedev, ancien président (2008-2012), aujourd'hui chef du parti au pouvoir Russie unie et vice-président du Conseil de sécurité de Russie. Le deuxième cercle correspond aux acteurs para-étatiques, cooptés par le régime ou associés à des instances de l'État. L'Église orthodoxe russe et l'opposition dite « systémique », intégrée dans le jeu institutionnel du régime autoritaire[7], font partie de cette catégorie. On peut ensuite parler d'un cercle composé d'acteurs nationalistes d'opposition qui n'ont pas de représentation parlementaire et qui, en règle générale, ne peuvent pas participer à des campagnes électorales. Le quatrième et dernier cercle désigne les groupuscules radicaux, dont le mouvement skinhead, qui se forment et se décomposent à l'échelle locale et se caractérisent par un certain syncrétisme idéologique.

Ces deux critères de classification des nationalismes russes ne sont pas contradictoires : en fin de compte, le critère idéologique vient compléter le critère centré sur le rapport au pouvoir. Si l'ethnonationalisme se constitue en opposition à l'ordre établi, le nationalisme stato-impérial s'y articule. L'écrasante majorité des acteurs de ce dernier sont aujourd'hui très favorables au leadership de Vladimir Poutine, qu'ils souhaitent renforcer.

S'il n'existe pas de frontière infranchissable entre ces deux versants du nationalisme, qui se juxtaposent partiellement en pratique[8], il semble pertinent de les distinguer

7. Vladimir Gel'man, *Authoritarian Russia : Analyzing Post-Soviet Regime Changes*, Pittsburgh, University of Pittsburgh Press, 2015.

8. Daniil Kotsoubinski, « Est' li chans ou "rousskoï ideï" ? Rousskiï natsionalizm v XIX-XXI vv. » [« L'idée russe » a-t-elle une chance ? Le

sur le plan analytique. Les acteurs mettant l'accent sur la vision ethnique de la nation trouvent en effet que ses intérêts peuvent, et même doivent l'emporter sur ceux de l'État. La plupart du temps, ils assument leur « nationalisme » sans hésitation. En revanche, les partisans de la vision étatique ou impériale de la nation considèrent le maintien de l'État comme valeur centrale. Ils sont aussi plus enclins à se présenter sous l'étiquette du patriotisme.

Dans un souci de clarté et de synthèse, je présenterai les origines historiques des deux versants du nationalisme russe, avant de présenter leurs thèmes et leurs acteurs contemporains.

nationalisme russe du XIXe au XXIe siècle], dans T. Iourieva (dir.), *Kitaï, Rossia, SChA. Osobennosti refleksii koul'tournogo opyta v XXI veke* [Chine, Russie, États-Unis. Réflexion sur les expériences culturelles au XXIe siècle], Saint-Pétersbourg, Troïtskiï most, 2018, p. 92-121.

1

AUX ORIGINES DES NATIONALISMES RUSSES CONTEMPORAINS

À rebours des conceptualisations autrefois dominantes en science politique, l'impérialisme et le nationalisme ne constituent pas deux forces antagoniques. Tout au long du XIXe et au début du XXe siècle, les empires européens se sont engagés dans des processus de « nationalisation ». Il n'est pas rare non plus que des nations puissantes mènent une politique impérialiste[1].

Le cas de la Russie confirme cette donnée générale. Les dynamiques de nationalisation à travers l'Europe ont grandement inspiré la pensée nationaliste russe[2]. Étant donné qu'elle se développait dans un empire pluriethnique, majoritairement paysan et structuré en ordres sociaux (*soslovia*), les expressions du nationalisme russe ont continuellement oscillé entre les formes politiques empire et nation, cherchant parfois à les

1. Stefan Berger et Alexei Miller (dir.), *Nationalizing Empires*, Budapest, Central European University Press, 2015 ; Pål Kolstø, « Is Imperialist Nationalism an Oxymoron ? », *Nations and Nationalism*, vol. 25, n° 1, 2019, p. 18-44 ; S. Malešević, *Grounded Nationalisms*, *op. cit.*, chap. 4.

2. Vera Tolz, *Russia. Inventing the Nation*, Oxford, Oxford University Press, 2001.

combiner. Lorsque les intellectuels russes parlaient de l'Empire russe, ils « pensaient qu'ils parlaient de l'État-nation russe[3] ». Ainsi, les adhérents du courant slavophile, cette variante russe du romantisme européen, définissaient la nation comme entité historico-culturelle « organique » dotée d'une spécificité à l'égard des autres peuples européens[4]. D'autres, du « décembriste » Pavel Pestel (1723-1826)[5], favorable à une république égalitaire, au « constitutionnel démocrate » Piotr Struve (1870-1944), se sont inspirés des Jacobins puis de la IIIe République française pour avancer des projets d'unification nationale. Leur but était alors de niveler les distinctions et les hiérarchies entre les populations, caractéristiques de la Russie tsariste parmi d'autres empires[6].

Selon Benedict Anderson, la montée en puissance des mouvements nationaux en Europe du XIXe siècle a profondément interrogé la dynastie impériale russe. Sa riposte consistait à mettre en œuvre un nationalisme d'État, soit une « stratégie d'anticipation qu'adoptent des groupes dominants menacés d'être marginalisés ou exclus d'une communauté nationalement imaginée en train de naître », dans le but de « mobiliser derrière

---

3. *Ibid.*, p. 18.

4. Andreï Teslia, *Pervyï rousskiï natsionalizm... i drouguié* [Le premier nationalisme russe... et les autres], Moscou, Evropa, 2014.

5. Pestel faisait partie d'un cercle d'officiers progressistes à l'origine de l'insurrection avortée du 14 décembre 1825, en vue d'imposer au tsar l'instauration d'une Constitution.

6. Jane Burbank et Frederick Cooper, *Empires. De la Chine ancienne à nos jours*, trad. de l'anglais par C. Jeanmougin, Paris, Payot, 2011 (2010).

le trône un nationalisme “grand-russe” »[7]. La célèbre triade du comte Sergueï Ouvarov, ministre de l'Instruction publique sous l'empereur Nicolas Ier (1825-1855), « Orthodoxie, autocratie, *narodnost'* [esprit national] », a ainsi été formulée dans la foulée de l'insurrection polonaise de 1830, réprimée par les armées russes[8]. Durant les règnes d'Alexandre III (1881-1894) puis de son fils, Nicolas II (1894-1917), la monarchie poursuivit, à des degrés variés, les politiques de « russification » visant autant à contenir la propagation des mouvements nationalistes aux marges occidentales de l'Empire, en Pologne mais aussi en Ukraine, qu'à « nationaliser » l'image de la dynastie impériale aux yeux du grand public. Cette appropriation du nationalisme passait par l'élaboration d'un « mythe national » présentant le tsar comme l'incarnation du peuple russe, et non de l'Empire composite. Dans le discours de la couronne, les classes éduquées et occidentalisées se trouvaient, elles, symboliquement « exclues » de la nation russe fondée sur la proximité entre l'empereur et ses sujets[9].

L'historien Geoffrey Hosking souligne que, au début du siècle dernier, l'identité nationale russe était « divisée en deux éléments, l'un impérial et l'autre ethnique[10] ». Le

7. Benedict Anderson, *L'Imaginaire national. Réflexions sur l'origine et l'essor du nationalisme*, trad. de l'anglais par P.-E. Dauzat, Paris, La Découverte, 2002, p. 97, 109.

8. Nicholas Riasanovsky, *Nicholas I and Official Nationality in Russia, 1825-1855*, Berkeley, University of California Press, 1959.

9. Richard S. Wortman, *Scenarios of Power. Myth and Ceremony in Russian Monarchy. Vol. 2. From Alexander II to the Abdication of Nicholas II*, Princeton, Princeton University Press, 2000.

10. Geoffrey Hosking, *Rulers and Victims : The Russians in the Soviet Union*, Cambridge (MA), Harvard University Press, 2006, p. 406.

premier demeurait dominant jusqu'à entraver la construction d'une nation moderne : à la veille de la révolution de 1905, les Russes ne disposaient pas d'une identité ethnoculturelle suffisamment forte, ni d'institutions démocratiques capables de cristalliser l'expérience politique de la nation[11].

La prépondérance de l'élément impérial est perceptible chez les premiers mouvements de droite monarchiste et nationaliste légalisés dans l'Empire des Romanov : les « centuries noires[12] ». Réunis initialement autour de l'organisation Assemblée russe (*Rousskoe sobranie*), créée en 1900, ils ont été propulsés sur le devant de la scène par le moment révolutionnaire, cinq ans plus tard, avec la création de plusieurs partis politiques dont L'Union du peuple russe (*Soïouz rousskogo naroda*). Fidèles à la triade ouvarovienne, ces groupes se disaient « vrais Russes » (*istinno rousskie*) et « patriotes », déclaraient leur allégeance au pouvoir autocratique et, surtout, militaient pour une Russie « une et indivisible ». La nation russe était imaginée comme « trinitaire » (*triedinaïa rousskaïa natsia*), incluant en effet trois branches slaves – Grands-Russes (*velikorossy*), Petits-Russes (*malorossy*, Ukrainiens) et Biélorusses (*belorousy*) – au vu de leur proximité « ethnographique » et de leur foi orthodoxe commune[13]. Cependant, l'un

11. *Idem*, *Russia : People and Empire, 1552-1917*, Cambridge (MA), Harvard University Press, 1997.

12. L'expression russe « ceinture noire » (*tchernaïa sotnia*) désignait historiquement les populations citadines et paysannes devant payer les impôts à l'État, contrairement aux populations qui dépendaient de l'Église ou de la noblesse. Jusqu'en 1917, l'expression se référait aux masses populaires plus généralement.

13. Le terme « ukrainien » était rejeté car associé à un projet national naissant qui mènerait à la rupture entre la « Grande » et la « Petite » Russie.

des points centraux de leur programme politique relevait d'une composante xénophobe et farouchement antisémite, propre donc à l'ethnonationalisme.

Le versant ethnocratique du nationalisme russe fut systématisé en doctrine par le journaliste Mikhaïl Menchikov (1859-1918), idéologue du parti national-conservateur Union nationale panrusse (*Vserossiïskiï natsional'nij soïouz*, 1908-1917), représenté à la Douma d'État, premier Parlement russe créé en 1906. Menchikov préconisait à la Russie tsariste de mettre l'accent sur le développement interne avec pour objectif premier de consolider la nation russe. Cette consolidation devait aller de pair avec la domination politique que les Russes, définis par leur « sang », devraient exercer sur les populations « allogènes » (*inorodtsy*) vivant sur les territoires de l'Empire. S'opposant à toute expansion « excessive », il envisageait même la séparation de certains territoires jugés « non assimilables » par le peuple russe[14].

Traversant la période soviétique, cette division entre les tentations impériale et ethnique semble même définir le paradoxe central du nationalisme russe qui prendrait sa source dans le « désir d'imposer une légitimité nationale russe [dans un État national], lequel entrerait en concurrence avec l'attrait irrésistible exercé par l'imperium hors duquel l'identité nationale russe a du mal à s'imaginer[15] ».

---

14. Anna Tolstenko, « "Natsional'naïa imperia" Petra Struve i Mikhaïla Menchikova » [« L'Empire national » selon Piotr Struve et Mikhaïl Menchikov], *Voprosy natsionalizma*, n° 9, 2012, p. 130-139.

15. Isabelle Grimberg, « Le Nationalisme russe, une catégorie en débat », dans G. Delannoi et P.-A. Taguieff (dir.), *Nationalismes en perspective*, Paris, Berg International, 2001, p. 111.

***

Ce nationalisme russe, idéologiquement bicéphale, se réinvente dans l'Union soviétique, nouvel État composite à vocation « internationaliste » et conçu comme une fédération de républiques formellement indépendantes. En son sein, le statut de la Russie (RSFSR) demeure particulier. De loin la plus grande et la plus peuplée de toutes les républiques soviétiques, elle est mal lotie sur le plan institutionnel. Privée de capitale républicaine, Moscou étant le centre de l'URSS, elle ne dispose pas non plus de son « propre » parti communiste ni de son académie des sciences[16]. Staline a, certes, mobilisé le sentiment grand-russe dans les années 1930 puis pendant la guerre, officialisant le statut symboliquement supérieur accordé aux Russes, celui de frère aîné au sein de la grande « famille » des nationalités soviétiques. Par là même, « le petit père des peuples » a grandement contribué, par le truchement de l'éducation et de la culture de masse, à la formation d'un « national-bolchevisme », soit une identité russo-soviétique qui se fonde sur la glorification du « patriotisme » et de la grandeur impériale russe remontant, elle, à l'époque des tsars[17]. Mais Staline n'a pas remédié auxdits déséquilibres institutionnels. La Russie, tel le noyau impérial, est restée la seule république soviétique « ethniquement neutre », non associée à une nationalité dite titulaire (comme les Arméniens en Arménie et les Ouzbeks en

16. G. Hosking, *Rulers and Victims*, *op. cit.*

17. David Brandenberger, *National Bolshevism : Stalinist Mass Culture and the Formation of Modern Russian National Identity, 1931-1956*, Cambridge (MA), Harvard University Press, 2002.

Ouzbékistan). Plus encore, l'affaire de Léningrad, à la fin des années 1940 et au début des années 1950, a visé, à l'instigation de Staline, de hauts fonctionnaires accusés de vouloir créer un parti communiste russe et de transférer la capitale de Moscou à Léningrad…

C'est après la mort du tyran que le nationalisme russe s'est peu ou prou structuré sous la forme d'un mouvement semi-officiel surnommé « parti russe » (*rousskaïa partia*). Il s'agit d'un système de réseaux informels remontant jusqu'au Comité central du Parti communiste et regroupant des intellectuels (écrivains, journalistes, peintres, éditeurs) comme des apparatchiks[18]. Les nationalistes russes, souvent appelés *potchvenniki* (« glèbophiles »), constituent également l'une des branches principales de la dissidence politique, à l'intérieur de l'URSS puis dans l'émigration. Aux côtés des « démocrates » (selon leur propre autodésignation), s'opposant au système soviétique au nom des valeurs universelles et des droits de l'homme, les milieux nationalistes sont imprégnés d'une nostalgie caractéristique de la prose « ruraliste », courant littéraire des années 1960-1980[19]. Les œuvres d'auteurs comme Alexandre Soljénitsyne, Fiodor Abramov, Valentin Raspoutine ou Vladimir Solooukhine brossent en effet le triste portrait d'un monde rural en détresse et

18. Yitzhak M. Brudny, *Reinventing Russia : Russian Nationalism and the Soviet State, 1953-1991*, Cambridge (MA), Harvard University Press, 1998 ; Nikolaï Mitrokhine, *Rousskaïa partia. Dvijenie rousskikh natsionalistov v SSSR, 1953-1985 gody* [Le Parti russe. Mouvement des nationalistes russes en URSS, 1953-1985], Moscou, NLO, 2003.

19. Michel Niqueux, « La dérive du sentiment national chez les "écrivains de la campagne" », dans M. Niqueux (dir.), *La Question russe. Essais sur le nationalisme russe*, Paris, Éditions universitaires, 1992, p. 165-178.

en décomposition (métaphore de la Russie elle-même), écrasé par les dégâts économiques, démographiques mais surtout moraux qu'il endura au cours du XXe siècle.

À rebours du récit officiel annonçant l'avènement d'un avenir radieux, les discours de ressentiment, irrités et vindicatifs, continuent de se propager, au point que, dans les années 1970, le Comité pour la sécurité de l'État (KGB), dirigé par Iouri Andropov, lance une campagne de lutte contre le « russisme ». Andropov considère que les nationalistes russes, et les idées qu'ils diffusent, constituent une grave menace pour l'ordre soviétique. Des rédacteurs de titres de presse soupçonnés de sympathie pour la cause nationale russe sont limogés, des dissidents interdits d'exercer leur profession, arrêtés, internés dans des hôpitaux psychiatriques ou contraints de quitter le pays, comme Soljénitsyne, expulsé en 1974. Pour les nationalistes ou patriotes, ce n'est qu'une nouvelle preuve du fait que le peuple russe est injustement désavantagé, voire réprimé, dans une URSS multinationale. Le patrimoine culturel des Russes (traditions, monuments, folklore) et leur mode de vie, idéalisé, seraient sinon dénigrés, du moins insuffisamment mis en valeur. Pendant les dernières décennies soviétiques, ces sentiments se renforcent parmi les jeunes générations urbaines, au moment où la présence démographique russe dans les régions méridionales de l'Union commence à décliner[20].

Certains porte-parole du « parti russe » dénoncent alors une « russophobie », cette haine de tout ce qui est russe, imputée à des forces mal identifiées. Le plus souvent elle est projetée sur les Juifs sous le prétexte d'un rejet des

20. Iourik Aroutunian, Leokadia Drobijeva et Alexandre Sousokolov, *Ètnosotsiologia* [Sociologie de l'ethnicité], Moscou, Naouka, 1999.

manigances « sionistes[21] ». Mais leurs théories du complot vont bien au-delà des clichés de la propagande soviétique dénonçant la politique « militariste » d'Israël. Elles s'appuient sur la haine raciale des Juifs, inspirée des *Protocoles des Sages de Sion*, circulant alors sous forme de *samizdat* (terme qui désigne tout ouvrage interdit par la censure et diffusé de manière clandestine). Certains véhiculent même l'idée du « judéo-bolchevisme », autrefois exploitée par les nazis, pour dénoncer la présence des Juifs parmi la « vieille garde » léniniste, aux origines de la révolution d'Octobre. Dans un esprit faisant écho à l'antisémitisme stalinien, les Juifs sont accusés d'un manque de loyauté envers la patrie russo-soviétique du fait de leur supposée « occidentalophilie ». Ainsi, le mathématicien et dissident nationaliste Igor Chafarevitch (1923-2017), dans son livre intitulé *La Russophobie* et achevé en 1982, circulant en samizdat, attribue aux intellectuels occidentalisés et aux Juifs une haine des Russes ; en outre, ils dénigraient leur histoire et leur mentalité « servile ». C'est pourquoi les Juifs, tel un « petit peuple » – terme de l'historien de la Révolution française Augustin Cochin, proche de l'Action française, que Chafarevitch reprend à son compte – auraient considéré le « grand peuple », les Russes, comme des consommables nécessaires pour la construction d'un monde nouveau[22].

La perestroïka libère la parole et rend possible la formation d'organisations nationalistes légales. Des « nationaux-patriotes » (*natsional-patrioty*) se mettent à

21. Izabella Tabarovsky, « Demonization Blueprints : Soviet Conspiracist Antizionism in Contemporary Left-Wing Discourse », *Journal of Contemporary Antisemitism*, vol. 5, n° 1, 2022, p. 1-20.

22. Igor Chafarevitch, *La Russophobie*, trad. du russe par A. Volsky, Paris, Chapitre Douze, 1993.

exprimer leur ressentiment envers les républiques soviétiques hors de Russie. En juin 1989, l'écrivain Valentin Raspoutine (1937-2015) évoque, depuis la tribune du Congrès des députés du peuple nouvellement élu, l'hypothèse d'une sortie russe de l'Union soviétique. Cette déclaration est faite en signe de protestation contre la mobilisation nationaliste que représentent notamment les « fronts populaires » des trois républiques baltes (Estonie, Lettonie, Lituanie), exigeant leur indépendance. Les mobilisations nationalistes gagnent rapidement d'autres républiques, dont la Géorgie, l'Arménie, l'Azerbaïdjan, la Moldavie et l'Ukraine, renforçant des dynamiques centrifuges[23].

Dans ce contexte, Soljénitsyne en appelle à mettre fin à l'URSS. « Nous n'avons pas de forces à consacrer à l'Empire ! Et nous n'avons pas besoin de lui : que ce fardeau glisse donc de nos épaules[24] ! » s'exclame-t-il, en 1990, alors en exil aux États-Unis. Il n'empêche que la plupart des nationalistes russes continuent à considérer « l'ensemble de l'Union soviétique comme leur patrie, une et indivisible[25] ».

***

La libéralisation gorbatchévienne conduit rapidement à la rupture définitive entre les courants « démocrates » et « patriotes ». Après avoir collaboré dans la dissidence sur fond d'un rejet commun du système soviétique – inhumain

23. Mark R. Beissinger, *Nationalist Mobilization and the Collapse of the Soviet State*, Cambridge, Cambridge University Press, 2002.

24. Alexandre Soljénitsyne, *Comment réaménager notre Russie ? Réflexions dans la mesure de mes forces*, trad. du russe par G. et J. Johannet, Paris, Fayard, 1990, p. 14.

25. Pål Kolstø, « Russia's Nationalists Flirt With Democracy », *Journal of Democracy*, vol. 25, n° 3, 2014, p. 122.

pour les uns et dévastateur pour les autres –, ils se retrouvent dorénavant à des pôles politiques antagonistes. Tandis que les démocrates militent pour le passage accéléré vers une démocratie « à l'occidentale[26] », les patriotes adoptent une posture à la fois autoritaire, tantôt prosoviétique voire pro-Staline, tantôt monarchiste, mais toujours violemment opposée au libéralisme. Celui-ci est rejeté comme une force « russophobe » correspondant à une hégémonie politique et culturelle que l'Occident exercerait sur la Russie[27].

Fondée à Moscou en 1980 comme une association municipale de la protection du patrimoine culturel, l'organisation Mémoire (*Pamiat'*) de Dmitri Vassiliev (1945-2003) devient, à la fin de la décennie, une véritable « école des cadres » du nationalisme russe[28]. Plusieurs organisations en font rapidement sécession, contribuant à diversifier le paysage de l'ultradroite russe renaissante. Le plus important parmi ces mouvements dissidents, l'Unité nationale russe (*Rousskoe natsional'noe edinstvo*, RNE), présidée par Alexandre Barkachov (né en 1953), s'inspire ouvertement du fascisme avant de basculer dans le camp du fondamentalisme orthodoxe.

Affichant une posture monarchiste et antisémite, Mémoire et ses antennes renouent, sur le plan

---

26. Alexander Lukin, *The Political Culture of Russian « Democrats »*, Oxford, Oxford University Press, 2000.

27. Yves Hamant, « L'idéologie soviétique et l'idée nationale russe (soviétisme et russité) », dans M. Niqueux (dir.), *La Question russe*, *op. cit.*, p. 75-98.

28. Vladimir Pribylovski, « Le mouvement Pamiat, "école des cadres" du nationalisme russe durant la perestroïka », dans M. Laruelle (dir.), *Le Rouge et le noir. Extrême droite et nationalisme en Russie*, Paris, CNRS Éditions, 2007, p. 99-114.

idéologique, avec les centuries noires du début du siècle. Suivant la tradition discursive soviétique, les militants de Mémoire préfèrent toutefois masquer leur antisémitisme sous l'étiquette de « l'antisionisme », ce qui ne les empêche pas pour autant de dénoncer le prétendu complot judéo-maçonnique. Dans les années 1990, nombreux seront ceux qui s'indigneront contre la « surreprésentation » des Juifs dans l'entourage oligarchique du premier président russe Boris Eltsine.

La chute de l'URSS marque profondément le champ nationaliste russe, toujours travaillé par les deux tendances, l'une impériale et l'autre ethnique[29]. Elle signifie d'abord la disparition de la patrie, ressentie comme telle par de nombreux Russes soviétiques, mais aussi celle d'un espace impérial : l'*imperium* incarnant la puissance de l'État capable de déterminer le sort d'une bonne partie du monde. La situation postsoviétique est aussi, et même surtout une situation postimpériale[30]. La frustration provoquée par cette perte est aussitôt amplifiée par un affaiblissement considérable du nouvel État russe, incapable d'assumer pleinement ses fonctions régaliennes. Alors que l'ampleur des inégalités sociales est révélée au grand jour, les sentiments de traumatisme, de déclassement et de dépossession alimentent un nationalisme ou patriotisme

29. Émile Païne et Sergueï Prostakov, « Mnogolikiï rousskiï natsionalizm. Ideïno-polititcheskie raznovidnosti (2010-2014) » [Le protéiforme nationalisme russe : variétés politico-idéologiques des années 2010-2014], *Polis*, n° 4, 2014, p. 96-113 ; Eduard Ponarin et Michael Komin, « Imperial and Ethnic Nationalism : A Dilemma of the Russian Elite », dans P. Kolstø et H. Blakkisrud (dir.), *Russia Before and After Crimea*, *op. cit.*, p. 50-67.

30. Dominic Lieven, *Empire : The Russian Empire and its Rivals*, New Haven, Yale University Press, 2002, chap. 10.

« du désespoir[31] », qui viendrait compenser la « perte » soudaine de patrie.

La désintégration de l'Union soviétique entraîne aussi la séparation des populations s'identifiant comme russes par de nouvelles frontières politiques : quelque vingt-cinq millions de Russes ethniques, demeurant dans différentes républiques de l'ex-Union devenues États indépendants, se retrouvent en dehors de la Fédération de Russie. Cette situation ravive des sentiments irrédentistes, exprimés par différents acteurs nationalistes.

Le nouvel État russe se voit ainsi violemment contesté, contestation inspirée par la volonté de récupérer les territoires ou les populations perdus. Or son organisation politique demeure profondément marquée par le passé, et témoigne du caractère incertain de la nation. Même dans ses frontières de l'après-1991, la Fédération de Russie constitue un État de la taille d'un empire, quoique « diminué » au regard du passé. Elle englobe toujours des territoires, appelés « républiques » (*respoubliki*) ou « districts autonomes » (*avtonomnye okrouga*), autrefois réunis par conquête et par consentement, plus ou moins contraint, et abritant des populations dont les langues, les cultures et les coutumes diffèrent sensiblement de celles du groupe ethnique majoritaire. Si ce dernier représente environ 80 % de la population du pays, environ trente millions de ses habitants appartiennent à l'une des cent quatre-vingt-dix autres « nationalités » (*natsional'nosti*), notion communément utilisée durant la période soviétique pour désigner les groupes ethniques. Parmi ces minorités, près de vingt millions de personnes

31. Serguei A. Oushakine, *The Patriotism of Despair : Nation, War, and Loss in Russia*, Ithaca, Cornell University Press, 2009.

sont de religion ou de culture musulmane. Cet écart persistant entre *ethnos* et *demos*, communauté ethno-culturelle et communauté de citoyens, est ancré jusque dans le langage : ce qui est « russe » (*rousskiï*, l'adjectif et le substantif renvoyant à l'ethnicité, à la langue et à la culture) n'est pas égal à ce qui est « russien » ou « de Russie » (*rossiïskiï*, l'adjectif relatif à l'État et à la sphère publique).

C'est dans ce contexte historique que les nationalismes russes contemporains se sont progressivement reconstitués.

2

UN NATIONALISME STATO-IMPÉRIAL EN RECOMPOSITION

Le versant stato-impérial a toujours dominé au sein du nationalisme russe. Sa dimension étatiste tient à la volonté de maintenir et de renforcer l'État. Dans les débats russes, cette attitude politique correspond aux termes *derjavnost'* (attachement à la puissance étatique) et *velikoderjavie* (idéologie de la grande puissance), leurs adeptes se faisant appeler *gossoudarstvenniki* ou *derjavniki* (« étatistes »). Parfois, ce national-étatisme prend une teneur impérialiste, lorsque ses porte-parole prônent une expansion territoriale, y compris par la force militaire ou par la menace d'y recourir. Les partisans de cette ligne dure qui s'ils ne prônent pas la violence comme vecteur d'expansion, du moins y acquiescent, sont communément désignés sous le nom d'*impertsy*, les « impériaux » ou « impérialistes ».

Les premières années postsoviétiques sont marquées, en Russie, par une opposition frontale entre le gouvernement de Boris Eltsine et les forces nationalistes qui se regroupent, en 1992, autour du Front de salut national (*Front natsional'nogo spassenia*). Ce dernier est une plateforme commune à la droite radicale et aux communistes dits « conservateurs », anciens détracteurs de la perestroïka et partisans du putsch raté d'août 1991[1]. Cette alliance « rouge-brun » (*krasno-koritchnevye*), s'oppose violemment aux réformes économiques néolibérales du gouvernement Eltsine et se range du côté du Conseil suprême, organe législatif de l'ancienne Russie soviétique.

La crise constitutionnelle d'octobre 1993 voit s'affronter les forces armées, restant fidèles au camp présidentiel, et les milices populaires composées notamment des membres de l'Unité nationale russe (*barkachovtsy*, « hommes de Barkachov »), intervenant du côté de l'opposition. La crise est soldée par le bombardement de la Maison Blanche, siège du Conseil, et le triomphe de Boris Eltsine.

De nombreux opposants des réformes rejoignent alors les rangs du Parti communiste de Russie nouvellement fondé et présidé par l'inamovible Guennadi Ziouganov (né en 1944). La « gauche patriotique » gravite également autour du journal *Zavtra* (demain), créé et dirigé par Alexandre Prokhanov (né en 1938), figure clef d'un nationalisme impérialiste prosoviétique[2]. L'idée phare qui occupe les esprits de ces acteurs est la reconstruction de l'Union soviétique. Cette reconstitution devrait se faire autour du peuple russe, de sa culture et même de sa foi orthodoxe, glorifiée en contradiction directe avec « l'athéisme scientifique » d'antan. Ziouganov ne cesse ainsi de dénoncer la Fédération de Russie. Celle-ci n'est

---

1. John B. Dunlop, *The Rise of Russia and the Fall of the Soviet Empire*, Princeton, Princeton University Press, 1993.

2. Sur son parcours intellectuel voir Juliette Faure, « A Russian Version of Reactionary Modernism : Aleksandr Prokhanov's "Spiritualization of Technology" », *Journal of Political Ideologies*, vol. 26, n° 3, 2021, p. 356-379.

pour lui qu'un « moignon sanguinolent » d'une « Russie historique » – terme remontant aux débats intellectuels du XIXe siècle – dont l'Union soviétique serait la parfaite incarnation[3].

Si la composante revancharde de son discours s'atténue au fil des années, le Parti communiste ne cessera de revendiquer une forme de coopération approfondie dans l'espace de l'ex-URSS. Tenants d'une ligne résolument antilibérale et paternaliste sur le plan socio-économique, les communistes russes capitalisent sur une certaine nostalgie de l'époque soviétique et regrettent la mondialisation menée par un Occident malveillant et « russophobe ». La dénonciation des États-Unis et de leurs alliés accusés de vouloir « détruire la Russie en tant que noyau de la civilisation slave-orthodoxe[4] » est devenue un invariant du discours des *derjavniki* russes.

D'autres nationalistes d'orientation impérialiste, issus notamment du mouvement Mémoire et de l'Unité nationale russe, se positionnent « à droite » et finissent par apporter leur soutien au camp présidentiel. Cultivant une nostalgie de la période tsariste, ils critiquent vigoureusement le régime soviétique. Désormais, ces forces sont représentées par le mal nommé Parti libéral-démocrate (LDPR) du national-populiste Vladimir Jirinovski (1946-2022), dont l'ascension politique, durant la perestroïka, semble avoir bénéficié d'un soutien du KGB. Jirinovski tente à

3. Guennadi Ziouganov, *Drama vlasti* [Le drame du pouvoir], Moscou, Paleïa, 1995.

4. *Idem*, *Sviataïa Rous' i Kochtcheevo tsrastvo. Osnovy rousskogo doukhovnogo vozrojdenia* [La Sainte Russie et le royaume de Kochtcheï. Fondements de la renaissance spirituelle russe], Moscou, Rezerv, 2003, p. 222.

son tour de capitaliser, mais d'une façon différente, sur les sentiments de perte et d'insécurité caractéristiques de pans entiers de la société russe, désorientée. En effet, il s'inspire du fascisme italien, son style démagogique étant largement copié sur Benito Mussolini. Dans une brochure de 1993 intitulée *Le Bond final vers le Sud*, Jirinovski en appelle à « sauver la nation russe » grâce au lancement d'un fantasmagorique projet d'expansion. L'objectif en serait d'assurer pour la Russie l'accès à la Méditerranée puis à l'océan Indien et, par là même, de tirer parti du nouveau partage du monde tout en restaurant la puissance militaire de Moscou[5].

Sans renoncer à ses velléités impérialistes, peu crédibles au vu de leur caractère rocambolesque, Jirinovski recentre son discours sur l'insécurité identitaire du groupe ethnique majoritaire, qui ne se sentirait pas « maître chez soi ». Le thème du peuple russe humilié et appauvri devient sa marque de fabrique, faisant ressortir une fibre certes chauvine mais aussi ethnonationaliste. Va-t-en-guerre excentrique sur les questions de politique étrangère, le chef des « libéraux-démocrates » russes dénonce la montée des ethnonationalismes minoritaires (non russes) à l'intérieur du pays. Il revendique aussi la suppression des républiques, qui bénéficient aux minorités les plus importantes, au profit des « provinces » (*goubernii*). Souvent comparé à Jean-Marie Le Pen, Jirinovski se fait aussi chantre d'une politique migratoire restrictive fixant un nombre réduit d'immigrés autorisés à entrer en Russie.

---

5. Andreas Umland, « Zhirinovsky's "Last Thrust to the South" and the Definition of Fascism », *Russian Politics & Law*, vol. 46, n° 4, 2008, p. 31-46.

***

Au lendemain de la chute de l'Union soviétique, la formation de Jirinovski, et surtout le Parti communiste s'imposent rapidement comme des forces centrales de l'opposition politique. À la surprise générale, le LDPR est ainsi le vainqueur des élections parlementaires de décembre 1993, lorsque le parti récolte près de 23 % des votes au scrutin de liste. Elle n'obtient toutefois que 64 sièges (sur 450) à la Douma d'État, la moitié d'entre eux étant attribuée au scrutin majoritaire. Les élections suivantes, en 1995, sont remportées par les communistes, qui totalisent plus d'un tiers des sièges à la chambre basse du Parlement.

En dépit de leurs divergences idéologiques, les nationalistes nostalgiques du tsarisme, à droite, ou de l'Union soviétique, à gauche, partagent la même vision de la nation russe. Les uns comme les autres considèrent les Russes comme une « nation impériale », dont la mission historique serait de (re)créer ou de maintenir un État composite, géographiquement étendu et politiquement souverain dans l'espace eurasien. Somme toute, un État fort et une allégeance à cet État seraient l'alpha et l'oméga de l'existence nationale russe.

La percée des oppositions d'inspiration national-impérialiste pousse Boris Eltsine à s'approprier le thème du « patriotisme » mais aussi à multiplier les références à la nouvelle diaspora russe dans les ex-républiques soviétiques, désignées dans le discours officiel par le terme « étranger proche » (*blijnee zaroubejie*)[6]. Difficilement

6. George W. Breslauer et Catherine Dale, « Boris Yel'tsin and the Invention of a Russian Nation-State », *Post-Soviet Affairs*, vol. 13, n° 4, 1997, p. 303-332.

réélu face à Ziouganov, en 1996, Eltsine lance ainsi un concours public sur la modélisation de « l'idée nationale », dans un contexte de division profonde entre le système du pouvoir et les partisans du retour au modèle soviétique.

D'autres mouvements, exclus de la représentation parlementaire, élaborent un discours à teneur impérialiste. Tel est notamment le cas du Parti national-bolchevique, cofondé en 1993 par l'écrivain excentrique Édouard Limonov (1943-2020) et l'idéologue prolifique Alexandre Douguine (né en 1962). La figure de celui-ci est centrale au sein de l'ultradroite russe, sa pensée synthétisant de multiples doctrines radicales modernes comme l'occultisme, le traditionalisme, le fascisme, la révolution conservatrice ou la Nouvelle Droite européenne[7]. L'idéologie de ce mouvement, qui tend à attirer des jeunesses contestataires, combine une réinterprétation de la doctrine communiste, qui se veut internationaliste et violemment anticapitaliste, avec le projet de reconstruction d'un « empire eurasien », opposé à l'Occident. Ce dernier projet, théorisé par Douguine, ancien de Mémoire, s'inspire partiellement du courant eurasiste, théorisé dans les années 1920 et 1930 au sein de l'émigration russe[8]. Après son départ du parti, en 1998, Douguine lance sa propre formation portant le nom de Mouvement international eurasiatique (*Mejdounarodnoe evraziïskoe dvijenie*), avec

7. Marlène Laruelle, « Alexander Dugin and Eurasianism », dans M. Sedgwick (dir.), *Key Thinkers of the Radical Right : Behind the New Threat to Liberal Democracy*, Oxford, Oxford University Press, 2019, p. 155-169.

8. Voir *idem*, *La Quête d'une identité impériale : le néo-eurasisme dans la Russie contemporaine*, Paris, Pétra, 2007.

le même objectif maximaliste. Dirigés par Limonov, les « nationaux-bolcheviks » se focalisent, eux, sur la défense des minorités russes dans les États issus de l'Union soviétique et s'opposent radicalement aux autorités russes jugées trop libérales et anti-sociales.

Parallèlement, on voit se former des plateformes qui portent un discours à la croisée du nationalisme stato-impérial et du fondamentalisme orthodoxe. L'une des plus anciennes d'entre elles est l'agence de presse La Ligne russe (*Rousskaïa linia*), créée en 1998, puis son successeur La Ligne populaire russe (*Rousskaïa narodnaïa linia*). À l'instar du Conseil mondial du peuple russe, cette organisation regroupe des croyants proches de l'Église orthodoxe, ainsi que des prêtres, qui se retrouvent dans la triade d'Ouvarov « Orthodoxie, autocratie, esprit national ». Leur programme politique est donc celui des centuries noires, à peine remis au goût du jour.

Il faut citer deux « hommes d'affaires orthodoxes » qui, plus récemment, ont grandement contribué à la diffusion de cet agenda national-conservateur en Russie et même à l'international. Il s'agit de Vladimir Iakounine (né en 1948) et de Konstantin Malofeev (né en 1974). Responsables de fondations religieuses portant respectivement les noms de Saint-André le 1er et de Saint-Basile le Grand, ils cultivent une nostalgie de la période tsariste et se positionnent comme des figures intermédiaires entre le régime poutinien et les cercles ecclésiastiques. Tandis que Iakounine, proche collaborateur de Vladimir Poutine depuis les années 1990, a dirigé de 2005 à 2015 la compagnie d'État des Chemins de fer russes, Malofeev a fait, lui, une carrière fulgurante dans le domaine de la finance.

Ayant présidé l'institut de recherche Dialogue des civilisations (*Dialog tsivilizatsii*) organisant des réunions d'experts annuelles à Rhodes, en Grèce, Vladimir Iakounine a également cosigné une série d'ouvrages conspirationnistes. Ces écrits mettent en exergue les nouvelles « technologies destructrices » qui seraient déployées par les forces occidentales en vue de détruire l'État russe, se retrouvant « à l'épicentre des fissures civilisationnelles[9] ».

Konstantin Malofeev a pour sa part fondé et financé tout un écosystème de droite radicale qui se structure autour de la chaîne de télévision Tsar'grad (« ville des tsars », nom historique russe de Constantinople, aujourd'hui Istanbul), avant de diriger la Société de l'Aigle bicéphale, devenue Société Tsar'grad en 2020. Cette dernière se veut, elle aussi, l'héritière des centuries noires et affirme partager les mêmes principes monarchiques, impériaux et orthodoxes. Ayant financé le parti Russie juste, Malofeev a été élu, en 2019, président adjoint du Conseil mondial du peuple russe. Il est aussi à l'origine du centre Katechon, dont Alexandre Douguine assure la direction intellectuelle. Le concept biblique « katechon » désigne une force s'opposant à l'entropie, réinterprétée comme l'Apocalypse ou « l'arrivée de la Bête ». Brandissant cette notion, ledit groupe de réflexion réunit des auteurs relayant des propos mystiques et des théories du complot occidental contre la Russie. Sans grande surprise, le centre se positionne comme un cercle de « fervents partisans du

9. Vladimir Iakounine, Vardan Bagdassarian et Stepan Soulakchine, *Novye tekhnologii bor'by s rossiïskoï gossoudarstvennost'iou* [Les nouvelles technologies de lutte contre l'État russe], Moscou, Nautchnyï èkspert, 2013.

tournant conservateur et de la Renaissance impériale de la Russie[10] ».

Les différents courants du nationalisme russe ont également bénéficié de quelques plateformes communes, à l'instar de l'Agence de presse politique (*Agentstvo polititcheskikh novostei*), fondée à la fin des années 1990 et associée à l'Institut de stratégie nationale du penseur conservateur et ethnonationaliste Mikhaïl Remizov (né en 1978), lui-même coopté par le régime.

***

Dans l'ensemble, les penseurs de l'idée impériale russe dénoncent le libéralisme et insistent sur l'incompatibilité culturelle (ou civilisationnelle) des mentalités russe et occidentale. Ce thème de la rivalité russo-occidentale hérite des discours nationaux-conservateurs russes qui se développent depuis le XIXe siècle[11]. Les « impériaux » contemporains défendent, chacun à sa façon, une vision très autoritaire – tantôt monarchique, tantôt dictatoriale – du pouvoir politique. Toutefois, les motifs plus concrets qui animent leur pensée varient en pratique. Ainsi, pour les nationalistes orthodoxes comme l'historienne Natalia Narotchnitskaïa (née en 1948), l'empire est d'abord un principe spirituel, associé sur le plan historique à Byzance, avec son principe du césaropapisme. Selon elle, « la Russie ne peut être qu'un empire », car il n'y a aucune contradiction entre le « principe national » russe, fondé sur la tradition orthodoxe, et le « grand projet » impérial permettant de renforcer le

10. Voir le site web du centre : https://katehon.com/ru.

11. Voir Michel Niqueux, *Le Conservatisme russe d'aujourd'hui. Essai de généalogie*, Caen, Presses universitaires de Caen, 2022.

« potentiel historique » du peuple russe sur les plans démographique, économique ou culturel[12]. Les « néo-eurasistes », comme Alexandre Douguine, mettent l'accent sur les rapports géopolitiques. Du fait de sa position géographique au croisement de l'Europe et de l'Asie, la Russie (néo)impériale est alors imaginée comme un « pôle de résistance » à la domination atlantiste des États-Unis, leur antagonisme étant interprété comme l'opposition entre une puissance terrestre et une puissance maritime[13]. Dans son apologie de l'idée impériale, Douguine déclare que « l'empire signifie toujours la tolérance à l'égard des minorités », en imputant aux forces libérales la volonté d'« éradiquer la diversité ethnique, religieuse et culturelle des peuples [de Russie] dont ceux du Caucase[14] ». Enfin, la mystique impériale d'Alexandre Prokhanov, grand admirateur de Staline et du complexe militaro-industriel soviétique, tend à réconcilier les différentes sources du messianisme russe d'inspiration religieuse. Tout en faisant sienne la formule d'un « stalinisme chrétien-orthodoxe » (*pravoslavnyï stalinizm*), il prône le passage à une nouvelle, cinquième, étape de l'Empire russe, après celles de la Rous de Kiev, des grands-princes de Moscou, de Pierre le Grand et de Staline. Décrivant cet empire, qui renaîtrait toujours de ses cendres, comme « une symphonie

12. Natalia Narotchnitskaïa, « Rossia – vsegda imperia » [La Russie a toujours été un empire], *Zavtra*, 24 juin 2003, https://inlnk.ru/84pOdM (en russe). Voir aussi *idem*, *Rossia i rousskie v mirovoï istorii* [La Russie et les Russes dans l'histoire mondiale], Moscou, Mejdounarodnye otnochenia, 2003.

13. Alexandre Douguine, *Osnovy geopolitiki. Geopolititcheskoe boudouchtchee Rossii* [Fondamentaux de géopolitique. L'avenir géopolitique de la Russie], Moscou, Arktoguéïa, 1997.

14. *Idem*, « L'empire signifie toujours la tolérance à l'égard des minorités », *Ekho Moskvy*, 26 mai 2012 (en russe, aujourd'hui inaccessible).

harmonieuse d'espaces, de peuples, de cultures et de systèmes de croyances », Prokhanov martèle : « Sans l'empire, il n'y a pas de Russie[15]. »

En septembre 2012, une soixantaine d'idéologues du nationalisme étatiste ou impérialiste, aux trajectoires professionnelles et stratégies personnelles divergentes, fondent une nouvelle organisation appelée club d'Izborsk (*Izborskiï kloub*). Présidée par ce même Prokhanov, l'organisation compte parmi ses membres Douguine et Narotchnitskaïa, mais aussi l'écrivain Zakhar Prilepine (né en 1975), qui a combattu dans le Donbass dans les rangs des séparatistes prorusses, ou encore le métropolite Tikhon (Chevkounov, né en 1958), souvent désigné comme le confesseur personnel de Poutine. Tikhon, à la tête du Conseil pour la culture du patriarcat de Moscou, a été à l'origine d'une série d'expositions permanentes dans des « parcs multimédias » intitulées « Russie, mon histoire ». Bénéficiant du soutien financier et administratif de l'État, ces expositions promeuvent le récit conservateur, qui met l'accent sur la continuité de « l'histoire millénaire » de la Russie[16].

Le discours de ces acteurs, que l'on peut qualifier de nationalisme impérial ou civilisationnel[17], résonne dans de larges couches de la population russe, relayées par différents médias, y compris officiels, auxquels ils ont accédé dans les années 2000, et surtout 2010. Cela

---

15. Alexandre Prokhanov, « Le cinquième empire », *Spetsnaz Rossii*, 30 juin 2013 (en russe, aujourd'hui inaccessible).

16. Ekaterina V. Klimenko, « Building the Nation, Legitimizing the State : Russia – My history and Memory of the Russian Revolutions in Contemporary Russia », *Nationalities Papers*, vol. 49, n° 1, 2021, p. 72-88.

17. Aleksandr Verkhovskii et Emil Pain, « Civilizational Nationalism », *Russian Politics & Law*, vol. 50, n° 5, 2012, p. 52-86.

n'est manifestement pas le cas des acteurs adhérant à la vision ethnique de la nation russe, dont l'importance s'est nonobstant grandement accrue depuis les quelque trente dernières années.

3

LA MONTÉE D'UN ETHNONATIONALISME RUSSE

Sur fond d'irruption de toutes sortes de nationalismes à teneur étatiste ou impérialiste, plusieurs facteurs ont simultanément conduit à une « ethnicisation » progressive des discours nationalistes. Parmi eux, trois semblent primordiaux[1].

Le premier facteur est relatif à la formation d'une nouvelle diaspora russe, ou russophone, dans les anciennes républiques soviétiques. Le deuxième facteur relève des guerres de Tchétchénie, lancées par l'administration Eltsine en 1994 puis en 1999 pour restaurer le contrôle de Moscou sur la région rebelle, ayant proclamé son indépendance en 1991. Ces interventions militaires entraînent, dans l'imaginaire collectif russe, une stigmatisation durable des Tchétchènes en particulier, parmi d'autres personnes dites « de nationalité caucasienne » (*litsa kavkazskoï natsional'nosti*). Enfin, le troisième facteur, sans doute le plus important, est lié à l'afflux de plusieurs millions de

1. Pål Kolstø, « The Ethnification of Russian Nationalism », dans P. Kolstø et H. Blakkisrud (dir.), *The New Russian Nationalism : Imperialism, Ethnicity and Authoritarianism, 2000-2015*, Édimbourg, Edinburgh University Press, 2016, p. 18-45.

travailleurs migrants « racisés », car « non slaves », dans les plus grandes villes de Russie et dans des régions à dominance ethniquement russe. Dans les années 2000, aux migrations de travail en provenance du Sud-Caucase (Arménie, Azerbaïdjan, Géorgie) mais aussi des régions montagneuses du Nord-Caucase russe (Daghestan, Ingouchie et Tchétchénie notamment), s'ajoute une immigration issue des États d'Asie centrale (Kirghizistan, Ouzbékistan et Tadjikistan au premier chef). Ces migrations s'inscrivent dans des dynamiques postcoloniales, que la Russie partage avec les ex-métropoles européennes. S'accélérant avec une amélioration considérable de la situation économique en Russie, dès le premier mandat poutinien (2000-2004), elles suscitent une véritable montée de xénophobie et de racisme au sein de la société russe[2].

Sur le plan intellectuel, l'ethnicisation du nationalisme russe s'appuie sur la redécouverte de la pensée des auteurs prérévolutionnaires, dont Mikhaïl Menchikov. L'accent mis sur l'élément ethnoculturel de l'identité russe alimente des visions concurrentes de la nation : celle-ci est tour à tour comprise comme une communauté des Slaves de l'Est (Russes, Ukrainiens, Biélorusses), comme une nation culturelle ou historique russophone, indépendamment de l'appartenance ethnique de ses membres, ou encore comme un groupe biologique ou racial fondé sur la filiation consanguine et la proximité génétique de ses membres[3].

---

2. Nikolay Zakharov, *Race and Racism in Russia*, New York, Palgrave Macmillan, 2015.

3. Vera Tolz, « Forging the Nation : National Identity and Nation Building in Post-Communist Russia », *Europe-Asia Studies*, vol. 50, n° 6, 1998, p. 993-1022.

La figure, atypique, d'Alexandre Soljénitsyne (1918-2018) est d'une certaine manière constitutive d'un nationalisme russe ethnique, résolument anti-soviétique et anti-impérialiste[4]. Outre son « patriotisme » revendiqué et son penchant indiscutablement conservateur[5], il avance, en 1990, une doctrine centrée sur la création d'un État national russe, comprenant la Russie même, mais aussi l'Ukraine, le Bélarus et les régions au nord du Kazakhstan, mais excluant toutes les autres républiques soviétiques[6]. C'est pour la même raison que l'écrivain est devenu la cible des « nationaux-patriotes ».

Le 30 août 1991, quelques jours après le putsch raté de Moscou suivi par la déclaration d'indépendance de l'Ukraine, Soljénitsyne envoie une lettre à Boris Eltsine, qui a mené la résistance contre les putschistes à Moscou. Dans cette lettre, l'écrivain postule que les frontières de l'Ukraine ont été tracées par les bolcheviks et que la nouvelle Russie n'a aucune obligation de les suivre[7]. Eltsine lui répond respectueusement, sans aborder le sujet des frontières. Le 8 décembre de la même année, dans la forêt de Bélovej, au Bélarus, il signe, avec ses homologues ukrainien et biélorusse, Leonid Kravtchouk et Stanislaw Chouchkievitch, un traité proclamant la disparition de

4. David G. Rowley, « Aleksandr Solzhenitsyn and Russian Nationalism », *Journal of Contemporary History*, vol. 32, n° 3, 1997, p. 321-337.

5. M. Niqueux, *Le Conservatisme russe d'aujourd'hui*, *op. cit.*, p. 193-202.

6. A. Soljénitsyne, *Comment réaménager notre Russie ?*, *op. cit.*, p. 10-13.

7. *Idem*, « Lettre de soutien à Boris Eltsine et propositions sur le "réaménagement" de la Russie », Centre Eltsine, 30 août 1991, http://surl.li/uffrl (en russe).

l'URSS en tant que « sujet du droit international et de la réalité géopolitique ».

Rejetant cette désunion des Slaves orientaux, Soljénitsyne insiste : la mission principale du pouvoir politique est d'assurer la « préservation du peuple » russe qui, physiquement et moralement abîmé par l'expérience soviétique, traverserait la « Grande Catastrophe » des années 1990. Cette dernière apporterait non seulement la paupérisation des masses, mais aussi, et surtout, la division des Russes par de nouvelles frontières politiques. Soljénitsyne se joint aussi au constat fait par de nombreux « nationaux-patriotes » qui accentuent le risque de leur « extinction » (*vymiranie*), au vu d'une chute brutale de la natalité et d'une importante hausse de la mortalité notamment au sein de la majorité ethnique de la Russie[8].

Si cette vision ethnoculturelle de la nation semble résonner dans l'esprit de nombreux Russes, une vision raciale, moins consensuelle, gagne aussi du terrain. Cette dernière s'inspire autant du national-monarchisme du début du XXe siècle que des anciennes théories racialistes européennes, y compris celles portées par les nazis. Tel est notamment le cas d'Alexandre Sevastianov (né en 1954), idéologue du nationalisme russe et auteur de nombreux textes aux accents antisémites et racistes[9]. Dans une veine plus « respectable », Sevastianov et d'autres penseurs de la même veine citent la théorie de

8. *Idem*, « "Rousskiï vopros" k kontsou XX veka » [La « question russe » à la fin du XXe siècle], *Novyï mir*, n° 7, 1994, p. 135-154. *Cf.* les propos de Ziouganov dans « Sur les Russes et la Russie », KPRF, 16 juillet 2004, http://surl.li/tyiuo (en russe).

9. Alexandre Sevastianov, *Vremia byt' rousskim. Tret'ia sila : rousskiï natsionalizm na avanstsene istorii* [Il est temps d'être Russe. La troisième force : le nationalisme russe au premier plan de l'Histoire], Moscou, Iaouza, 2006.

« l'ethnogenèse » de Lev Goumilev (1912-1992), héritier de l'eurasisme dont les écrits se vendent en très grand nombre d'exemplaires depuis la perestroïka. Selon Goumilev, les groupes ethniques se rangent parmi les entités biologiques (« organismes biosociaux »), à l'instar des plantes ou des animaux, et fonctionnent en interaction constante avec leur environnement. C'est au travers de cette interaction qu'une ethnie peut disposer d'une énergie vitale « biochimique », surnommée la « passionarité » (*passionarnost'*), qui lui aurait permis de fonder une riche culture, se lancer à la conquête de vastes territoires ou encore absorber des groupes ethniques voisins. En revanche, l'inévitable affaiblissement ou la disparition de ladite énergie conduirait à la disparition du groupe donné[10].

***

Le thème de la nation divisée et du soutien qu'il convient d'apporter à la diaspora russe ou russophone se situe au cœur du programme du Congrès des communautés russes (*Kongress rousskieh obchtchin*), fondé en 1993 sous la présidence de Dmitri Rogozine (né en 1963). Le mouvement vise à raviver les sentiments irrédentistes dans les régions du nord du Kazakhstan, à dominance russe, et en Crimée, sans grand succès. Aux élections parlementaires de 1995, la liste électorale du Congrès n'obtient que 4 % des votes, un résultat en dessous du seuil nécessaire pour bénéficier d'élus, fixé à 5 %. Cette faible performance s'explique

10. Voir Marlène Laruelle, « Lev Nikolaevič Gumilev (1912-1992) : biologisme et eurasisme dans la pensée russe », *Revue des études slaves*, vol. 72, n° 1-2, 2000, p. 163-189.

en partie par le fait que le thème du peuple russe est simultanément exploité par les formations de Ziouganov et Jirinovski, autre signe de perméabilité des discours nationalistes d'obédiences diverses. Cinq candidats désignés par le KRO se font toutefois élire à la Douma, dont le général Alexandre Lebed (1950-2002) qui, en 1996, arrive en troisième position à l'élection présidentielle.

Certains Russes de « l'étranger proche », qui choisissent de ne pas quitter leurs pays de résidence, demeurent indifférents face à l'appel de la « mère patrie[11] ». D'autres préfèrent le rapatriement : entre 1989 et 2002, la Russie accueille près de onze millions de personnes fuyant les conflits ou ayant perdu le sentiment d'être chez soi[12]. Sous l'effet cumulé du décroissement naturel, des migrations et du changement d'identification – notamment parmi les populations russes vivant en Ukraine, au Bélarus ou dans les trois États baltes –, le nombre de Russes ethniques dans les pays de l'ex-URSS, hors de Russie, n'a depuis cessé de diminuer. Il est passé de vingt-cinq millions en 1990 à environ onze millions trente ans plus tard[13].

Progressivement, le nationalisme irrédentiste est relégué au second plan par un nationalisme ethnique et xénophobe, mais jamais oublié. Cette tendance se reflète dans la trajectoire politique de Dmitri Rogozine : en 2003, dix ans après la fondation du Congrès des communautés

11. Lowell W. Barrington, Erik S. Herron et Brian D. Silver, « The Motherland is Calling : Views of Homeland Among Russians in the Near Abroad », *World Politics*, vol. 55, n° 2, 2003, p. 290-313.

12. Nikita Mkrtchian, « La politique d'immigration de la Russie. Tours et détours », *Le Courrier des pays de l'Est*, n° 2, 2007, p. 54.

13. Sergey Sushchiy, « The Russian Population of the Near Abroad : Geodemographic Dynamics of the Post-Soviet Period », *Demographic Review*, vol. 7, n° 5, 2020, p. 100-120.

russes, il lance, sous le patronage du Kremlin, le parti politique Patrie (*Rodina*), dont l'idéologie croise les idées socialistes, une vision étatiste de la nation, mais aussi une forte composante xénophobe et raciste envers les populations « non slaves », y compris détentrices de la citoyenneté russe, désignées de manière péjorative comme des « migrants » (*migranty*). Aux élections parlementaires de 2003, Patrie obtient 9 % des voix, tandis que les partis libéraux perdent leur représentation parlementaire[14].

Dans les années 2000, le rejet de l'immigration « culturellement étrangère » devient le thème central pour les ethnonationalistes d'opposition exclus de la politique officielle. Ces acteurs portent le slogan « La Russie aux Russes » (*Rossia dlia rousskikh*), dont les premiers usages remontent au dernier tiers du XIXe siècle[15]. Outre ses acceptions antérieures, revendiquant la puissance d'État russe sur la scène mondiale et l'unité nationale au sein même du pays, ce slogan est désormais déployé pour dépeindre le groupe ethnique majoritaire comme menacé par une immigration jugée massive, incontrôlée et illicite. L'opposition entre les « natifs » (*korennye*) et les « envahisseurs » étrangers se situe au centre du discours ethnonationaliste[16].

En 2002 est fondé le Mouvement contre l'immigration illégale (*Dvijenie protiv nelegal'noï immigratsiï*, DPNI).

14. Françoise Daucé, « Iabloko ou la défaite du libéralisme politique en Russie », *Critique internationale*, n° 22, 2004, p. 25-34.

15. Andreï Ivanov, *Vyzov natsionalizma : lozoung « Rossia dlia rousskieh » v dorevolioutsionnoï obchtchestvennoï mysli* [Le défi du nationalisme. Le slogan « La Russie aux Russes » dans la pensée prérévolutionnaire], Moscou, Vladimir Dal', 2016.

16. Jules Sergei Fediunin, « Conceptualizing Nativism in Authoritarian Russia : From Nationalist Ideology to Antimigrant Riots », *Nationalities Papers*, 2023, p. 1-27, DOI : 10.1017/nps.2023.60.

Le pseudonyme de son dirigeant, Alexandre Potkine *alias* Belov (né en 1976), ancien militant de Mémoire, renvoie à la « blanchité » ethnoraciale par contraste avec les minorités « de couleur » : le mot russe *belyï* signifie « blanc ». Le DPNI devient rapidement le mouvement le plus visible au sein de l'opposition nationaliste exclue de la représentation parlementaire. Dès ses débuts, il tient un discours anti-immigration ferme mais aussi un discours anti-islam, inspiré de la droite radicale d'Europe occidentale et, en particulier, du Front national, en France[17].

Reléguant au second plan l'antisémitisme traditionnellement caractéristique du nationalisme russe, les militants du DPNI revendiquent la fermeture des frontières avec les États d'Asie centrale et du Caucase, considérant les flux migratoires en provenance de ces pays comme la principale cause des maux sociaux dont la pauvreté, le chômage et le crime organisé. Ce faisant, ils insistent sur la protection juridique et sociale de la majorité ethnique du pays parmi d'autres « peuples autochtones » (*korennye narody*) de Russie, à l'exception des populations nord-caucasiennes classées parmi les « migrants ». Après l'interdiction du DPNI, en 2011, les ethnonationalistes lancent un mouvement au programme similaire, Les Russes (*Rousskie*). Conçu comme une fédération d'organisations de tailles diverses à travers la Russie, ce mouvement est dirigé par Belov et Dmitri Demouchkine (né en 1979), ancien leader de l'Union slave (*Slavyanskiï soïouz*, abrégé en « SS » en russe), d'inspiration néonazie.

La dénonciation de « l'invasion migratoire » et de la « dérussification » (*deroussifikatsia*) de la Russie est

17. Cas Mudde, *Populist Radical Right Parties in Europe*, New York, Cambridge University Press, p. 71.

notamment portée par des participants des « marches russes » (*rousskie marchi*). Du milieu des années 2000 à l'avènement de la « crise ukrainienne » de 2014, ces défilés annuels réunissent des milliers de militants nationalistes dans les grandes villes de Russie, dont Moscou et Saint-Pétersbourg, sous le drapeau noir-jaune-blanc dit *imperka* : drapeau officiel de l'Empire russe dans la seconde moitié du XIXe siècle. La date de ces rassemblements, le 4 novembre, n'est pas choisie au hasard. C'est en fait la Journée de l'unité nationale, instituée par l'État en 2005 pour commémorer la libération de Moscou des troupes étrangères, majoritairement polonaises, en 1612, par les milices populaires, l'évènement annonçant la fin du « Temps des troubles » avec l'élection ultérieure du premier tsar de la dynastie des Romanov.

Au début des années 2010, les ethnonationalistes russes lancent un autre slogan : « Arrêtons de nourrir le Caucase » (*Khvatit kormit' Kavkaz*). Ce slogan traduit la virulente opposition aux transferts budgétaires, jugés disproportionnés, que reçoivent les républiques musulmanes du Nord-Caucase russe, la Tchétchénie de Ramzan Kadyrov au premier chef. Cette campagne nationaliste est alors soutenue par Alexeï Navalny, cofondateur en 2007 du mouvement nationaliste Peule (NAROD), devenue une figure de proue de l'opposition démocratique au moment des importantes manifestations anti-gouvernementales de l'hiver 2011-2012. Mobilisant un discours anti-migrants et anti-Caucase, Alexeï Navalny cherche alors à « réconcilier » l'agenda des forces libérales avec celui d'un nationalisme « normal », anti-autoritaire[18].

18. Marlène Laruelle, « Alexei Navalny and Challenges in Reconciling "Nationalism" and "Liberalism" », *Post-Soviet Affairs*,

***

Parallèlement, on voit émerger une génération de penseurs ethnonationalistes russes qui mettent en question l'idéal impérial au profit d'un État ethniquement russe, restant à construire[19]. À rebours des idéologues impérialistes qu'ils qualifient de « vieux patriotes » (*staropatrioty*), tous favorables au pouvoir autoritaire et rejetant le modèle occidental, jugé inadapté sinon hostile à la Russie, ces acteurs embrassent les principes du gouvernement démocratique et invoquent l'expérience historique des Européens.

Cette rupture idéologique est significative dans la mesure où elle ne connaît pas de précédent dans l'histoire du nationalisme russe, peut-être à l'exception des décembristes, qui aspiraient à un gouvernement constitutionnel, voire républicain, dès le début du XIXe siècle[20]. L'exemple du courant national-démocratique, abrégé en *nats-dem*, est emblématique à cet égard. Ce courant est théorisé et promu par un cercle de penseurs regroupés autour de la revue *Questions de nationalisme* (*Voprosy natsionalizma*). Fondée en 2010, elle se veut à la fois

---

vol. 30, n° 4, 2014, p. 276-297 : Natalia Moen-Larsen, « "Normal Nationalism" : Alexei Navalny, LiveJournal and "the Other" », *East European Politics*, vol. 30, n° 4, 2014, p. 548-567.

19. Igor Torbakov, « A Parting of Ways ? The Kremlin Leadership and Russia's New-Generation Nationalist Thinkers », *Demokratizatsiya*, vol. 23, n° 4, 2015, p. 427-457.

20. Sergueï Sergueïev, « Vosstanovlenie svobody. Demokratitcheskiï natsionalizm dekabristov » [La restauration de la liberté. Le nationalisme démocratique des décembristes], *Voprosy natsionalizma*, n° 2, 2010, p. 78-118.

publication académique et organe de travail idéologique. Konstantin Krylov (1967-2020), son rédacteur en chef, président du Parti national-démocrate (non légalisé), est communément considéré comme une figure centrale de ce courant d'idées.

Pour cet idéologue, « le nationalisme russe au sens propre du terme est un phénomène nouveau », dont l'apparition ne daterait que… du milieu des années 2000. Rejetant le racisme biologique, le suprémacisme blanc et l'action violente des skinheads, Krylov insiste sur la différence fondamentale entre le « nouvel » ethnonationalisme russe et le « vieux » patriotisme, qui sacralise l'État : « Le pays existe pour le peuple, et non le peuple pour le pays. La Russie pour les Russes, et non les Russes pour la Russie[21]. »

Toujours est-il que la démocratie que les *nats-dem* revendiquent pour la Russie se présente sous une forme « illibérale », faisant fi de la défense des droits des minorités. Elle s'apparente même à une « démocratie ethnique » comparable aux modèles de gouvernement en Israël ou dans l'Inde de Narendra Modi, qui accordent des privilèges, *de jure* ou *de facto*, aux membres du groupe ethnique ou religieux dominant[22]. Alexandre Sevastianov, membre du comité de rédaction de *Questions de nationalisme*, en dépit de son racialisme, assume pleinement cette notion, lorsqu'il définit la démocratie « nationale »

21. Konstantin Krylov, « Les fascistes d'hier deviennent les meilleurs démocrates aujourd'hui », *LiveJournal*, 11 mais 2010, https://vu.fr/CBKzm (en russe).

22. Sammy Smooha, « The Model of Ethnic Democracy : Israel as a Jewish and Democratic State », *Nations and Nationalism*, vol. 8, n° 4, 2002, p. 475-503 ; Christophe Jaffrelot, *L'Inde de Modi : national-populisme et démocratie ethnique*, Paris, Fayard, 2019.

comme une « démocratie pour les siens », qui conditionne la pleine citoyenneté à l'appartenance au « groupe ethnique formant l'État[23] ».

Il n'est donc pas surprenant que, s'inspirant d'une certaine vision de l'État-nation ouest-européen, les *nats-dem* rejettent ce qu'ils perçoivent comme sa « corruption » ultérieure. Cette dernière relèverait des expressions « gauchistes » de l'après-Mai 68, avec la montée d'un féminisme « radical » (incarné récemment par le mouvement MeToo, « moi aussi »), du mouvement LGBTQ+ dénoncé comme une « idéologie », ainsi que des mouvements de lutte pour la justice comme Black Lives Matter (« les vies noires comptent ») ou encore le « wokisme ». On voit dès lors que ce nationalisme, qui se veut démocratique, est xénophobe et genré. Ces porte-parole sont, à quelques exceptions près, des hommes qui mettent l'accent, plus ou moins explicitement, sur une forme de « masculinité hégémonique[24] » qui reflète la position dominante des hommes – définis en l'occurrence comme « blancs » ou « slaves » – et la subordination des femmes et des minorités ethniques ou sexuelles.

Dénonçant le projet soviétique qu'ils jugent unanimement nocif à l'identité même des Russes, les nationaux-démocrates ont tendance à idéaliser la Russie prérévolutionnaire. Si certains pointent du doigt le peu d'attention que les tsars « de toutes les Russies » auraient accordé au bien-être des populations russes, la Fédération de Russie hériterait structurellement de l'Union soviétique, honnie. Elle ne serait pas

23. Alexandre Sevastianov, « Natsional-demokratia – ne natsional-sotsializm » [La démocratie nationale n'est pas le national-socialisme], *Voprosy natsionalizma*, n° 2, 2010, p. 119-120.

24. Voir Raewyn Connell, *Masculinities*, 2de éd., Berkely, University of California Press, 2005 (1995).

la « vraie » Russie nationale mais une *Èrefia*, néologisme dérivé de l'abréviation « RF », *Rossiïskaïa Federatsia*, qui désigne, avec un mélange de mépris et d'ironie, le pays où les Russes ethniques, majoritaires sur le plan démographique, seraient maltraités et même « colonisés » par un État autoritaire et « multinational[25] ».

Krylov a introduit le néologisme *nerous'*, afin de désigner la négation de la « russité ». Il s'agirait d'un « ensemble de peuples, de classes, de groupes sociaux ainsi que de communautés professionnelles, confessionnelles et autres, cherchant à assujettir, dominer ou même détruire les Russes ethniques en tant que peuple et la Russie en tant qu'État souverain ». Cet ensemble négatif aurait existé depuis plusieurs siècles et serait de nouveau arrivé au pouvoir en 1991. Par opposition, l'objectif premier des forces ethnonationalistes consisterait à « vaincre » la *nerous'*, afin de « rendre au peuple russe le pouvoir sur son pays, de lui redonner les *biens*, de lui permettre de vivre par ses propres moyens et d'avoir une *dignité nationale*[26] ».

La réforme profonde du système politique russe que préconisent les idéologues ethnonationalistes doit ainsi permettre à la majorité ethnique d'une part de bénéficier d'une distribution, jugée équitable, des ressources économiques, et de l'autre de jouir de tous les droits et libertés constitutionnels. Parmi ceux-ci sont le droit automatique de tous les Russes ethniques, quel que soit leur lieu de résidence, à la citoyenneté russe ou encore le droit au port d'arme, afin de pouvoir se protéger contre

25. Konstantin Krylov, « *Èrefia* comme réalité politique », APN, 2 mars 2006, http://surl.li/tvauh (en russe).

26. *Idem*, « Russie et anti-Russie », *Rousskiï journal*, 7 octobre 2003, http://surl.li/uffvu (en russe). Souligné par l'auteur.

le « crime ethnique », c'est-à-dire les délits imputés aux populations non russes.

***

Exclus de la représentation parlementaire et privés d'accès aux médias officiels, les ethnonationalistes russes ont pu s'assurer une certaine visibilité sur Internet et sur les réseaux sociaux. Pendant plusieurs années, la plus importante des ressources médiatiques nationalistes était Spoutnik & Pogrom, un site en vogue, partiellement payant, créé en 2012 par le blogueur Iegor Prosvirnine (1986-2021), récemment disparu pour des causes apparemment non liées à ses activités politiques. Son but était de promouvoir un nationalisme russe « intellectuel », proche de l'idée national-démocratique. Le nom du site invoquait, avec un certain sens de la provocation, les représentations souvent associées à la Russie de deux termes russes entrés dans de nombreuses langues : « pogrom » et « spoutnik ». De même que l'usage du premier terme n'empêcha pas Prosvirnine de faire d'Israël le modèle pour un futur État national russe[27], de même le recours au mot « spoutnik » ne diminuait nullement son anti-soviétisme féroce.

Il est difficile de mesurer la base sociale réelle de telles idées, compte tenu de leur exclusion de l'espace public géré par l'État autoritaire. Il n'empêche que la fibre ethnocratique s'est progressivement renforcée au sein de la galaxie du nationalisme russe. En témoigne la généralisation de la xénophobie au sein de la société russe, qui s'opère dès la fin des années 1990 pour atteindre un pic au début

27. « Pourquoi le nationalisme russe devrait-il se référer à Israël ? », *Spoutnik & Pogrom*, 24 novembre 2014, http://surl.li/tvwhf (en russe).

des années 2010[28]. Selon les données du Centre Levada, institution indépendante de recherche sociologique située à Moscou, la distance ressentie par les habitants de la Russie envers « les Autres » ethniquement différents varie sensiblement en fonction du groupe. Si les populations nord-caucasiennes et celles issues des États d'Asie centrale sont parmi les plus rejetées, les Juifs, qui ne représentent aujourd'hui que 0,1 % de la population de la Russie, sont devenus l'un des groupes les mieux acceptés[29].

La montée des sentiments anti-immigration a entraîné la multiplication de violences collectives, particulièrement sous forme d'actes d'auto-justice et d'émeutes visant les minorités ethniques[30]. Les données recueillies par l'institut de sociologie de l'Académie des sciences de Russie reflètent l'ethnicisation des débats publics depuis les années 1990. Ainsi, le nombre de personnes sondées affirmant que le groupe ethnique dominant doit « avoir plus de droits » que les autres est passé de 14 % en 1995 à 31 % en 2006, en plus de celles qui aimeraient que la Russie devienne un « État des Russes ethniques », 11 et 19 % respectivement[31].

---

28. Lev Goudkov et Karina Pipia, « Parametry ksenofobii, rassizma i antissemitizma v sovremennoï Rossii » [Les paramètres de la xénophobie, du racisme et de l'antisémitisme dans la Russie contemporaine], *Vestnik obchtchestvennogo mnenia*, n° 127, 2018, p. 33-64.

29. « Xenophobia and Migrants », Centre Levada, 28 janvier 2022, http://surl.li/uffyp.

30. Martin Laryš, « Violent Attacks Against Migrants and Minorities in the Russian Federation », dans T. Bjørgo et M. Mareš (dir.), *Vigilantism Against Migrants and Minorities*, Londres, Routledge, 2019, p. 69-85 ; J. S. Fediunin, « Conceptualizing Nativism in Authoritarian Russia », *op. cit.*

31. Mikhaïl Gorchkov (dir.), *Dvadtsat' let reform glazami rossian. Opyt mnogoletnikh sotsiologitcheskikh zamerov* [Vingt ans des

À en juger par leur présence sur les réseaux sociaux russes, les idées ethnonationalistes sont restées, toutefois, minoritaires face à la prépondérance des attitudes étatistes ou impérialistes[32]. Il n'empêche que le potentiel contestataire des premières semble avoir posé un sérieux défi aux secondes.

---

transformations du point de vue des Russes. Bilan des études sociologiques pluriannuelles], Moscou, Institut sotsiologii RAN, 2011, p. 207-208.

32. E. Païne et S. Prostakov, « Mnogolikiï rousskiï natsionalizm », *op. cit.*

4

LES VISIONS OFFICIELLES DE LA NATION RUSSE

Face à la permanence des deux grands courants idéologiques du nationalisme russe, les dirigeants de la Fédération de Russie ne sont pas parvenus à imposer un projet cohérent de construction nationale.

Durant les premières années postsoviétiques, l'administration Eltsine a cherché à mettre en valeur une vision civique de la nation. Ainsi, la citoyenneté russe fut accordée à l'ensemble des habitants se trouvant sur le territoire russe post-1991. En 1997, le « cinquième paragraphe » du passeport, indiquant depuis l'époque soviétique l'appartenance ethnique (*natsional'nost'*) du citoyen, a été supprimé par décret présidentiel. Dans ses interventions publiques, Boris Eltsine insistait sur l'usage des termes *rossiane* (« Russiens ») et *grajdane Rossii* (« citoyens de Russie »), et non *rousskie*, pour souligner la dimension essentiellement politique du lien national.

Cette tentative de construction nationale se solde toutefois par un échec, imputable en grande partie à l'instabilité institutionnelle caractéristique du régime eltsinien. Entre 1992 et 2000, le ministère aux Nationalités, chargé de promouvoir le concept de nation civique, *rossiïskaïa* (« de Russie ») plutôt que *rousskaïa* (« russe »), est réformé huit fois, sans jamais être doté de pouvoirs étendus ni de financements substantiels[1].

Depuis l'accession de Vladimir Poutine à la présidence, en 2000, la politique de l'État en matière de construction nationale est demeurée volontairement ambiguë[2]. En un sens, l'entourage de Poutine a préféré ne pas choisir entre trois visions rivales de la nation : impériale, ethnique et civique. Les références à l'une ou à l'autre ont été multipliées dans le discours officiel : selon les contextes, la nation est définie tantôt comme peuple composite (« pluriethnique et multiconfessionnel »), tantôt comme entité ethnoculturelle distincte (*rousskie*), tantôt comme collectif de citoyens (*rossiane*).

Cette ambiguïté se retrouve dans les documents officiels. Un exemple en est la définition floue du terme « compatriotes » (*sootetchestvenniki*) dans la loi russe de 1999, amendée en 2010. Cette catégorie se réfère à des personnes qui, résidant en dehors du territoire russe, auraient maintenu des « liens spirituels et culturels » avec la Russie tout en appartenant à des « peuples qui ont historiquement vécu » dans l'Empire russe ou en URSS[3]. En plus d'une nation faite de citoyens de Russie, il existerait donc une nation de la diaspora, exterritoriale, qui se fonde sur une culture partagée (russe, russophone ?). Par là même, cette nation diasporique refléterait la diversité

1. J. Paul Goode, « Russia's Ministry of Ambivalence : The Failure of Civic Nation-Building in Post-Soviet Russia », *Post-Soviet Affairs*, vol. 35, n° 2, 2019, p. 140-160.

2. Oxana Shevel, « Russian Nation-Building from Yel'tsin to Medvedev : Ethnic, Civic or Purposefully Ambiguous ? », *Europe-Asia Studies*, vol. 63, n° 2, 2011, p. 179-202.

3. *Idem*, « The Politics of Citizenship Policy in Post-Soviet Russia », *Post-Soviet Affairs*, vol. 28, n° 1, 2012, p. 111-147.

des populations composant la nation territoriale, diversité qui relève des projets d'expansion impériale du passé…

Un autre exemple est la Stratégie de la politique des nationalités, document programmatique préparé par les membres du Conseil présidentiel pour les relations interethniques et signé, en décembre 2012, par Vladimir Poutine en vue de déterminer le cadre d'une politique de l'État en matière de diversité ethnoculturelle. Le texte souligne « le rôle unificateur du peuple russe » (*rousskiï narod*) et l'importance de la « dominante culturelle russe » pour maintenir l'unité du pays. S'il met expressément en valeur la culture dominante, le document n'en proclame pas moins le besoin de « préserver la diversité ethnoculturelle des peuples de Russie » (*narody Rossii*) tout en consolidant la « conscience civique […] du peuple multinational de la Fédération de Russie (nation russienne) »[4].

Ces objectifs, divergents, sont poursuivis parallèlement. D'une part, le régime de Poutine a mené depuis 2000 une inflexible recentralisation juridique, administrative et fiscale. Dans un État nominalement fédéral, le statut des vingt et une républiques fédérées a été progressivement aligné sur celui des régions administratives « pures » (*oblasti* et *kraïa*). Six districts autonomes (sur dix au total) ont été insérés dans des régions voisines[5]. Les chefs des républiques ont fini par perdre le droit d'utiliser le titre de « président » pour désigner leur fonction. En 2017, de manière plus

4. « Stratégie de la politique des nationalités de Russie », https://vu.fr/QOXnn (en russe).

5. Jean Radvanyi, « Le fédéralisme russe : des mutations inachevées », dans A. Dubien (dir.), *Russie 2013. Regards de l'Observatoire franco-russe*, Paris, Éditions du Cherche midi, 2013, p. 211-220.

que symbolique, le président Poutine a décidé de mettre fin à l'enseignement obligatoire des langues minoritaires dans les écoles situées dans les républiques, réaffirmant ainsi le statut du russe comme la seule langue d'État sur l'ensemble de son territoire[6]. En somme, des dynamiques visant à limiter la diversité ethnoculturelle sont fortement perceptibles dans la Russie poutinienne[7].

Dans le même temps, les contours d'une nation citoyenne dite « russienne » restent amorphes[8]. La faible participation politique, encadrée sinon réprimée par un régime autoritaire, et le manque de confiance dans les institutions publiques n'encouragent pas une solide culture civique en Russie. Selon les données du Centre Levada, la grande majorité des citoyens pensent ne pas exercer une quelconque influence sur la prise de décisions publiques, que ce soit à l'échelle locale, régionale ou fédérale[9]. En dehors des situations de crise majeure, plus de 50 % des personnes interrogées ne font systématiquement pas confiance à la police comme aux autorités locales, la méfiance à l'égard du gouvernement, du Parlement et des partis politiques dépassant les 60 %[10].

---

6. Bill Bowring, « Minority Language Rights in the Russian Federation : The End of a Long Tradition ? », dans G. Hogan-Brun et B. O'Rourke (dir.), *The Palgrave Handbook of Minority Languages and Communities*, Basingstoke, Palgrave Macmillan, 2018, p. 73-99.

7. Federica Prina, *National Minorities in Putin's Russia : Diversity and Assimilation*, Londres, Routledge, 2016.

8. Voir Jules Sergei Fediunin, « Construire la nation avec les sciences sociales : le "projet russien" et ses protagonistes », *Sociétés plurielles*, n° 8, 2024 (en cours de publication).

9. « Political Participation and Relations With the State in Russia », Centre Levada, 18 mars 2021, http://surl.li/tvwkw.

10. « Trust in Public Institutions », Centre Levada, 6 octobre 2022, http://surl.li/tvwkr.

La notion même de nation russienne (*rossiïskaïa natsia*) est fortement contestée, perçue tantôt comme une réincarnation de la notion de « peuple soviétique » (*sovetskiï narod*), tantôt comme une menace pour les plus importantes communautés ethniques. Plus largement, les termes *rossiïskiï* et *rossianin* (« citoyen de Russie ») sont souvent considérés comme secs, artificiels et dépourvus de sens réel, contrairement au mot *rousskiï*, qui prédomine dans l'usage courant[11]. Ces considérations conduisent l'administration présidentielle à abandonner l'idée d'inscrire dans la loi le concept de « nation russienne », mesure proposée par les membres du Conseil présidentiel en 2016.

À l'occasion d'une grande révision constitutionnelle en 2020, cette ambiguïté terminologique a été inscrite dans la Constitution de 1993. Ainsi, la nouvelle version de l'article 68-1 stipule : « La langue officielle de la Fédération de Russie sur l'ensemble de son territoire est le russe, en tant que langue du peuple porteur de l'État qui fait partie intégrante de l'union multinationale des peuples égaux de la Fédération de Russie[12]. » Cette formule n'a pas manqué d'attiser des inquiétudes au sein des groupes minoritaires. Comment en effet les « peuples de Russie » peuvent-ils être égaux si, parmi eux, il n'y a qu'un seul « peuple porteur » ? Faut-il comprendre que les populations non russes de « l'union multinationale », dont celles ayant donné leur nom à des territoires autonomes, ne sont pas « porteuses

11. Matthew Blackburn, « Mainstream Russian Nationalism and the "State-civilization" Identity : Perspectives From Below », *Nationalities Papers*, vol. 49, n° 1, 2021, p. 89-107.

12. Cité dans Jules Sergei Fediunin, « Classer les populations de Russie au prisme du nationalisme : bataille sémantique autour d'un amendement constitutionnel », *La Revue russe*, n° 59, 2022, p. 102.

de l'État » commun ? Toujours est-il que l'article 3-1 de la Constitution continue de stipuler que c'est bien « le peuple multinational de la Fédération de Russie » qui demeure l'unique source du pouvoir légitime[13]...

***

L'ambiguïté du régime poutinien quant à la définition du collectif national semble relever d'une véritable stratégie, qui consisterait à minimiser les frais associés à la promotion de telle ou telle vision de la nation au détriment des autres. Cette stratégie permettrait au Kremlin de prendre la posture de médiateur entre les différents camps idéologiques.

Cela étant, la vision poutinienne du fait national relève, typologiquement, de la tradition stato-impériale du nationalisme russe. Le parcours politique de Vladimir Poutine le confirme. Ancien officier du KGB, puissante agence en charge de la sécurité de l'État, Poutine s'insère dans le courant « étatiste » (*gossoudarstvennitchestvo*) dès ses premières nominations à Moscou en tant que directeur adjoint de l'administration présidentielle (mars 1997), puis directeur du Service fédéral de sécurité (FSB, juillet 1998) et chef du gouvernement russe (août 1999). Ce courant, incarné par le Premier ministre (1993-1998) Viktor Tchernomyrdine, et surtout le ministre des Affaires étrangères (1996-1998) Evgueni Primakov, s'impose comme dominant au moment de la réélection de Boris Eltsine, en 1996, et considère que l'État joue un rôle primordial dans la vie sociale et économique. Dans le domaine de la politique étrangère, il insiste sur la défense ferme des intérêts nationaux de la Russie face à d'autres puissances, y compris occidentales.

13. *Ibid.*, p. 97.

Dans son manifeste publié à la veille de la démission d'Eltsine, le 31 décembre 1999, Vladimir Poutine écrivait : « Pour les Russes, un État fort [*krepkoe gossoudarstvo*] n'est pas une anomalie, ni un obstacle à affronter mais, au contraire, la source et le gage de l'ordre [social], l'initiateur et le principal moteur de tout changement[14]. » Élu président trois mois plus tard, Poutine a continuellement insisté sur la nécessité de restaurer la puissance russe pulvérisée par la chute de l'Union soviétique. En opposant dans son discours la « stabilité » des années 2000 aux « tumultes » de la décennie 1990[15], il a systématiquement mis l'accent sur la notion d'État plutôt que sur celle de nation[16]. Pour Poutine et pour son entourage, composé d'officiers issus comme lui des « milieux de force » (*siloviki*) dont l'Intérieur, la Défense et les services spéciaux (l'ex-KGB)[17], c'est l'État qui incarne et donne forme à la nation, et non l'inverse[18]. De cette vision découle le rejet par le régime des mouvements ethnonationalistes, dans la mesure où ils menacent l'intégrité de l'État.

Dans la lignée des discours soviétiques, les dirigeants de la Russie continuent de s'exprimer au nom d'un

14. Vladimir Poutine, « La Russie au tournant du millénaire », *Nezavissimaïa gazeta*, 30 décembre 1999, http://surl.li/tvwld (en russe).

15. Olga Malinova, « Framing the Collective Memory of the 1990s as a Legitimation Tool for Putin's Regime », *Problems of Post-Communism*, vol. 68, n° 5, 2021, p. 429-441.

16. Peter Rutland, « The Presence of Absence : Ethnicity Policy in Russia », dans J. Newton et W. Tompson (dir.), *Institutions, Ideas and Leadership in Russian Politics*, New York, Palgrave Macmillan, 2010, p. 123.

17. Jean-Robert Raviot, « Le "poutinisme" : un système prétorien ? », Russie.Nei.Visions, n° 106, IFRI, mars 2018.

18. Marlène Laruelle, « Is Nationalism a Force for Change in Russia ? », *Daedalus*, vol. 146, n° 2, 2017, p. 95.

« patriotisme » plutôt que d'un « nationalisme », terme négativement connoté en russe car souvent associé à d'autres « ismes » : fascisme, extrémisme, chauvinisme, racisme… Le « patriotisme », au contraire, est généralement envisagé comme une valeur, sinon un devoir civique, dont la pratique traduit l'attachement à son pays et la loyauté envers l'État qui l'incarne.

Dans le contexte d'une société traumatisée et divisée par des transformations douloureuses, l'accent mis sur le renforcement de l'État a permis au régime poutinien de s'assurer un soutien populaire transpartisan[19], notamment auprès des personnes en situation de réussite sociale qui « se montrent tendanciellement les plus ferventes supportrices du nationalisme d'État[20] ». Et ce, en dépit des visions rivales de la nation qui coexistent dans les discours et dans les mentalités.

Si l'État et les divers mouvements nationalistes partagent un espace commun au sein duquel ils rivalisent sur des symboles tels que la « nation » et la « patrie », les ressources dont ils disposent sont fortement inégales – au détriment des mouvements nationalistes. Dans les années 2000, les autorités russes ont ainsi mis à profit le système à parti dominant, où le parti Russie unie occupe une position « hégémonique[21] », afin de fixer les règles du jeu politique. Ainsi, au lendemain des élections parlementaires de 2007, Ivan Demidov, coordinateur de la Jeune Garde

19. M. Laruelle, *Le Nouveau Nationalisme russe*, *op. cit.*, chap. 5 ; K. Clément, *Contestation sociale à bas bruit en Russie*, *op. cit.*, p. 67-80.

20. K. Clément, *Contestation…*, *op. cit.*, p. 75.

21. Clémentine Fauconnier, *Entre le marteau et l'enclume. La fabrication d'une hégémonie partisane dans la Russie de Poutine*, Villeneuve d'Ascq, Presses universitaires du Septentrion, 2019.

(*Molodaïa gvardia*), branche jeune du parti présidentiel, affirmait que le patriotisme allait devenir le courant idéologique « dominant » dans la politique russe. Selon lui, une discussion politique ne peut être « fructueuse » qu'à condition qu'elle soit « fondée sur un principe commun tel que le patriotisme ». Est patriote celui qui comprend, *dixit* Demidov, que « l'État est le seul mécanisme qui permettra au peuple de continuer à vivre sur sa terre, de ne pas se disloquer, de ne pas s'éteindre et de ne pas laisser le pays s'effondrer[22] ». Pour exister politiquement, il est attendu de tout acteur qu'il souscrive à cette maxime à teneur nationale-conservatrice.

En désignant le patriotisme comme « l'idée nationale » russe tant recherchée depuis les années 1990[23], Vladimir Poutine et son administration ont ainsi mis en place une conception-cadre relativement flexible, qui laisse la concurrence se développer entre les partisans de projets nationaux différents, pourvu qu'ils n'invoquent pas de changement (plus ou moins) radical de l'ordre établi. Naturellement, c'est au Kremlin, et à nul autre, que revient le droit d'exercer un contrôle ferme sur l'agenda politique[24].

Couplée à des affinités idéologiques avec le versant stato-impérial du nationalisme russe, cette posture de garde-barrière a déterminé l'attitude du régime envers la diversité de ses expressions.

---

22. « Le patriotisme deviendra le courant dominant en politique », *Rosbalt*, 20 décembre 2007, http://surl.li/ufeur (en russe)

23. « Poutine considère le patriotisme comme l'idée nationale », *Lenta*, 3 février 2016, http://surl.li/ufeuy (en russe).

24. Jean Radvanyi et Marlène Laruelle, *La Russie entre peurs et défis*, Paris, Armand Colin, 2016, p. 197.

5

LA STRATÉGIE SÉLECTIVE DU RÉGIME DE POUTINE FACE À LA DIVERSITÉ DES NATIONALISMES

L'accession de Vladimir Poutine à la présidence a conduit à une profonde refonte de la politique intérieure russe. Cette réforme est orchestrée notamment par le puissant Vladislav Sourkov (né en 1964), directeur adjoint de l'administration présidentielle de 1999 à 2011. L'influence dont jouit celui qui a servi de modèle au « mage du Kremlin » imaginé par Giuliano da Empoli[1] lui a valu le titre officieux d'éminence grise de Poutine. Sourkov est alors assisté par Gleb Pavlovski (1951-2023), principal consultant en communication (*polittekhnolog*) de l'administration Poutine jusqu'à son licenciement, en 2011.

En tant qu'acteur dominant, le Kremlin se met à exercer un contrôle de plus en plus ferme sur le champ nationaliste. Il a le choix entre des instruments variés : répression et cooptation, rejet et instrumentalisation[2]. Les acteurs nationalistes, plus ou moins radicaux, se

1. Giuliano da Empoli, *Le Mage du Kremlin*, Paris, Gallimard, 2022.
2. Veera Laine, « Contemporary Russian Nationalisms : The State, Nationalist Movements, and the Shared Space in Between », *Nationalities Papers*, vol. 45, n° 2, 2017, p. 222-237.

voient ainsi divisés en deux grands groupes. L'un réunit tous ceux qui peuvent représenter un danger pour l'ordre établi. L'autre regroupe des acteurs jugés utiles, pris en charge par les autorités à leurs propres fins. Cette stratégie sélective est donc dictée par la raison d'État[3]. Mais elle tient aussi compte des positionnements idéologiques des acteurs non étatiques, ainsi que de leur prédisposition à renoncer à la critique du régime poutinien.

Ainsi, les expressions politiques des ethnonationalistes sont systématiquement exclues, et les manifestations violentes réprimées. Ces acteurs non étatiques sont jugés trop autonomes, du fait de leurs convictions, ou trop dangereux. En revanche, les nationalistes d'obédience étatiste ou impérialiste sont tolérés et, pour certains, cooptés par le régime, dans la mesure où ils acceptent la domination du régime en place ou, mieux encore, glorifient ses bienfaits.

Le moment charnière dans le déploiement de cette stratégie sélective est la première révolution ukrainienne, dite Révolution orange, en 2004, conduisant à la défaite du candidat « prorusse » Viktor Ianoukovitch face au candidat « pro-occidental » Viktor Iouchtchenko. Avec la révolution géorgienne de 2003, qui porte au pouvoir Mikheïl Saakachvili, ces révolutions « de couleur » dans l'espace de l'ex-URSS sont largement soutenues en Occident. À Moscou, elles sont interprétées comme une menace majeure aux intérêts russes dans son « étranger proche » et, par-delà, à la stabilité même du régime russe. Face à cette menace, qui serait amplifiée par les tentatives

---

3. Voir Jules Sergei Fediunin, « Des usages politiques de l'extrémisme en Russie », *Cités*, n° 92, 2022, p. 165-179.

des opposants russes de former une plateforme politique commune à l'ensemble des forces anti-Poutine, le Kremlin resserre les rangs, et met en place dans les médias contrôlés par l'État, notamment à la télévision publique, un récit dénonçant les « influences illégitimes » provenant de l'Occident[4].

Le Parti communiste et le parti de Vladimir Jirinovski, tous deux réceptacles d'un nationalisme revanchard, se voient incorporés dans un système autoritaire en consolidation. Leur accès à des ressources financières et administratives distribuées par l'État n'est pas sans contrepartie : ces formations subissent une forme de stérilisation politique[5]. Désormais, elles se contentent d'obtenir un certain nombre de représentants dans des assemblées à l'échelle locale, régionale et fédérale, sans lutter pour l'exercice du pouvoir. Tout en se réservant le droit de critiquer certains aspects secondaires de la politique gouvernementale, cette opposition parlementaire reconnaît Vladimir Poutine comme « dirigeant de la nation » (*natsional'nyï lider*), notion introduite dans le discours officiel dès la fin des années 2000.

L'ancien parti nationaliste de Dmitri Rogozine, Patrie, est, lui aussi, coopté par le régime. En 2006, Patrie est fusionné avec un nouveau parti d'opposition fantoche, Russie juste (*Spravedlivaïa Rossia*), dont la création est lancée par le Kremlin et supervisée par Vladislav Sourkov. Deux ans plus tard, Rogozine est nommé ambassadeur

4. Andreas Umland, « "Oranjevaïa revolioutsia" kak postsovetskiï vodorazdel » [La Révolution orange, un tournant postsoviétique], *Kontinent*, n° 142, 2009, p. 109-120.

5. Luke March, « The Russian Duma "Opposition" : No Drama Out of Crisis ? », *East European Politics*, vol. 28, n° 3, 2012, p. 241-255.

de Russie auprès de l'OTAN, à Bruxelles, avant d'être promu vice-Premier ministre chargé de la Défense et de l'Industrie spatiale en 2011. Le numéro deux de l'ex-Patrie, Sergueï Glaziev (né en 1961), est nommé, en 2008, secrétaire général adjoint de la Communauté économique eurasienne, transformée en 2015 en Union économique eurasiatique pour réunir, outre la Russie, l'Arménie, le Bélarus, le Kazakhstan et le Kirghizistan. En 2012, Glaziev, partisan d'une étatisation et d'une militarisation de l'économie russe[6], devient justement conseiller du président Poutine sur les questions de « l'intégration eurasienne ». Il est pourtant révélateur que des figures plus radicales au sein de Patrie, comme Andreï Saveliev, ancien collaborateur de Rogozine, député à la Douma de 2003 à 2007 et auteur de nombreux écrits manifestement racialistes, soient écartées par le Kremlin. Il s'agit pour le régime de tenir une ligne de crête dans le souci d'associer certains cadres relativement « modérés » de Patrie, tout en éloignant les plus radicaux.

En 2006, onze formations politiques dont, ironiquement, les « libéraux-démocrates » de Jirinovski, signent un « pacte anti-fasciste » sur proposition du parti Russie unie. Le pacte engage les signataires à ne pas déployer de rhétorique xénophobe et nationaliste lors des campagnes électorales. Aux yeux de Konstantin Krylov, cette initiative, essentiellement symbolique, officialise une stratégie de l'État visant à « neutraliser » les organisations (ethno) nationalistes critiques envers le pouvoir institué en les présentant comme des « extrémistes » et des « fascistes »[7].

---

6. Anders Åslund, « Sergey Glazyev and the Revival of Soviet Economics », *Post-Soviet Affairs*, vol. 29, n° 5, 2013, p. 375-386.
7. K. Krylov, « *Èrefia* comme réalité politique », *op. cit.*

Parallèlement, l'administration présidentielle soutient la création d'organisations politiques de jeunesse, qui tiennent toutes un discours nationaliste « modéré ». La Jeune Garde, Les Nôtres (*Nachi*) ou encore Jeune Russie (*Rossia molodaïa*) sont alors censés concurrencer des mouvements nationalistes d'opposition comme le Parti national-bolchevique et le Mouvement contre l'immigration illégale (DPNI), alors en pleine expansion. En 2007, Russie unie lance le prétendu « Projet russe » (*Rousskiï proekt*). Selon les dires d'Andreï Issaev, député à la Douma et cadre du parti présidentiel, l'objectif de ce projet est de « briser le monopole des extrémistes et des canailles et [de] parler au nom du peuple russe[8] ».

Désormais, les mouvements pro-Kremlin cherchent à devenir visibles en prenant part à différents évènements publics. Par exemple, le 4 novembre 2009, la « marche russe », traditionnellement organisée par les nationalistes d'opposition à Moscou, fut dominée par les activistes du mouvement Les Nôtres[9].

À la fin des années 2000, l'administration présidentielle va jusqu'à manipuler le groupuscule néofasciste La Vision russe (*Rousski obraz*), qui collaborait avec des gangs de skinheads, toujours dans l'objectif de contrer l'influence grandissante du DPNI auprès des jeunes d'orientation nationaliste ; et ce au moment où le nombre des suprémacistes blancs pratiquant la violence à l'encontre de personnes issues des minorités ethnoraciales, attaquées voire assassinées, s'élève à trente mille membres actifs tout au moins, répartis principalement dans les grandes

8. « Le charabia officiel prorusse », *Gazeta.ru*, 7 février 2007 (en russe, aujourd'hui inaccessible).

9. P. Rutland, « The Presence of Absence... », *op. cit.*, p. 127.

villes de Russie[10]. Inspirée des milices nationalistes serbes et de l'Armée républicaine irlandaise, l'aile paramilitaire de La Vision russe s'intitule Organisation de combat des nationalistes russes (*Boevaïa organizatsia rousskieh natsionalistov*, BORN)[11].

***

Face au déchaînement des violences, le Kremlin finit par durcir drastiquement son attitude à l'égard de l'opposition ultranationaliste. Deux évènements y contribuent particulièrement. Le premier est l'assassinat, en janvier 2009, de l'avocat Stanislav Markelov et de la journaliste Anastasia Babourova, engagés pour la cause antifasciste, par des membres de la BORN. Le deuxième est le rassemblement ultranationaliste non autorisé sur la place du Manège, dans le centre de Moscou, en décembre 2010, à la suite d'une violente altercation entre deux groupes de jeunes, « Slaves » d'une part et « Caucasiens » d'autre part, ayant conduit au meurtre d'un supporter du club de football moscovite Spartak.

Une série de répressions conduit à l'arrestation de plusieurs milliers de militants néonazis et skinheads, condamnés à de lourdes peines de prison[12]. Leurs sites web sont fermés de force.

---

10. Voir Alexandre Tarasov, « Le phénomène skinhead en Russie : un malaise jeune en cours de politisation ? », dans M. Laruelle (dir.), *Le Rouge et le noir*, *op. cit.*, p. 173-188.

11. Robert Horvath, *Putin's Fascists. Russkii Obraz and the Politics of Managed Nationalism in Russia*, Londres, Routledge, 2021.

12. Alexandre Verkhovski, « Dinamika nasilia v rousskom natsionalizm » [Dynamiques de la violence dans le nationalisme russe], dans A. Verkhovski (dir.), *Rossia ne Ukraina : sovremennye aksenty*

Toutes les organisations nationalistes anti-Poutine, précédemment enregistrées par le ministère de la Justice, perdent leur statut légal. D'autres se voient interdites pour « extrémisme », notion mal définie ouvrant la voie à l'arbitraire et aux usages abusifs des dispositifs législatifs et judiciaires pour sévir contre les mouvements d'opposition[13]. La vague des interdictions commence en 2007, avec le bannissement du Parti national-bolchevique de Limonov ; d'autres organisations plus ou moins radicales, incluant la Société nationale-socialiste (2010), le Mouvement contre l'immigration illégale (2011) et Les Russes (2015), s'ajoutent progressivement à la liste des entités extrémistes.

Les demandes de légalisation déposées par des partis ethnonationalistes d'orientation démocratique qui se veulent respectables, à l'instar du Parti national-démocrate, sont toutes refusées. Privés d'accès aux médias officiels, ces acteurs souffrent d'un manque constant de ressources financières, et pour cause : les bienfaiteurs potentiels sont dissuadés par la politique répressive de l'État. En résulte le caractère éphémère d'une grande majorité des structures ethnonationalistes d'opposition. Le très populaire site Spoutnik & Pogrom a, lui aussi, fini par être bloqué, parmi d'autres plateformes ethnonationalistes, en juillet 2017, par décision du Service fédéral de supervision des communications et des médias (*Roskomnadzor*). Le motif invoqué : diffusion de contenus jugés « extrémistes » et « incitant à la haine ».

---

natsionalizma [La Russie n'est pas l'Ukraine : accents du nationalisme contemporain], Moscou, Tsentr Sova, 2014, p. 32-61.

13. J.S. Fediunin, « Des usages politiques de l'extrémisme en Russie », *op. cit.*

Toutes ces mesures de répression et d'exclusion n'ont pas affecté les publications nationalistes dont les rédactions se montrent (plus) loyales envers le régime et son chef, Vladimir Poutine. Bien au contraire : en rejetant les expressions du nationalisme (ethnique) d'opposition, le Kremlin a laissé prospérer, et parfois financé, nombre d'organisations aux accents « patriotiques », à savoir étatistes ou impérialistes, toutes hostiles à l'Occident.

Les manifestations anti-Poutine, qui rassemblent des dizaines de milliers de personnes au moment de son retour à la présidence, en 2012, représentent ici un deuxième tournant, après celui de la révolution ukrainienne de 2004. Le Kremlin se lance dans une véritable « offensive conservatrice », appuyée par ses diverses antennes qui dénoncent, chacune à sa façon, la supposée ingérence occidentale dans les affaires russes et entendent déjouer la « menace orange » (*oranjevaïa ougroza*), nom de code qui renvoie au changement révolutionnaire de pouvoir en Russie.

Désormais, les figures de proue du discours national-impérialiste comme Alexandre Prokhanov, Alexandre Douguine ou Nikolaï Starikov (né en 1970), auteur de nombreux volumes d'histoire alternative aux accents complotistes, obtiennent un accès plus ouvert à des médias officiels. Parmi ceux-ci on trouve non seulement les programmes de télévision publique, dont les talk-shows propagandistes à l'instar de « Soirée avec Vladimir Soloviov » projeté sur la chaîne Russie1, mais aussi la presse fédérale dont le très populaire journal Nouvelles (*Izvestia*), contrôlé par Iouri Kovaltchouk, milliardaire et ami proche de Poutine, ou le journal du gouvernement russe, Journal de Russie (*Rossiïskaïa gazeta*). Le club d'Izborsk, créé en réaction aux manifestations anti-gouvernementales, assure une coordination entre les principaux idéologues ultraconservateurs et « patriotes » qui, forts de leur nouveau statut proche du pouvoir, cherchent à influencer le processus décisionnel au sommet de l'État, avec plus ou moins de succès. Soutenu par Vladimir Medinski (né en 1970), alors ministre russe de la Culture, le club s'est également rapproché des cercles militaro-industriels à la faveur des liens interpersonnels entre Prokhanov et Rogozine.

Outre les trois partis de l'opposition parlementaire, soumise au Kremlin, Evgueni Fedorov, député Russie unie à la Douma, lance, dès 2012, le Mouvement de libération nationale (*Natsional'no-osvoboditel'noe dvijenie*, NOD). Ayant pour slogan « Patrie, Liberté, Poutine », il se veut un mouvement de masse avec ses quelque deux cent mille adhérents (chiffre certainement grossi). Son objectif premier est, ni plus ni moins, de libérer l'État russe d'une « domination coloniale des États-Unis[14] ». Fedorov détourne ainsi le slogan (ethno)nationaliste de la « libération nationale » au profit d'un rassemblement populaire autour de la figure de Poutine. Ce dernier est en effet présenté comme le seul défenseur de l'indépendance de la Russie face au prétendu complot occidental, qui aurait exercé une influence sur les membres du gouvernement et du Parlement russes.

D'autres exemples incluent le parti politique Patrie, lui aussi recréé en 2012, sous la présidence du député à la Douma Alexeï Jouravlev, et les motards « patriotes » du club Les Loups de la nuit (*Notschnye volki*) d'Alexandre Zaldostanov, qui se rassemblent sous la bannière commune des « Anti-Maïdan », un mouvement informel aux

14. Voir le site web du mouvement : https://nodrf.ru/.

accents anti-Occident et prorégime. Dans le sillage de la « crise ukrainienne » de 2014, les structures associées à Malofeev, dont sa chaîne de télévision Tsar'grad, fondée l'année suivante, ont également renforcé leurs liens avec les instances de l'État, accédant au statut d'organisation para-étatique.

Dans le même temps, la tolérance du Kremlin envers toute forme de contestation politique diminue. Les figures de proue de l'ethnonationalisme russe, violent ou non, se retrouvent derrière les barreaux. Alexandre Potkine-Belov et Dmitri Demouchkine sont arrêtés puis condamnés à des peines de prison. Après leur libération, respectivement en 2018 et en 2019, ils ne participent plus à des activités nationalistes organisées. Fidèle à ses opinions ethnonationalistes, Demouchkine demeure toutefois actif sur les réseaux sociaux en qualité de commentateur d'actualité. Condamné à plusieurs reprises, Maxime Martsinkevitch, militant néonazi surnommé le Couperet (*Tessak*), en raison de son implication dans les violences visant des membres de minorités ethniques et des personnes LGBTQ+, a été retrouvé mort dans sa cellule de prison, à Tcheliabinsk, dans l'Oural, en septembre 2020. D'autres figures de l'ethnonationalisme furent contraintes de quitter la Russie, comme le frère de Belov, Vladimir Potkine *alias* Basmanov, chef du Comité Nation et Liberté (*Komitet Natsia i Svoboda*, interdit en 2020), et Daniil Konstantinov, exilé en Lituanie, où il a fondé le Mouvement russe européen (*Rousskoe evropeïskoe dvijenie*), réunissant des émigrés politiques russes vivant en Europe. En somme, l'État est globalement parvenu à réprimer l'underground ultranationaliste, bannissant du même coup les expressions purement politiques du nationalisme ethnique, non liées à la pratique de la violence.

Nous verrons qu'en appliquant un traitement sélectif aux nationalismes non étatiques, le Kremlin a fini par reprendre certaines de leurs idées face à l'Occident mais surtout face à l'Ukraine, qui a toujours occupé une place spéciale dans l'imaginaire national, et nationaliste, russe.

6

LA « QUESTION UKRAINIENNE » DU NATIONALISME RUSSE

Le nationalisme russe s'est développé dans un contexte impérial, sur un territoire d'un seul tenant qui n'a pas connu de division claire entre métropole et colonies. Pour qu'un empire existe, il faut un degré élevé de différenciation entre le centre et les marges, qu'elle soit d'ordre culturel, ethnique, géographique ou administratif. Ainsi, dans les colonies françaises ou britanniques d'Asie et d'Afrique, séparées géographiquement de la métropole, les « indigènes » avaient un statut juridique subalterne et étaient administrés par des bureaucraties spéciales.

Tel n'était pas le cas des territoires ukrainiens rattachés à la Moscovie, puis à l'Empire des tsars, à partir du XVIIe siècle : aucune distinction entre « Russie » et « Ukraine » n'a été faite. Désignée comme la Petite-Russie (*Malorossia*), l'Ukraine, avec sa capitale, Kiev, fut imaginée comme le « berceau commun » de la civilisation des Slaves orientaux, puis comme partie intégrante du noyau national de la Russie impériale[1]. Les Ukrainiens, appelés Petits-Russes, étaient,

1. Voir Andreas Kappeler, *Russes et Ukrainiens, les frères inégaux. Du Moyen Âge à nos jours*, trad. de l'allemand par D. Eckert, Paris, CNRS Éditions, 2022 (2017).

aux yeux des Moscovites, ou Grands-Russes, une population culturellement proche et non allogène, à la différence du regard que les colons français portaient sur les populations arabes et musulmanes d'Algérie, pourtant rattachée au territoire français et divisée en trois départements.

Sur le plan géopolitique, le territoire ukrainien a, historiquement, constitué une zone de contact mais aussi un élément central de l'État russe. Espace stratégique reliant la Russie à l'Europe, il a depuis des siècles fait l'objet de rivalités entre plusieurs puissances : autrefois l'Union polono-lituanienne et la Moscovie, puis les Empires autrichien et russe, aujourd'hui la Fédération de Russie et les structures euro-atlantiques. Le géopoliticien états-unien Zbigniew Brzezinski, demeurant une cible privilégiée des impéralistes russes, écrivait dans les années 1990 : « Sans l'Ukraine, la Russie cesse d'être un empire en Eurasie[2]. » Un quart de siècle plus tard, le politiste russe Dmitri Trenine lui faisait écho, en insistant sur la place centrale qui était réservée à l'Ukraine au sein des projets impériaux portés par la Couronne des tsars puis par les secrétaires généraux du Parti communiste. Selon lui, la révolution de l'Euromaïdan, en 2014, suivie par une attitude agressive de la Russie, n'avait fait que confirmer l'irréversibilité du « processus de désintégration non seulement de l'Empire [extérieur] mais aussi du noyau historique de l'État russe[3] ».

Depuis le XIXe siècle, l'historiographie russe a mis l'accent sur la proximité « ethnographique » des trois

2. Zbigniew Brzezinski, *Le Grand Échiquier. L'Amérique et le reste du monde*, trad. de l'anglais par M. Bessière et M. Herpe-Voslinky, préface de G. Chaliand, Paris, Bayard, 1997, p. 74.

3. Dmitri Trenine, « It's Time to Rethink Russia's Foreign Policy Strategy », *Russia Matters*, 25 avril 2019, https://shorturl.at/zIuSc.

populations slaves de l'Est. Les Russes, les Ukrainiens et les Biélorusses auraient en commun un centre civilisationnel, la Rous de Kiev, la matrice de leur futur développement national. Le mythe fondateur de cette unité est le « baptême » de Kiev, initié à la fin du Xe siècle par le prince Vladimir (958-1015), lui-même converti au christianisme orthodoxe sous l'influence byzantine. S'y adosse l'image de la « mère des villes russes », expression issue de la Chronique des temps passés, composée par des moines de la laure des Grottes de Kiev, au XIIe siècle. Ce récit, continuiste, fait de Kiev la capitale originelle de la Russie, bien avant Moscou puis Saint-Pétersbourg, depuis sa prise vers 882 par un groupe de Varègues fondant la dynastie des Riourikides. Soigneusement entretenue par des générations d'historiens et d'hommes de lettres russes, la formule de « l'histoire millénaire » de la Russie est entrée dans le discours officiel contemporain.

L'idée de la nation des Slaves orientaux, dite nation russe tripartie (*triedinyï rousskiï narod*), repose en effet sur une origine historique commune[4]. Ce sont d'ailleurs les clercs kiéviens qui la formulèrent expressément au lendemain du traité de Pereïaslav, qui rattache, en 1654, l'hetmanat cosaque de Bohdan Khmelnytsky à la Moscovie, avant qu'elle ne devînt la doctrine officielle dans l'Empire des Romanov[5].

Les Ukrainiens, aux côtés des autres populations slaves et baltes conquises par la Couronne russe à l'ouest, formaient, selon l'expression de l'historien Marc Raeff, un

---

4. Les réflexions qui suivent reprennent partiellement l'article : J. S. Fediunin et H. Richard, « La Russie est-elle impérialiste ? », *op. cit.*

5. Roman Szporluk, « Nationalism after Communism : Reflections on Russia, Ukraine, Belarus and Poland », *Nations and Nationalism*, vol. 4, n° 3, 1998, p. 301-320.

« glacis culturel » de l'Empire tsariste[6]. À leur contact, les élites russes accédaient, au XVIIe siècle et plus encore à partir du règne de Pierre le Grand (1682-1725), à la civilisation européenne. Autrement dit, elles entendaient « se civiliser », plutôt qu'imposer leur propre culture matérielle et morale aux populations des marges occidentales de l'Empire. Cette attitude ne changea qu'avec le développement, à Saint-Pétersbourg et à Moscou, d'une haute culture russe atteignant son apogée au XIXe siècle et à laquelle les élites ukrainiennes, partiellement russifiées, avaient grandement contribué. C'est alors que la vision folklorique des Ukrainiens, « peuple de chanteurs et de danseurs », proche de la nature et au tempérament doux, est devenue dominante dans les discours intellectuels russes.

Selon l'historien Alexeï Miller, « les Petits-Russes n'ont jamais fait l'objet [dans l'Empire] d'une discrimination fondée sur leur origine. Ils ont toujours été invités à faire partie de la nation russe, mais le droit à revendiquer le statut de nation distincte leur a été refusé[7] ». À l'émergence de mouvements portant une idée de la nation ukrainienne (*ukraïnstvo*), dans la seconde moitié du XIXe siècle, le centre impérial a répondu par une volonté de russification sur le modèle assimilateur qu'a eu la France, qui utilisa l'école comme vecteur d'éradication des langues régionales, dans l'objectif de forger une communauté nationale intégrée. En 1863 puis en 1876 sont publiés les décrets limitant l'usage public du « petit-russe », vu par les administrations impériales comme un dialecte

6. Marc Raeff, « Un empire comme les autres ? », *Cahiers du monde russe et soviétique*, vol. 30, n° 3-4, 1989, p. 321-327.

7. Alexei Miller, « National Identity in Ukraine : History and Politics », *Russia in Global Affairs*, vol. 20, n° 3, 2022, p. 100.

populaire et rural du russe. Mais la grande hésitation des élites impériales, la faiblesse relative des infrastructures de l'État, et surtout l'absence d'éducation primaire universelle, qui ne sera introduite qu'en 1930 par le pouvoir bolchevique, expliquent pourquoi la russification n'a pas atteint le cœur de la société ukrainienne, se cantonnant aux villes et laissant largement les populations paysannes, majoritaires, hors champ.

En 1917, l'Empire tsariste s'effondre sous le poids de la guerre. Cet évènement se révèle propice à la multiplication des revendications nationales sur fond de guerre civile. Elle éclate dans la foulée de la Grande Guerre, y compris en Ukraine, où d'éphémères entités politiques, dont la République populaire ukrainienne et l'hetmanat de Skoropadsky, proclament leur indépendance, et où des centaines de milliers d'hommes se voient enrôlés dans des formations armées rivales[8]. À l'issue de cette période mouvementée, une grande partie des territoires de l'Ukraine contemporaine est occupée par l'Armée rouge. Mais le facteur national ne peut plus être ignoré : les bolcheviks finissent par admettre l'existence d'une identité ukrainienne singulière.

L'historien Roman Szporluk constate : « Le gouvernement de Lénine fut le premier gouvernement russe à reconnaître l'Ukraine comme un État indépendant égal de la Russie, et l'importance de cette reconnaissance n'est pas diminuée par le fait que Lénine ne voulait pas plus l'indépendance de l'Ukraine que celle de la Russie, puisque toutes deux devaient rester sous la domination

8. Voir Thomas Chopard, « L'ère des atamans. Politique, guerre civile et insurrections paysannes en Ukraine (1917-1923) », *20 & 21. Revue d'histoire*, n° 141, 2019, p. 55-68.

du parti bolchevique[9]. » Au moment de la création de l'Union soviétique, l'Ukraine dispose d'un statut de membre fondateur, avec la Russie, le Bélarus et l'éphémère Transcaucasie (1922-1936). Les Ukrainiens sont officiellement reconnus comme une nation à part entière, bien qu'unie par des liens de « fraternité » avec les Russes.

En pratique, la noblesse ukrainienne puis, à l'époque soviétique, les classes populaires d'Ukraine sont massivement entrées dans les rangs de l'administration de l'État. Les Ukrainiens ont aussi participé à la colonisation de vastes territoires, des steppes au bord de la mer Noire, au sud de la Russie actuelle, à l'Asie centrale en passant par la Sibérie. Des mariages mixtes entre Russes et Ukrainiens ont accompagné ce brassage des populations.

***

Deux représentations graphiques permettent de rendre compte de ces deux visions historiques de l'Ukraine dans l'imaginaire national russe. La première vient d'une carte postale datant de 1905, qui met en scène une allégorie de la Russie tripartite, représentée par des figures féminines aux habits slaves traditionnels[10]. Derrière elles : le drapeau russe blanc-bleu-rouge, au-dessus de leurs têtes : l'aigle bicéphale, symbole de l'Empire des tsars. La figure centrale, qui incarne sans doute la « Grande » Russie, tient un glaive dans une main et une croix dans l'autre, dressée vers le ciel, tandis que deux autres joignent les paumes de leurs mains en signe de prière. La scène renvoie sans univoque à

9. Roman Szporluk, « Lenin, "Great Russia", and Ukraine », *Harvard Ukrainian Studies*, vol. 28, n° 1-4, 2006, p. 621.

10. Voir l'annexe 3, p. 361.

la Sainte Trinité et souligne le primat de la foi orthodoxe commune aux populations russe, ukrainienne et biélorusse.

Cette vision, officialisée dans l'Empire des Romanov, est aussi celle d'une bonne partie de l'émigration « blanche » rejetant d'emblée l'idée même d'une indépendance ukrainienne. Le philosophe Nicolas Lossky (1870-1965), expulsé de Russie bolchevique en 1922, a pu exprimer cette vision dans un article de 1958 qui dénonce avec véhémence les « séparatismes » ukrainien et biélorusse, portés par certains intellectuels émigrés[11]. Lui-même d'origine biélorusse, Lossky formula le souhait qu'à la chute de la « dictature communiste », les Ukrainiens puissent « toujours faire partie de la Russie pour réaliser la grandeur de la nation » commune[12].

La seconde image est une affiche soviétique datant de 1954[13]. Créée à l'occasion du tricentenaire du traité de Pereïaslav, elle célèbre « la réunification de l'Ukraine avec la Russie », selon les termes de l'historiographie soviétique puis russe. Imprimée en plusieurs centaines de milliers d'exemplaires, l'affiche met en scène deux figures masculines, distinctes mais inséparables, aux connotations militaires. Elles tiennent ensemble un bouclier représentant une scène de bataille médiévale, sur lequel on peut lire, en russe : « Ensemble pour toujours ! » Dans le contexte de sa production, l'image renvoie à l'impératif de défendre la patrie commune, alors l'Union soviétique. Cet impératif prend tout son sens à la lumière du poids démographique

11. Nicolas Lossky, « Oukraïnskiï i belorousskiï separatizm » [Les séparatismes ukrainien et bélarusse], *Grani*, n° 39, 1958, p. 188-197.

12. *Ibid.*, p. 196-197.

13. « Together – Forever ! », *Soviet Political Poster*, https://vu.fr/yozjJ.

des Russes et des Ukrainiens, représentant ensemble une grande majorité de la population d'URSS.

Les figures évoquent une relation fraternelle des deux peuples, louée dans le discours officiel soviétique : l'identité propre des Ukrainiens est bel et bien reconnue mais demeure conditionnée par leur alliance avec les Russes[14]. En haut de l'affiche on lit, toujours en russe : « En liant à jamais son destin au peuple russe fraternel, le peuple ukrainien s'est sauvé de l'asservissement étranger [lire : polonais, occidental] et a assuré son développement national[15]. »

Ces deux images illustrent l'importance de prendre en considération le temps long pour mieux situer le conflit russo-ukrainien. Mais ce n'est pas l'histoire qui explique en elle-même ses origines. Au contraire, une focale placée sur les usages, et surtout les mésusages du passé permet d'y voir plus clair.

Les visions historiques de l'Ukraine et des Ukrainiens ont ainsi été reprises par des acteurs russes à l'issue de la période soviétique. Si la « gauche patriotique » a gardé son attachement à l'idée d'une Ukraine fraternelle, les nationalistes russes de tendance ethnonationaliste ont majoritairement adhéré à l'ancienne vision impériale.

Celle-ci a été ravivée par Alexandre Soljénitsyne dans la mesure où son plan de « réaménagement » de la Russie prévoyait le rétablissement, sur les décombres de l'Empire soviétique, d'une union russo-ukraino-biélorusse. Reconnaissant le droit des Ukrainiens de « se détacher de nous », l'auteur de *L'Archipel du Goulag* n'en rappelait

14. Voir Anna Colin Lebedev, *Jamais frères ? Ukraine et Russie : une tragédie postsoviétique*, Paris, Seuil, 2022.

15. « Together – Forever! », *op. cit.*

pas moins que certains territoires, dont la « Nouvelle-Russie » (au sud-est de l'Ukraine), la Crimée et le Donbass, n'auraient jamais fait partie de la « vieille Ukraine[16] ». Regrettant que la Fédération de Russie ne soit pas devenue un État-nation russe, Konstantin Krylov déclarait sans ambages près de vingt ans plus tard : « Les nationalistes russes considèrent les peuples ukrainien et biélorusse comme des parties d'une nation russe divisée[17]. »

***

Il est hautement significatif que la dislocation de l'URSS ait été entérinée par un accord conclu justement par les chefs des trois républiques slaves, qui ont délibérément mis fin à un empire continental. Cette décision fatidique entraîna la formulation de projets de construction nationale. La reconnaissance même de trajectoires collectives différentes pour chacune de ces sociétés, écrivait Roman Szporluk en 2006, aurait permis d'« éviter une réplique de la guerre serbo-croate, avec le Donbass et surtout la Crimée comme champs de bataille potentiels dans une guerre entre l'Ukraine et la Russie[18] ». C'est pourtant ce qui s'est passé quelques années plus tard. Pourquoi ?

Depuis l'accession au pouvoir du populiste de gauche nostalgique de l'URSS Alexandre Loukachenko en 1994, le Bélarus revient dans le giron de Moscou. Son régime,

16. A. Soljénitsyne, *Comment réaménager notre Russie ?*, *op. cit.*, p. 21.

17. Konstantin Krylov, « Dix-sept réponses », *Intelros*, s.d. [2008], http://surl.li/txhiw (en russe).

18. R. Szporluk, « Lenin, "Great Russia", and Ukraine », *op. cit.*, p. 620-621.

qui a évolué en dictature personnelle, a rejeté le projet d'émancipation porté par l'opposition nationale-démocratique et mis en valeur un récit insistant sur la relation « fraternelle » russo-biélorusse et la continuité avec la période soviétique. En parallèle, il a promu l'usage du russe, qui accède rapidement au statut de deuxième langue officielle, aux côtés du biélorusse, et demeure le plus utilisé dans les administrations, dans les médias et dans la vie quotidienne[19]. Une certaine singularité de l'identité biélorusse a toutefois été appuyée dans les politiques mémorielles et symboliques évoluant au fil des années[20]. Sur le plan politique, Minsk se lance, dès 1997, dans la construction d'un « État d'union » avec la Russie, qui renforce l'intégration économique entre les deux pays et, par là même, limite la souveraineté du Bélarus. Depuis les grandes manifestations anti-régime de 2020, la survie politique de l'inamovible Loukachenko dépend du Kremlin, qui l'a soutenu.

L'Ukraine, elle, cherche, avec toujours plus de vigueur, à s'en émanciper. Cette volonté d'émancipation est rendue par le titre du livre du deuxième président ukrainien, Leonid Koutchma, publié en 2003, en russe et à Moscou : *L'Ukraine n'est pas la Russie*. Durant la présentation de son livre, à la Foire du livre de Moscou, Koutchma a insisté, en se référant au mot d'ordre attribué à l'acteur de la réunification italienne

19. Nelly Bekus, *Struggle over Identity : The Official and the Alternative « Belarusianness »*, Budapest, Central European University Press, 2010.

20. *Idem*, « Reassembling Society in a Nation-State : History, Language, and Identity Discourses of Belarus », *Nationalities Papers*, vol. 51, n° 1, 2023, p. 98-113.

Massimo d'Azeglio[21], sur le besoin vital de « développer l'ukrainisme » auprès des « millions de citoyens d'Ukraine ». Koutchma pensait notamment aux habitants de l'Ukraine de la rive gauche du Dniepr (Dnipro), majoritairement russophone, dont il est lui-même originaire. Voulant expliquer au public russe l'enjeu de la construction nationale ukrainienne, il cherchait à lui faire comprendre que « la véritable indépendance de l'Ukraine est dans l'intérêt de la Russie[22] ».

Ce dernier point a été sinon partagé, du moins accepté par Boris Eltsine. Après avoir trouvé un compromis autour de la flotte de la mer Noire, qui a prêté serment à la Russie mais est restée basée à Sébastopol, en Crimée ukrainienne, Eltsine signe, en 1994, aux côtés des États-Unis et du Royaume-Uni, le mémorandum de Budapest, l'engageant à garantir la sécurité, l'indépendance et l'intégrité territoriale de l'Ukraine. Trois ans plus tard, Kiev et Moscou concluent un traité « d'amitié et de coopération », reconnaissant, entre autres, l'inviolabilité des frontières et jetant les bases d'un partenariat stratégique. Cherchant à éviter tout conflit avec les États voisins à forte proportion de populations ethniquement russes ou russophones, Eltsine s'est *de facto* présenté comme fondateur d'une nouvelle Russie, libérée du passé soviétique et capable de consommer sa séparation des autres nations slaves de l'Est[23].

21. « L'Italie est faite, il reste à faire les Italiens ! »

22. « Allocution de Leonid Koutchma lors de la présentation de son livre *L'Ukraine n'est pas la Russie* à Moscou », *Flibusta*, 3 septembre 2003, https://vu.fr/aTcmr (en russe).

23. G.W. Breslauer et C. Dale, « Boris Yel'tsin and the Invention of a Russian Nation-State », *op. cit.*

Sa priorité consistait à faire de la Russie « une grande puissance démocratique » et, pour reprendre le terme très en vogue à l'époque, « normale[24] ». Cette Russie, intégrée au Groupe des sept puissances occidentales devenu le « G8 », s'engagerait à respecter le droit international et ne se laisserait plus tenter par des velléités revanchardes.

Le croire revenait pourtant à sous-estimer l'inquiétude que suscitait, dans l'imaginaire nationaliste russe post 1991, une Ukraine indépendante forgeant sa propre identité nationale, décidant de son organisation politique interne et fixant librement ses rapports avec les autres nations, à commencer par celles de l'Union européenne[25]. Cette inquiétude, largement partagée dans la nouvelle société russe, est politiquement mobilisée par Vladimir Poutine en 2014, au moment de l'Euromaïdan, puis de nouveau en 2022, en contradiction directe avec la politique de Boris Eltsine qui l'a désigné comme son propre successeur en 1999.

***

En fin de compte, « la construction d'une nation ukrainienne oblige à reconstruire la nation russe[26] ». Le motif dominant du projet national ukrainien relève d'un

---

24. Anne de Tinguy, « L'Eurasie vingt ans après. Transitions démocratiques ou retour à l'autoritarisme ? », *Les Études du CERI*, n° 182, 2011, p. 11.

25. Igor Torbakov, « Deadly Illusions : The Ukraine War and Russian Historical Imagination », The Russia Program at GW Online Papers, mai 2023.

26. Igor Torbakov, *After Empire. Nationalist Imagination and Symbolic Politics in Russia and Eurasia in the Twentieth and Twenty-First Century*, Stuttgart, Ibidem Press, 2018, p. 188.

mythe du rempart (*Antemurale* en latin), qui accentue la spécificité des Ukrainiens vis-à-vis d'un groupe voisin à la fois plus grand et plus puissant : les Russes[27]. Dans sa version plus radicale, devenue à terme la vision officielle en Ukraine, ce mythe présente les Ukrainiens comme un rempart de la civilisation européenne face aux Russes, qui, tels des « barbares » ou des « Asiates », n'en feraient pas partie, dans la ligne d'une représentation pérenne de la Russie et des Russes dans le débat européen à l'époque moderne[28]. Côté russe, le motif était tout autre : il consistait précisément à « atténuer, voire [à] nier, toute différence identitaire entre [les Russes] et leurs voisins orthodoxes. […] En effet, de nombreux Russes considèrent les Ukrainiens et les Biélorusses comme seulement des sous-groupes d'une nation "russe" plus large[29] ».

Au sein de cette représentation, l'Ukraine, en dépit du divorce civilisé et pacifique de 1991, est au cœur même du « monde russe » (*rousskiï mir*). Théorisé dans la foulée de la chute de l'URSS par des spécialistes en communication politique proches du Kremlin comme Gleb Pavlovski et Piotr Chtchedrovitski, ce concept est repris dans le discours officiel avec la création, en 2007, de la fondation publique Monde russe, chargée de promouvoir la langue et la culture russes à l'étranger, notamment en ex-URSS.

---

27. P. Kolstø, *Strategic Uses of Nationalism and Ethnic Conflict*, *op. cit.*, p. 20.

28. Iver B. Neumann, *Uses of the Other. The « East » in European Identity Formation*, Minneapolis, University of Minnesota Press, 1999 ; Martin Malia, *L'Occident et l'énigme russe : du cavalier de bronze au mausolée de Lénine*, trad. de l'anglais par J.-P. Bardos, Paris, Seuil, 2003 (1999).

29. P. Kolstø, *Strategic Uses of Nationalism and Ethnic Conflict*, *op. cit.*, p. 21. Soulignement de l'auteur non retenu.

La notion se réfère à une communauté de culture, composée de « compatriotes ». Dans le même temps, elle désigne l'espace géopolitique qui entoure la Fédération de Russie et gravite autour d'elle[30]. Selon les mots de Poutine, prononcés lors de la première réunion du Congrès mondial des compatriotes russes à Saint-Pétersbourg en 2006, la « diaspora » représente « une partie de la Russie placée à la périphérie, sachant que c'est l'État multinational de Russie qui est au centre d'une civilisation russienne[31] ». En d'autres termes, il s'agit d'unir les Russes (par leur culture) de l'étranger avec ceux à l'intérieur de la Russie.

Selon Viatcheslav Nikonov, président de la fondation Monde russe (*Rousskiï mir*) de 2007 à 2023 et député Russie unie à la Douma, « le Monde russe est, incontestablement, au-dessus des nations, des frontières, des systèmes politiques, des idéologies ». Transnational donc, il est aussi « pluriethnique et multiconfessionnel ». Le rôle de ciment est attribué à la langue russe, dont la maîtrise serait le critère distinctif d'appartenance à cette communauté imaginée[32].

Dans une version ecclésiastique, le « monde russe » est réinterprété comme une communauté spirituelle, ou comme une civilisation, qui recouvre le « territoire

30. Voir Marlène Laruelle, « The "Russian World" : Russia's Soft Power and Geopolitical Imagination », Center of Global Interests, mai 2015 ; John O'Loughlin, Gerard Toal et Vladimir Kolosov, « Who Identifies With the "Russian world" ? Geopolitical Attitudes in Southeastern Ukraine, Crimea, Abkhazia, South Ossetia and Transnistria », *Eurasian Geography and Economics*, vol. 57, n° 6, 2016, p. 745-778.

31. Discours de clôture de Vladimir Poutine au Congrès mondial des compatriotes, 24 octobre 2006, http://surl.li/tvwod (en russe).

32. Viatcheslav Nikonov, « Vsemirnoe i natsional'noe » [l'universel et le national], *Strategia Rossii*, n° 12, 2007, p. 22.

canonique » revendiqué par l'Église orthodoxe russe, soit l'ensemble des États de l'ex-URSS, sauf l'Arménie (qui a son rite traditionnel) et la Géorgie (qui a son propre patriarcat), plus les communautés de chrétiens orthodoxes en Chine, en Mongolie et au Japon[33]. Mais au centre de cette civilisation se situe l'union des Slaves orientaux : la « Sainte Russie » (*Sviataïa Rous'*)[34]. À écouter le patriarche Kirill, primat de l'Église russe :

> La Russie appartient à une civilisation plus large que la Fédération de Russie. Nous appelons cette civilisation « le monde russe ». Le monde russe n'est pas le monde de la Fédération de Russie ni celui de l'Empire russe. Le monde russe [provient] du baptême de Kiev. Le monde russe, c'est cette civilisation distincte à laquelle appartiennent des personnes qui se désignent aujourd'hui par des noms différents – les Russes, les Ukrainiens, les Biélorusses. À ce monde peuvent également appartenir des personnes qui ne font pas partie du monde slave mais qui se sont approprié la dimension culturelle et spirituelle de ce dernier[35].

Enfin, Alexandre Douguine fournit une vision impérialiste et belliqueuse du même concept : « La Russie ce n'est pas la Fédération de Russie. La Russie c'est le monde russe, une civilisation, un des pôles du monde

33. Kathy Rousselet, « L'Église orthodoxe russe et la question des frontières. Sainte Russie, monde russe et territoire canonique », *Les Études du CERI*, n° 228-229, 2017, p. 49-53.

34. Mikhail Suslov, « "Holy Rus" : The Geopolitical Imagination in the Contemporary Russian Orthodox Church », *Russian Politics & Law*, vol. 52, n° 3, 2014, p. 67-86.

35. « Le patriarche Kirill : Le monde russe est une civilisation distincte que nous devons préserver », Patriarcat de Moscou, 8 septembre 2014, http://surl.li/tvwor (en russe).

multipolaire que [...] nous sommes obligés de devenir. [...] L'eurasisme c'est quand la Russie rassemble sous ses auspices tout l'espace postsoviétique, à savoir tout l'espace russe, impérial et civilisationnel, en conférant à la catégorie culturelle de monde russe une dimension géopolitique et militaro-stratégique[36]. »

S'il est permis de douter que le Kremlin ait les moyens de reprendre le contrôle sur l'ensemble des États issus de l'URSS, il a certainement transformé le concept de monde russe, en 2014 puis en 2022, en une arme de guerre contre l'Ukraine, perçue « comme une énorme perte symbolique qu'il faut reconquérir à tout prix[37] ».

***

Le soutien enthousiaste que les acteurs nationalistes para-étatiques ont exprimé au lancement de l'« opération spéciale militaire » par Vladimir Poutine, en février 2022, converge avec la posture d'une partie des nationalistes anciennement opposés au Kremlin. Se ralliant à l'État en temps de guerre, ils restent pour autant fidèles à leurs idéaux ethnonationalistes. Dans le même temps, d'autres acteurs « non systémiques » continuent de rejeter le régime poutinien comme antinational, voire criminel. Ces divisions, propres à l'écosystème des nationalismes russes se situant aux marges de l'État, sont essentielles pour comprendre sa reconfiguration radicale sous l'effet du conflit russo-ukrainien.

---

36. Alexandre Douguine, « Washington et Kiev imposeront à la Russie la guerre dans le Donbass », *Geopolitika.ru*, 29 octobre 2015, http://surl.li/tvwox (en russe).
37. I. Torbakov, « Deadly Illusions... », *op. cit.*, p. 14.

PARTIE II

LES NATIONALISMES NON ET PARA-ÉTATIQUES À L'ÉPREUVE DE LA GUERRE

Rien ne démontre davantage la centralité de la « question ukrainienne » dans l'univers du nationalisme russe que le grand schisme provoqué en son sein par la révolution de Maïdan de 2014. En seulement quelques semaines, les affrontements violents sur la place de l'Indépendance, dans le centre de Kiev, ont été suivis par l'annexion russe de la Crimée et le début des hostilités dans le Donbass. Dans l'est du pays, ce sont à l'origine des combattants pro- et anti-Ukraine qui s'opposent dans un conflit interne, avant que l'État russe n'intervienne militairement à l'été 2014[1].

En Russie, ces évènements approfondissent les divisions entre nationalistes prorégime et nationalistes d'opposition, impérialistes et ethnonationalistes. Les perceptions de l'Euromaïdan par ces acteurs, parfois membres des mêmes organisations, oscillent entre deux pôles[2].

---

1. Dominique Arel et Jesse Driscoll, *Ukraine's Unnamed War : Before the Russian Invasion of 2022*, Cambridge, Cambridge University Press, 2023.

2. Robert Horvath, « The Euromaidan and the Crisis of Russian Nationalism », *Nationalities Papers*, vol. 43, n° 6, 2015, p. 819-839.

D'un côté, les nationalistes loyaux au régime du Kremlin adhèrent à une vision qui diabolise la deuxième révolution ukrainienne et qui est aussi celle portée par les médias officiels russes[3]. Cette vision est partagée par l'opposition parlementaire et les idéologues du club d'Izborsk. Elle présente la contestation transpartisane de Maïdan comme un putsch « russophobe » et « néofasciste », fomenté par l'Occident dans l'objectif de détacher l'Ukraine de la Russie.

L'usage de ces deux qualificatifs serait à leurs yeux justifié par la présence, à Kiev, des portraits de Stepan Bandera, chef de l'Organisation des nationalistes ukrainiens et collaborateur de l'Allemagne nazie au nom d'une Ukraine indépendante et ethniquement « pure » (sans Juifs, ni Russes, ni Polonais). Les organisations ethnonationalistes comme le parti Liberté (*Svoboda*) et la milice formée sur le Maïdan, devenue le parti Secteur droit (*Pravyï sektor*) – qui ont effectivement pris part au mouvement contestataire mais n'ont joué qu'un rôle secondaire[4] – sont décrites comme les « héritiers » de Bandera refusant aux minorités russes ou russophones d'Ukraine le droit à l'autodétermination. « L'opération antiterroriste », lancée en avril 2014 par le gouvernement issu de la révolution contre les séparatistes

3. Valentyna Dymytrova, « Les enjeux discursifs et symboliques d'une dénomination identitaire qui fait référence au passé : une analyse des discours publics russes sur la crise ukrainienne (2013-2014) », dans N. Guellil, F. Hailon et A. Richard (dir.), *Le Discours politique identitaire dans les médias*, Paris, L'Harmattan, 2016, p. 49-76.

4. Vyacheslav Likhachev, « The "Right Sector" and Others : The Behavior and Role of Radical Nationalists in the Ukrainian Political Crisis of Late 2013-Early 2014 », *Communist and Post-Communist Studies*, vol. 48, n° 2-3, 2015, p. 257-271 ; Alexandra Goujon, *L'Ukraine : de l'indépendance à la guerre*, 2de éd., Paris, Le Cavalier bleu, 2023 (2021), p. 109-115.

prorusses, est à son tour présentée comme une politique « génocidaire » menée par la « junte de Kiev ».

De l'autre côté, les ethnonationalistes russes favorables à la construction d'une démocratie « illibérale » portent au départ une vision enthousiaste de cette même révolution. D'aucuns en font un modèle pour la Russie : la chute du régime de Viktor Ianoukovitch, ayant fui l'Ukraine le 22 février 2014, ne serait qu'un précédent à la future destitution de son homologue russe, Vladimir Poutine. L'un comme l'autre sont en effet dénoncés comme des chefs autoritaires profondément corrompus.

Ces ethnonationalistes d'opposition se retrouvent dans une situation particulièrement délicate : le conflit russo-ukrainien leur impose un choix difficile entre fidélité au principe nationaliste et solidarité avec des populations qu'ils considèrent comme ethniquement russes. La première option consiste à manifester une solidarité avec la nouvelle Ukraine, fantasmée comme un État nationaliste à dominante « slave » et « blanche » qui tient tête à l'autocratie « multinationale » de Poutine, soumise à des « mafias ethniques ». La seconde option est, au contraire, d'affirmer un engagement ferme à l'égard de la nation russe – une nation divisée – comme valeur suprême. En pratique, cela signifie se déclarer ennemi des Ukrainiens et de leur projet national pour se retrouver dans le même camp que le régime poutinien... pourtant jugé répressif et *in fine* illégitime.

Dès l'avènement du séparatisme prorusse dans le Donbass, des militants ultranationalistes partent y faire la guerre. Ce sont principalement, mais non exclusivement[5],

5. Il s'agit également des groupuscules radicaux comme le Mouvement impérial russe (*Rousskoe imperskoe dvijenie*), à la fois

ceux qui ont exercé des violences envers les minorités visibles et les LGBTQ+ : des suprémacistes blancs, néonazis ou skinheads. Les uns, à l'instar du groupe d'assaut Roussitch (ethnonyme et nom poétique pour les habitants de l'ancienne Rous) fondé par Alexeï Miltchakov, rejoignent les bataillons séparatistes. Les autres s'engagent du côté ukrainien, grossissant les rangs des formations paramilitaires comme la Misanthropic Division[6].

À l'intérieur de la Russie, la division conduit à une chute drastique du nombre de participants aux « marches russes », manifestations de nationalistes d'opposition plus ou moins radicaux organisées sur une base annuelle depuis le milieu des années 2000. En novembre 2014, la « marche » à Moscou n'a rassemblé que deux mille personnes, contre huit à dix mille un an plus tôt. Les chiffres continuent à baisser dans les années suivantes, conduisant à l'épuisement du format[7].

Plus généralement, la période de mars 2014 à février 2022 s'apparente, pour de nombreux acteurs du nationalisme russe, à une traversée du désert. Et ce avant que le nouveau choc de l'invasion à grande échelle de l'Ukraine ne produise un effet mobilisateur sur ces milieux, amenés à se repositionner par rapport au Kremlin.

---

fondamentaliste orthodoxe, chauvin, monarchiste, antisémite mais aussi anti-Poutine. Voir Alexandra Martin Brankova, « Russian War Nationalism : Nationalist Practices, Empire, Conservatism and Orthodoxy », C-REX, 10 mai 2023, http://surl.li/ujxbd.

6. Alexander Verkhovsky, « The Russian Nationalist Movement at Low Ebb », dans P. Kolstø et H. Blakkisrud (dir.), *Russia Before and After Crimea*, *op. cit.*, p. 142-162.

7. Viktor Chnirelman, « Rousskiï marche – ot voskhoda do zakata » [La marche russe, de l'essor au déclin], *Vestnik obchtchestvennogo mnenia*, n° 128, 2019, p. 75-85.

7

LES (ETHNO)NATIONALISTES D'OPPOSITION : D'UNE ESPÉRÉE « RÉVOLUTION NATIONALE » À LA CRISE DU MOUVEMENT

Au début des années 2010, les manifestations de l'opposition ainsi qu'une série d'émeutes anti-migrants dans plusieurs villes de Russie avaient suscité une vague d'optimisme dans les rangs des ethnonationalistes. Aux côtés de constats plus réalistes cohabitaient de grands espoirs pour l'avenir de la « cause du peuple russe ».

D'une part, les idéologues se montraient conscients de la fragilité chronique de leur mouvement. En 2010, Konstantin Krylov republiait son article, paru huit ans auparavant, pour faire le même constat sévère : « Le nationalisme russe entendu comme mouvement de masse ou même comme sentiment collectif n'existe pas[1]. » Les nationalistes d'opposition admettaient qu'ils n'avaient pas jusque-là réussi à mobiliser un public large, faute d'ancrage social et territorial. À la place, ils se seraient contentés d'organiser des conférences n'ayant guère attiré de public et de participer à des manifestations

1. Konstantin Krylov, « Natsia kak soub'ekt konflikta » [La nation comme sujet de conflit], *Voprosy natsionalizma*, n° 3, 2010, p. 7.

aux côtés des autres opposants (libéraux ou de gauche) au régime[2].

D'autre part, ces constats n'empêchaient pas ces mêmes acteurs d'évaluer positivement la capacité d'influence de leur idéologie et d'espérer un futur prometteur pour leur mouvement, à condition qu'ils puissent agir dans un cadre légal. En 2012, le militant Ilia Konstantinov affirmait que s'il n'y avait que « plusieurs dizaines de milliers de nationalistes politiques » à travers la Russie, l'électorat potentiel s'élevait à des millions de personnes partageant les idées nationalistes de manière « spontanée ». Et de conclure : « Si notre État, qui sombre dans la folie [*obezoumevchee*], n'intervient pas, on verra émerger, d'ici quelques années, un parti national russe capable de lutter pour le pouvoir[3]. »

Le Parti national-démocrate, créé en 2012, était conçu pour devenir une telle plateforme. Se voulant une force d'opposition, il voit toutes ses tentatives de légalisation rejetées par les autorités en place. Le parti préfère toutefois garder le contact avec les instances officielles, grâce à plusieurs médiateurs. Parmi eux est le penseur ethnonationaliste et conservateur Mikhaïl Remizov, alors expert auprès du gouvernement et de la commission militaro-industrielle de Russie puis, à partir de 2018, cadre supérieur dans la société d'État Rostec (Technologies russes). L'ethnonationaliste Oleg Nemenski (né en 1979) est, lui, un historien à l'Institut

2. Vladislav Vladimirov, « Novyï èlektorat dlïa novogo rousskogo natsionalizma » [Un nouvel électorat pour un nouveau nationalisme russe], *Voprosy natsionalizma*, n° 9, 2012, p. 27-41.

3. « Rousskie natsionalisty i legal'noe partstroitel'stvo : chansy na ouspekh » [Les nationalistes russes et la création de partis légaux : évaluer les chances de réussite], *Voprosy natsionalizma*, n° 10, 2012, p. 6.

des études slaves de l'Académie des sciences à Moscou, mais aussi un expert à l'Institut russe d'études stratégiques, centre de réflexion rattaché à l'administration présidentielle et produisant des analyses stratégiques pour soutenir la politique extérieure de l'État russe.

Une autre figure de liaison est Pavel Sviatenkov (né en 1975), journaliste ayant travaillé pour de nombreux médias, officiels ou non, avant de rejoindre l'équipe de la chaîne de télévision publique RT (anciennement Russia Today)[4]. Enfin, Iegor Kholmogorov (né en 1975) est un poids lourd de la sphère intellectuelle du nationalisme russe, issu, comme Remizov, de la génération des « jeunes conservateurs » (*mladokonservatory*). Journaliste d'opinion à la fois ethnonationaliste et étatiste, conservatrice et chrétienne orthodoxe, il a longtemps servi de médiateur entre les nationalistes loyaux au Kremlin et ceux d'opposition. À la suite d'un conflit survenu en 2012, Kholmogorov a cessé toute coopération avec le Parti national-démocrate avant de se rapprocher des structures de Konstantin Malofeev et de devenir présentateur de sa chaîne TV Tsar'grad.

À la faveur des manifestations anti-Poutine de l'hiver 2011-2012, l'optimisme des intellectuels nationalistes russes se fonde sur un calcul simpliste : comme les Russes ethniques constituent près de 80 % de la population du pays, les partis politiques s'exprimant en leur nom pourront à temps compter sur une large majorité de voix. Ainsi, Oleg Kildiouchov (né en 1972), militant national-démocrate et chercheur en sociologie à la prestigieuse École supérieure d'économie à Moscou, constatait une accélération du « processus de disjonction » entre

---

4. Voir Maxime Audinet, *Russia Today (RT). Un média d'influence au service de l'État russe*, Bry-sur-Marne, INA Éditions, 2021.

la « majorité russe » (*rousskoe bol'chinstvo*), exclue de l'ordre dominant, et le régime poutinien.

Selon lui, l'opinion publique commençait justement à se rendre compte que le Kremlin agissait dans l'intérêt d'une « petite minorité » des proches du pouvoir. Ce faisant, le régime s'appuierait sur des « corporations ethniques » comme les Tchétchènes, qui échangeraient leur loyauté envers Vladimir Poutine contre des privilèges et une manne financière. Kildiouchov déduisait de ces constats que la base sociale du « nouveau » nationalisme russe était « virtuellement illimitée[5] ».

De nombreux nationalistes s'attendaient alors à l'avènement d'une « révolution nationale » censée mettre fin au *statu quo* de la même manière que le putsch manqué des « conservateurs » soviétiques en août 1991 avait achevé l'Union soviétique. Peu de temps après le rassemblement ultranationaliste sur la place du Manège, à Moscou, en décembre 2010, Vladlen Kraline dit Vladimir Tor (né en 1968), l'un des organisateurs des « marches russes », prophétisait, en paraphrasant le *Manifeste du parti communiste* de Karl Marx et Friedrich Engels : « Un spectre hante la Russie : le spectre du nationalisme politique russe. » Selon lui, la contestation exprimée durant ce rassemblement visant à la fois le régime poutinien et les minorités nord-caucasiennes aurait transformé l'ethnonationalisme d'opposition en une force politique de masse[6].

5. Oleg Kildiouchov, « Rousskaïa natsional-demokratia kak strouktournyï vyzov rejimou » [La démocratie nationale russe comme un défi structurel au régime politique], *Voprosy natsionalizma*, n° 8, 2011, p. 3-9.

6. Vladimir Tor, « Vosstanie "Spartaka" : promejoutotchnye itogi » [Le soulèvement de « Spartak » : résultats provisoires], *Voprosy natsionalizma*, n° 5, 2011, p. 3-7.

Dans une veine similaire, Sergueï Sergueïev (né en 1968), historien de formation et intellectuel ethnonationaliste, se montrait très optimiste aux lendemains du « soulèvement populaire » à Biriouliovo, quartier-dortoir du sud de la capitale russe devenu le lieu de violentes émeutes anti-migrants en octobre 2013. En reconnaissant la « probité morale et sociale » des émeutiers, il exhortait les intellectuels proches de la mouvance nationaliste à assumer le rôle de « guides » d'un « peuple grand et puissant, mais encore muet et enfantin » car commençant à peine à « se réveiller de la narcose poutinienne[7] ».

***

Le contraste est saisissant entre ces espoirs, démesurés, et la montée du pessimisme dans les rangs des ethnonationalistes russes déclenchée par la crise ukrainienne. En témoignent les propos tenus lors de deux tables rondes organisées par la revue *Voprosy natsionalizma*, en 2014 puis en 2016. Ces discussions reflètent un nouvel état d'esprit des idéologues, qui n'a cessé de se détériorer : si la première table ronde s'intitulait « Le nationalisme russe est-il en crise ? », la seconde avait pour titre « Le nationalisme russe a-t-il un avenir ? »[8].

Outre les néonazis et skinheads qui ont survécu à la vague de répression et qui soutiennent l'Ukraine

7. Sergueï Sergueïev, « Biriouliovo kak intellektoual'nyj vybor » [Biriouliovo comme choix intellectuel], *Voprosy natsionalizma*, n° 16, 2013, p. 3-5.

8. « Rousskiï natsionalizm v krizise ? » [Le nationalisme russe est-il en crise ?], *Voprosy natsionalizma*, n° 20, 2014, p. 7-27 ; « Est' li boudouchtcheïe ou rousskogo natsionalizma ? » [Le nationalisme russe a-t-il un avenir ?], *Voprosy natsionalizma*, n° 27, 2016, p. 3-18.

« nationaliste » et « blanche », une partie des ethnonationalistes défendent l'Euromaïdan. Celui-ci relève pour eux d'un élan européen, démocratique et même anticolonial. Ils jugent en effet que la politique du Kremlin, annexant la Crimée et soutenant les forces séparatistes, reflète une attitude impérialiste propre à l'État russe depuis des siècles.

Cette vision est notamment portée par l'Alliance nationale-démocratique (*Natsional-demokratitcheskiï al'ians*), fondée en 2010 par Alexeï Chiropaev (né en 1959) et Ilia Lazarenko (né en 1973). Poète et idéologue racialiste, Chiropaev a théorisé la notion d'« entropie raciale », qui désigne la supposée dégradation des Russes. Relevant originellement de la « race blanche » ou « aryenne » et attachés à leurs traditions païennes ancestrales, ils seraient progressivement contaminés par un certain « asiatisme » (*aziatchina*). Cette entropie, affirme l'idéologue, a entraîné le remplacement de la « démocratie » russe, telle qu'elle aurait existé à Novgorod, dans le nord-ouest de la Russie contemporaine, à l'époque médiévale, par l'autoritarisme moscovite forgé sous l'influence du joug mongol (1236-1480)[9]. Lazarenko, lui, a été fondateur, en 1996, de « l'Église gnostique de la race blanche », une organisation néopaïenne s'inspirant du mysticisme nazi et construite sur le modèle du Ku Klux Klan. Dans les années 2000, il adopte des positions prodémocratiques avant de devenir rédacteur en chef du portail web La Fable russe (*Rousskaïa faboula*), bloqué en 2017 par le Service fédéral de supervision des communications.

9. Alexeï Chiropaev, *Tiour'ma naroda : rousskiï vzgliad na Rossiïou* [La prison du peuple : un regard russe sur la Russie], Moscou, 2001. Voir également Victor Shnirelman, « Hyperborea : The Arctic Myth of Contemporary Russian Radical Nationalists », *Journal of Ethnology and Folkloristics*, vol. 8, n° 2, 2014, p. 121-138.

Dénonçant le régime poutinien comme un mélange de fascisme et de « soviétisme », Chiropaev a réinterprété le conflit russo-ukrainien comme opposant deux Russies. Il y aurait d'abord une « fausse » Russie représentée par la « Horde » moscovite, dictature de type « asiatique », et les « Russes-esclaves » qu'elle produit. Elle affronterait l'Ukraine-Rous, une « vraie » Russie historique guidée par un « esprit de liberté authentiquement russe[10] ». Cette vision raciale du conflit russo-ukrainien a été largement véhiculée dans les discours ukrainiens (qui rejettent pourtant le qualificatif « russe » pour désigner leur pays), mais aussi par certains commentateurs sympathisants de l'Ukraine, comme Andreï Piontkovski, analyste russe dénonçant le « fascisme » de Poutine[11], ou Pawel Ukielski, ancien directeur adjoint de l'Institut de la mémoire nationale de Pologne[12].

Lazarenko a pour sa part condamné l'annexion russe de la Crimée, soulignant les effets négatifs que cette décision pouvait avoir pour la Russie (sanctions, isolement) tout en comparant le pays à un « camp de concentration » pour les Russes ethniques. La Crimée annexée n'en serait qu'une « nouvelle baraque[13] ». Ensemble, Chiropaev et Lazarenko

10. Alexeï Chiropaev, « L'Ukraine-Rous et la Horde », *Rufabula*, 6 juin 2014, http://surl.li/ubnxe (en russe).

11. Paul A. Goble, « "Ukrainian Conflict Is Between "Heirs of Kyivan Rus" and "Heirs of Golden Horde" », *Euromaidan Press*, 25 mai 2015, http://surl.li/ugufm.

12. Pawel Ukielski, « The Clash of Civilizations in Ukraine », *Rocznik Instytutu Europy Środkowo-Wschodniej*, vol. 21, n° 1, 2023, p. 41-58.

13. « Ilia Lazarenko explique aux patriotes russes les grands enjeux politiques et juridiques de l'annexion de la Crimée », vidéo VKontakte, 14 avril 2014, http://surl.li/uccjm (en russe).

ont prôné la « régionalisation » du pays avec la formation de plusieurs républiques russes autonomes par opposition à l'État impérial doté d'une « matrice du patriotisme russe », jugé « essentiellement conservateur, étatiste et militariste[14] ».

La « crise ukrainienne » met aussi fin à des tentatives de rapprochement entre libéraux et nationalistes d'opposition, qui soutiennent nominalement la cause démocratique. En 2014, Alexeï Navalny et d'autres partisans du « national-libéralisme » comme Vladimir Milov condamnent l'annexion illégale de la Crimée et cessent toute collaboration avec les forces nationalistes[15]. Cela n'a pas empêché Navalny de s'opposer à la restitution de la péninsule à l'Ukraine au motif qu'« elle appartient à ceux qui y vivent[16] ».

Toutefois, une majorité des ethnonationalistes s'engagent passionnément dans le soutien à ce qu'ils considèrent comme un « soulèvement » des populations russes dans le Donbass, avec la proclamation des « républiques populaires » séparatistes à Donetsk et à Louhansk (DNR et LNR), en avril 2014. À l'instar des « nationaux-patriotes », des nationalistes ethniques se saisissent aussitôt du concept de « Nouvelle Russie » (*Novorossia*). Celui-ci renvoie à une vaste région géographique aux limites indéterminées, située au nord de la mer Noire, dans le sud et l'est de l'Ukraine contemporaine, annexée à l'Empire russe par Catherine II lors des guerres russo-turques de la fin du XVIIIe siècle. Dès 2014, ce concept est réinvesti par des

14. Alexeï Chiropaev, « Dépasser le patriotisme », *Rufabula*, 3 mars 2016, http://surl.li/ufdtp (en russe).

15. Pål Kolstø, « Russia's Nationalists Flirt With Democracy », *op. cit.*

16. « Les propos de Navalny sur la Crimée divisent l'opposition russe », BBC, 16 octobre 2014, http://surl.li/ufdva (en russe).

acteurs nationalistes pour devenir le symbole d'un projet de reconstruction de la nation et/ou de l'État russes à partir d'un territoire frontalier quoique « russe » sur les plans historique, ethnique ou culturel[17]. En d'autres termes, cela signifie revigorer la flamme irrédentiste.

Ainsi, à la fin de février 2014, lorsqu'on aperçut en Crimée ukrainienne des « petits hommes verts » – soldats russes masqués vêtus d'uniformes militaires sans insignes –, le théoricien d'un nationalisme russe « intellectuel » Iegor Prosvirnine écrivait sur son site Spoutnik & Pogrom : « Le fait qu'après des décennies d'abandon des intérêts russes ici et là Poutine se soit soudainement rappelé que la Crimée est une terre russe [*rousskaïa zemlia*] est certainement une bonne chose. [...] Critiquer Poutine parce qu'il s'est mis à exécuter une partie de notre programme serait pour le moins étrange[18]. » Cela étant, Prosvirnine constatait à la fin de son texte que Poutine devait être évincé du pouvoir tout en insultant l'opposition libérale russe en raison de son soutien à l'intégrité territoriale de l'Ukraine.

Fin mars 2014, Pavel Sviatenkov déclare pour sa part qu'en Crimée « les intérêts des autorités de la Russie et les intérêts nationaux des Russes ethniques [*natsional'nye interesy rousskikh*] ont coïncidé pour la première fois » depuis 1991. Par là même, la Russie se serait enfin libérée de son statut « colonial » (à l'égard de l'Occident) pour réaffirmer celui de « métropole » dans l'espace de l'ex-URSS[19].

17. Marlène Laruelle, « The Three Colors of Novorossiya, or the Russian Nationalist Mythmaking of the Ukrainian Crisis », *Post-Soviet Affairs*, vol. 32, n° 1, 2016, p. 55-74.

18. « Pourquoi Spoutnik & Pogrom s'est-il vendu au Kremlin ? », *Spoutnik & Pogrom*, 28 février 2014, http://surl.li/ufdwh (en russe).

19. Pavel Sviatenkov, « La Russie a cessé de se sentir comme une colonie », *KM.ru*, 26 mars 2014, http://surl.li/uccxf (en russe).

Ces ethnonationalistes soutiennent avec un grand enthousiasme le séparatisme prorusse rebaptisé « printemps russe » (*rousskaïa vesna*) qui se manifeste principalement à Donetsk et à Louhansk, mais aussi à Kharkiv et à Odessa. Aussitôt, ils se mettent à exhorter le Kremlin à agir avec plus de fermeté en envahissant l'Ukraine orientale et méridionale. En août 2014, Spoutnik & Pogrom publie un manifeste affirmant, à l'appui de la « science géopolitique », que l'Ukraine doit être « liquidée », rayée de la carte politique du monde[20].

***

Or le calcul politique du Kremlin ne correspond pas à ce projet maximaliste. En septembre 2014, Moscou signe le protocole de Minsk, dit Minsk I, en vue d'établir un cessez-le-feu dans le Donbass, et ce après avoir militairement soutenu les milices séparatistes prorusses au cours du siège d'Ilovaïsk, dans la région de Donetsk. Les hostilités reprennent quelques mois plus tard et culminent dans la bataille de Debaltseve, en janvier-février 2015, permettant aux séparatistes, appuyés de nouveau par les forces armées russes, de prendre le contrôle d'un nœud ferroviaire stratégique pour assurer une certaine viabilité à leurs « États fantômes ».

Des pourparlers, organisés sous l'égide de l'Organisation pour la sécurité et la coopération en Europe, toujours dans la capitale biélorusse, réunissent Vladimir Poutine, le président ukrainien, Petro Porochenko, le chef d'État

20. « Pourquoi il faut liquider l'Ukraine : explication par la géopolitique », *Spoutnik & Pogrom*, 25 septembre 2014, http://surl.li/ufdxi (en russe).

français, François Hollande, et la chancelière allemande, Angela Merkel. Le traité négocié, appelé Minsk II, est signé par les représentants de la Russie et de l'Ukraine, mais aussi par les chefs des « républiques » de Donetsk et de Louhansk, respectivement Alexandre Zakhartchenko et Igor Plotnitski, qui avaient pourtant proclamé leur indépendance en annonçant leur fusion dans une confédération du nom de « Nouvelle Russie ». N'ayant pas reconnu cette indépendance, Moscou a opté pour l'instauration d'un cessez-le-feu durable et pour le gel du conflit, qui se poursuivra jusqu'en 2022 sous la forme d'une guerre de basse intensité.

Le Kremlin cherche ainsi à exercer une pression constante sur le gouvernement ukrainien. Car, en échange de la reprise du contrôle sur la frontière de l'est du pays devant à terme mettre à bas les entités séparatistes, Kiev acceptait de proclamer une amnistie, d'organiser des élections locales, et surtout de mettre en œuvre une réforme constitutionnelle introduisant une forme de décentralisation. Cette dernière garantirait aux territoires sécessionnistes un statut d'« autonomie locale », et par là même permettrait au Kremlin d'influer sur les dynamiques politiques internes en Ukraine *via* les (anciens) chefs séparatistes[21]. Toutefois, en pratique, les autorités ukrainiennes se montrent réticentes quant à l'application de Minsk II, politiquement trop coûteuse.

Il n'empêche qu'aux yeux des nationalistes russes la non-reconnaissance par Moscou des « républiques » séparatistes du Donbass a été interprétée comme une lâcheté, voire une désertion envers les « insurgés » se battant pour leur droit à l'autodétermination. La participation

21. D. Arel et J. Driscoll, *Ukraine's Unnamed War*, *op. cit.*, chap. 8.

de Vladimir Poutine au « format Normandie » (France, Allemagne, Russie et Ukraine), visant officiellement à résoudre le conflit du Donbass par la voie diplomatique, est aussi vécue comme une trahison du projet « Nouvelle Russie[22] ». Car au lieu de morceler l'Ukraine, le Kremlin avait *de facto* accepté de la « fédéraliser ». En effet, le président du « parlement » commun des séparatistes, Oleg Tsarev, a souligné en mai 2015 : « Les accords de Minsk ne prévoient pas la création d'une Nouvelle Russie[23]. »

Déçus de la politique du Kremlin, qui n'aurait rien fait pour « défendre » les populations du Donbass, les ethnonationalistes s'efforcent d'imaginer, et d'imposer à l'opinion russe, une *reconquista* ultérieure. Celle-ci devrait déboucher sur la construction d'une « Russie pour les Russes », réunissant tous les espaces où des Russes ethniques représentent une population sinon majoritaire, du moins significative. Spoutnik & Pogrom conçoit une carte de cette Russie fantasmée englobant le Bélarus, les États baltes, mais surtout l'Ukraine. Cette dernière est représentée comme étant divisée en deux parties « historiques » : la « Petite Russie » au nord-ouest et la « Nouvelle Russie » au sud-est, ce qui laisserait aux Ukrainiens « nationalistes », partisans d'un projet national alternatif, la possibilité de créer un État tampon à l'ouest du pays, dans la région de Galicie[24]. Il est révélateur que la Transcaucasie et l'Asie centrale soient exclues de cet

22. Pål Kolstø, « Crimea vs. Donbas : How Putin Won Russian Nationalist Support – and Lost It Again », *Slavic Review*, vol. 75, n° 3, 2016, p. 702-725.

23. « Il n'y aura pas de Nouvelle Russie en raison des accords de Minsk », *Pravda.ru*, 19 mai 2015, http://surl.li/ucldp (en russe).

24. « À quoi ressemble la "Russie pour les Russes" ? », *Spoutnik & Pogrom*, s.d. [2015], http://surl.li/ufdyt (en russe).

imaginaire nationaliste, tandis que les trois républiques du Nord-Caucase, faisant partie de la Fédération de Russie (Daghestan, Ingouchie et Tchétchénie), sont désignées comme des « zones de crise », où la population ethniquement russe demeure très minoritaire sur le plan démographique.

Affaiblis par les divisions internes et dépassés par la politique répressive du Kremlin, les nationalistes d'opposition subissent une pression croissante du régime en place. Ces acteurs tentent de remonter la pente en lançant de nouvelles initiatives. Ainsi, le Parti national-démocrate et Spoutnik & Pogrom mettent en place des collectes de fonds pour les forces séparatistes et les populations civiles du Donbass. Tandis que le premier se concentre sur la collecte de l'aide humanitaire, le second utilise les fonds recueillis pour acheter un véhicule blindé aux milices prorusses. En parallèle, ils implorent le Kremlin d'accorder un large soutien aux habitants des « républiques » séparatistes, afin qu'ils puissent accéder à la citoyenneté russe. Cette mesure sera par ailleurs adoptée en avril 2019, sans lien apparent avec les revendications des nationalistes d'opposition. Un décret signé par Vladimir Poutine donnera le droit aux résidants du Donbass de faire la demande d'un passeport russe selon une procédure simplifiée, transformant ainsi la « passeportisation » des régions sécessionnistes en un phénomène de masse[25].

25. Voir Igor A. Zevelev, « Russia in the Post-Soviet Space : Dual Citizenship as a Foreign Policy Instrument », *Russia in Global Affairs*, vol. 19, n° 2, 2021, p. 10-37 ; Ramesh Ganohariti, « Politics of Passportization and Territorial Conflicts », dans O. Richmond et G. Visoka (dir.), *The Palgrave Encyclopedia of Peace and Conflict Studies*, Cham, Palgrave Macmillan, 2022, p. 1048-1055.

Dans la foulée de la « crise ukrainienne », les organisations nationalistes russes se révèlent éphémères, et leur influence fort limitée. En témoigne l'exemple du mouvement Nouvelle Russie (*Novorossia*), présidé par Igor Girkine, qui a pour pseudonyme Igor Strelkov (*strelok* signifie « tireur » en russe). Connu pour ses opinions nationales-monarchistes, Strelkov, qui a pris sa retraite du FSB avec le grade de colonel en 2013, avait précédemment combattu comme volontaire en Transnistrie et en Bosnie, dans les rangs de l'armée de la Republika Srpska, ou République serbe de Bosnie, avant de prendre part aux guerres de Tchétchénie. Mais c'est en tant que chef de guerre du séparatisme prorusse dans l'est de l'Ukraine et brièvement de « ministre » de la Défense à Donetsk qu'il se fait connaître du public russe au point de devenir une légende dans les milieux nationalistes pro- ou anti-Kremlin.

En juin 2014, Strelkov a même accusé Poutine d'avoir « renié sa déclaration selon laquelle il était prêt à défendre la population russe du Donbass », lui prédisant le sort de Slobodan Milošević, ce « nettoyeur des Balkans » mort en 2006 à La Haye, où il était jugé pour crimes de guerre et crimes contre l'humanité[26].

Dans le Donbass, Strelkov semble avoir agi comme un acteur « indépendant – quelqu'un que les autorités russes toléraient mais dont elles se méfiaient – qui espérait provoquer un soulèvement local » dans l'Est ukrainien[27].

Opposé au protocole de Minsk alors en préparation, il se voit contraint de retourner à Moscou en août 2014,

26. « Strelkov prédit à Poutine le “sort de Milošević” en cas de “reddition” de la Nouvelle Russie », *RBC.ru*, 17 juin 2014, http://surl.li/ufebg (en russe).

27. D. Arel et J. Driscoll, *Ukraine's Unnamed War*, *op. cit.*, p. 4.

tout comme Alexandre Borodaï (né en 1972), « Premier ministre » de la « république » de Donetsk. Entrepreneur et spécialiste en communication politique proche de Konstantin Malofeev, ce dernier se définit comme un « patriote impérial russe ». Celui qui a pris part au conflit de Transnistrie en 1992 puis à la crise constitutionnelle d'octobre 1993, dans les rangs des milices opposées à Boris Eltsine, joue désormais le rôle de lobbyiste principal de la « cause du Donbass[28] » auprès des instances de l'État russe.

À son retour de Donetsk, Strelkov s'efforce de capitaliser sur son statut officieux de « héros du printemps russe » (*guéroï rousskoï vesny*) et lance un mouvement appelé Nouvelle Russie en octobre 2014. Dans un entretien accordé au journal *Zavtra* d'Alexandre Prokhanov le mois suivant, il proclame qu'il fut celui qui a « appuyé sur la gâchette de la guerre » en s'étant rendu en avril à Sloviansk, dans la région de Donetsk, à la tête d'un détachement composé de volontaires russes[29]. Engagé pour le séparatisme au Donbass mais critique à l'égard du Kremlin, Strelkov est rapidement écarté de la sphère officielle et dénoncé par certains de ses anciens collaborateurs, Borodaï au premier chef. Il parvient cependant à ne pas faire l'objet de représailles, sans doute en raison de sa grande visibilité dans des médias non étatiques mais loyaux au régime.

Le mouvement Nouvelle Russie s'élargit en janvier 2016, avec la création du Comité du 25 janvier. Se voulant la « troisième force » entre le régime poutinien

---

28. Entretien avec Alexandre Borodaï, vidéo YouTube, 28 août 2020, http://surl.li/uexhp (en russe).

29. « Qui es-tu, “le Tireur” ? », *Zavtra*, 20 novembre 2014, http://surl.li/ufecy (en russe).

et le libéralisme pro-occidental, l'organisation est conçue comme une plateforme de soutien au « soulèvement populaire » dans l'Est ukrainien. En son sein, les ethnonationalistes Konstantin Krylov et Iegor Prosvirnine, nostalgiques de l'Empire russe opposés au « soviétisme », siègent aux côtés du « national-bolchevik » Édouard Limonov et de l'écrivain admirateur de l'URSS Maxime Kalachnikov. Les conflits internes ne se font pas attendre : ayant rédigé le programme de l'organisation, infusé d'idées nationales-démocrates[30], Krylov et Prosvirnine la quittent un an après sa fondation. Le Comité du 25 janvier cesse *de facto* d'exister. Le même sort est réservé au mouvement Nouvelle Russie, de Strelkov.

***

La faiblesse organisationnelle du nationalisme russe d'opposition, révélée par les débuts du conflit russo-ukrainien, pousse ses porte-parole à mettre en question leurs certitudes les plus profondes. Plusieurs causes fondamentales sont citées en vue d'expliquer l'état du mouvement, unanimement qualifié, vers 2016, de « terrible », de « comateux » ou encore de « catastrophique[31] ».

La première des causes serait la fragilité de l'identité russe même. Pavel Sviatenkov soutient que, confrontée au nationalisme ukrainien, elle s'est montrée fragile parce qu'elle est divisée entre plusieurs « sous-cultures »

30. « Déclaration du Mouvement national panrusse sous la direction d'Igor Strelkov », *Spoutnik & Pogrom*, 26 mai 2016, http://surl.li/ufeeh (en russe).

31. « Est' li boudouchtcheïe ou rousskogo natsionalizma ? », *op. cit.*

identitaires[32]. Les conditions d'appartenance à la nation russe, dit-il, demeurent indéfinies : si de nombreux nationalistes continuent d'invoquer le critère du sang (*rousskie po krovi*) en excluant des populations « non slaves », d'autres poussent le critère culturel, jusqu'à distinguer différents sous-groupes au sein du peuple russe, tels les Cosaques, les Sibériens ou les Pomors[33]. S'ajoutent des désaccords relatifs aux questions économiques (gauche-droite) mais aussi religieuses : la division principale est ici entre nationalistes fidèles à la foi orthodoxe, considérée comme la religion nationale russe, et partisans de cultes néopaïens censés renouer avec la tradition slave ancienne[34].

Ces clivages, insiste Sviatenkov, risquent d'amplifier les sentiments séparatistes à travers la Russie, jusqu'à provoquer l'éclatement du peuple russe en « plusieurs nations non russes voire anti-russes », ce qui correspond précisément au programme de l'Alliance nationale-démocratique. À cet égard, l'idéologue ne cache pas son admiration pour « l'inclusivité » de l'identité ukrainienne, définie selon lui par la maîtrise de l'ukrainien et une déclaration publique de loyauté envers la nation[35].

---

32. Pavel Sviatenkov, « Chto znatchit byt' rousskim ? » [Qu'est-ce que cela signifie d'être Russe ?], *Voprosy natsionalizma*, n° 20, 2014, p. 28-32. Voir également Paul Goble, « Russian National Identity and the Ukrainian Crisis », *Communist and Post-Communist Studies*, vol. 49, n° 1, 2016, p. 37-43.

33. Historiquement, les Pomors sont des colons russes qui vivaient sur le littoral de la mer Blanche, au nord de la Russie européenne.

34. Anastasia Mitrofanova, « Russian Ethnic Nationalism and Religion Today », dans P. Kolstø et H. Blakkisrud (dir.), *The New Russian Nationalism*, *op. cit.*, p. 104-131.

35. P. Sviatenkov, « Chto znatchit byt' rousskim ? », *op. cit.*

En comparant, lui aussi, les nationalismes russe et ukrainien, Sergueï Sergueïev constate avec regret que le second s'est avéré plus efficace et plus attirant pour les masses que le premier. Lorsque le nationalisme est devenu une force politique majeure dans l'Ukraine de 2014, il a été simultanément discrédité et réprimé en Russie : « Le nationaliste russe est loin d'être un héros de son peuple porté par une foule enthousiaste, il est [plutôt] un marginal qui agit à ses risques et périls. [...] Pour le dire crûment, être un nationaliste russe ne vous procure aucun avantage [*nevygodno*][36]. »

Pour cet historien militant, les origines de la crise actuelle du mouvement ethnonationaliste sont à chercher dans la structure de la société russe, qui aurait peu évolué dans le temps long. Le pouvoir autocratique, dit-il, a toujours tiré parti de la faiblesse des couches sociales autonomes comme les intellectuels ou les hommes d'affaires tout en exploitant la population générale, ce « peuple-serviteur » (*sloujilyï narod*), contraint d'accomplir un service militaire ou administratif au profit de l'État.

Selon Sergueïev, cette matrice historique, menée à son paroxysme à l'époque soviétique, se reproduit encore aujourd'hui. Ainsi, les espoirs des idéologues quant au soutien du nationalisme par les classes moyennes, trop dépendantes de l'État[37], étaient illusoires. Sergueïev en conclut, en 2014, que les masses de la population du pays,

---

36. Sergueï Sergueïev, « Jelaemoe i deïstvitel'noe » [Ambitions et réalité], *Voprosy natsionalizma*, n° 20, 2014, p. 34. Soulignement de l'auteur non retenu.

37. Cette affirmation est corroborée par les études sociologiques montrant que les classes moyennes russes sont en grande partie composées de fonctionnaires, de militaires et d'agents des forces de l'ordre : Evgeny Gontmakher et Cameron Ross, « The Middle

paralysées par une conscience « paternaliste », resteront politiquement passives[38].

Pire, l'agenda spécifique de l'ethnonationalisme se trouve marginalisé. Pour un temps, ses thèmes de prédilection – l'immigration, la question de la diaspora, le statut de la majorité ethnique – sont relégués au second plan par le conflit russo-ukrainien. Oleg Kildiouchov constate ainsi une « surprenante ukrainisation » des débats politiques russes, tendance commune au discours officiel anti-Maïdan, aux libéraux pro-Ukraine et aux nationalistes divisés sur la question ukrainienne[39].

Valery Soloveï (né en 1960), à l'origine d'un éphémère parti national-libéral Nouvelle Force (*Novaïa sila*), souligne qu'à partir de 2014 le nationalisme russe est « fermement associé à la guerre sanglante dans le Donbass et [...] aux politiques douteuses du Kremlin ». Ce à quoi, selon Konstantin Krylov, les ethnonationalistes n'ont pas su opposer « une image attrayante de l'État national russe, que ce soit dans des programmes politiques ou dans des œuvres de fiction[40] ».

Les difficultés rencontrées par l'ethnonationalisme d'opposition dans le contexte du conflit russo-ukrainien ont conduit à un désenchantement général, résumé par Elena Tchoudinova (née en 1959), autrice du roman dystopique *La Mosquée Notre-Dame de Paris : année 2048*,

Class and Democratisation in Russia », *Europe-Asia Studies*, vol. 67, n° 2, 2015, p. 269-284.

38. S. Sergueïev, « Jelaemoe i deïstvitel'noe », *op. cit.*, p. 40.

39. Oleg Kildiouchov, « Iz gorojan v grajdane : vlast' i massovye protesty » [De citadins à citoyens : le pouvoir et les manifestations de masse], *Voprosy natsionalizma*, n° 32, 2019, p. 90.

40. « Est' li boudouchtcheïe ou rousskogo natsionalizma ? », *op. cit.*, p. 5-6.

qui décrit la prise du pouvoir par les immigrés musulmans en France[41]. Selon elle, « l'espoir russe associé à la Nouvelle Russie [*Novorossia*] s'est transformé en souffrance russe[42] ». À l'instar de Tchoudinova craignant la « revanche rouge », soit la montée d'une nostalgie de l'URSS, Alexandre Khramov (né en 1989) remarquait en 2016 que « l'idéologie officielle » des entités séparatistes du Donbass n'était pas « le nationalisme russe, mais "l'antifascisme" et "l'internationalisme" soviétiques ». Sans renier l'objectif ultime qu'est « la réunification du peuple russe divisé », il ajoutait que sa mise en pratique dans un avenir proche risquait de « dégénérer en une indigne farce sanglante, comme ce fut le cas du "printemps russe"[43] ». En effet, le non-droit, l'arbitraire, la corruption endémique et les règlements de comptes entre les chefs de guerre au Donbass ont fait l'objet de vives discussions dans les cercles nationalistes russes[44].

Ce désenchantement en a poussé certains à mettre en doute l'idéal même de l'État national russe, que ce soit en faveur du retour à un nationalisme traditionnel de type impérial(iste)[45] ou sous la forme d'un rapprochement avec

41. Écrit en 2005, le roman a été traduit en français et publié en 2009 aux éditions Tatamis du militant d'extrême droite Jean Robin, à la fois complotiste, islamophobe et antisémite.

42. Elena Tchoudinova, « Le silence ou la parole ? », APN, 23 décembre 2018, http://surl.li/ufefs (en russe).

43. « Est' li boudouchtcheïe ou rousskogo natsionalizma ? », *op. cit.*, p. 16-17.

44. Voir par exemple « Des circonstances très étranges. Alexandre Joutchkovski parle des événements à Louhansk et dans ses environs », *Spoutnik & Pogrom*, 24 novembre 2017, http://surl.li/ufegw (en russe).

45. Maxime Broussilovski, « Dekabr'skie tezisy » [Thèses de décembre], *Voprosy natsionalizma*, n° 31, 2018, p. 46-50.

l'opposition parlementaire, voire avec le Kremlin[46]. Même Prosvirnine qui, avec Krylov, a le plus contribué à forger la doctrine et le langage de l'ethnonationalisme russe, a rectifié sa position après la fermeture de Spoutnik & Pogrom en 2017. Déçu de l'idéal démocratique, il se disait désormais monarchiste. Deux ans avant sa mort en 2021, dans un accident domestique, il a lancé une chaîne YouTube, Czar.tv, publiant des contenus nostalgiques du tsarisme[47].

D'autres ont tenté de persévérer, comme le jeune politicien et fondateur du mouvement Société.Futur (*Obchtchestvo.Boudouchtchee*) Roman Iouneman (né en 1995). Soutenu par de nombreux *nats-dem*, il a choisi de mener une campagne électorale à Moscou – aux élections régionales en 2019 puis aux élections parlementaires en 2021[48] – en tant que partisan de la « démocratie nationale ». Sergueï Grigorov (né en 1974), ancien conseiller de l'homme politique libéral Grigori Iavlinski et fondateur en 2018 du mouvement Démocrates russes (*Rousskie demokraty*), est lui aussi resté fidèle à l'idée d'un État national russe. Son organisation, qui se présente comme une force « de droite », économiquement libérale et socialement conservatrice, est toutefois inactive depuis 2020[49].

---

46. Dmitri Kruskov, « Kontoury transformatsii polititcheskoï sistemy i natsional'noe dvijenie » [Les contours de la transformation du système politique et l'état du mouvement national], *Voprosy natsionalizma*, n° 31, 2018, p. 41-45.

47. Voir le contenu de la chaîne : http://surl.li/ufeiy (en russe).

48. Aux élections à la Douma de la ville de Moscou, Iouneman est arrivé deuxième dans sa circonscription. En 2021, sa candidature a été refusée par la Commission électorale centrale de Russie. Voir le site web de son mouvement : https://ob.community/ (en russe)

49. Voir le site web du mouvement : https://russkievpered.org/ (en russe).

En somme, depuis la « crise ukrainienne » et plus encore la signature des accords de Minsk, on a assisté à une rapide décomposition du mouvement ethnonationaliste. Souffrant d'un manque chronique de ressources et de l'absence de perspectives politiques, il a aussi été éclipsé par un nationalisme des acteurs para-étatiques, moins divisés et beaucoup plus audibles.

8

LES NATIONALISTES PRO-KREMLIN ENTRE IDÉAL ET LOYAUTÉ

Autant les nationalistes loyaux au régime ont unanimement honni l'Euromaïdan, autant ils ont exulté, d'un accord commun, au moment de l'annexion russe de la Crimée. Pourtant, leur motif a été différent de celui des ethnonationalistes : ils y ont aperçu, avant tout, les signes de la puissance étatique ou impériale restaurée[1]. Tenant compte du fait que près de 65 % des Criméens s'identifient comme Russes en matière d'ethnicité, en plus de 15 % d'Ukrainiens russophones, ces acteurs ont surtout mis l'accent sur l'élargissement du territoire contrôlé par l'État russe en louant sa capacité de braver les Occidentaux.

Ainsi, Vladimir Jirinovski, dont le parti demeure le réceptacle d'un national-impérialisme revanchard quoique politiquement impuissant, a multiplié des déclarations véhémentes, mélangeant des arguments impérialistes et ethnicistes. En mars 2014, le chef des « libéraux-démocrates » russes a envoyé une lettre aux ambassades de Pologne, de Hongrie et de Roumanie à Moscou, en suggérant aux gouvernements de ces pays voisins de

1. P. Kolstø, « Crimea vs. Donbas », *op. cit.*, p. 719.

l'Ukraine de procéder au partage du pays. Jirinovski les incitait à organiser des référendums dans les « régions ukrainiennes qui appartenaient auparavant » à ces États, sur le modèle du référendum contesté que les autorités russes, assistées par des acteurs locaux, ont organisé en Crimée le 16 mars[2].

Lors d'un forum des députés de la Douma tenu à Yalta, en Crimée annexée, en août de la même année, Jirinovski a prôné le rétablissement de l'empire, la militarisation de l'économie russe et la nomination de Poutine comme « gouverneur suprême » de la Russie[3]. Ce titre évoque celui que porta brièvement l'amiral Alexandre Koltchak (1874-1920), commandant des armées « blanches », anti-bolcheviques, lors de la guerre civile russe. Présent à ce forum, Poutine a reçu les propos de Jirinovski avec un sourire caustique, en les qualifiant d'« opinion personnelle » de l'orateur. Trois ans plus tard, les « libéraux-démocrates » proposaient de rétablir l'hymne impérial russe « Dieu protège le tsar », sans succès[4].

Dans le même temps, Jirinovski n'a cessé d'insister sur la « russité » du Donbass, accusant le gouvernement ukrainien d'y mener une « guerre contre les Russes ». Dans un dérapage brutal lors d'une émission de télévision, il a menacé de « brûler la ville de Kiev au napalm[5] ».

2. « Le LDPR propose aux pays européens de "diviser" l'Ukraine », *Interfax*, 24 mars 2014, http://surl.li/ufekp (en russe).

3. Discours de Vladimir Jirinovski à Yalta, vidéo YouTube, 14 août 2014, http://surl.li/ufent (en russe).

4. « Le LDPR propose de remplacer l'hymne de la Russie par le chant "Dieu, protège le tsar" », *Parlamentskaïa gazeta*, 7 juin 2017, https://vu.fr/fwTeG (en russe).

5. « Jirinovski veut brûler Kiev au napalm », *ZN.ua*, 16 février 2015, http://surl.li/ufnrp (en russe).

Ailleurs, il en a appelé à la « destruction préventive » de l'Ukraine[6].

Si les « libéraux-démocrates » ont systématiquement mis l'accent sur les origines soviétiques ou « léninistes » de la « russophobie » en Ukraine, les communistes de Guennadi Ziouganov ont, eux, relié la haine de la Russie aux supposées influences occidentales, véritable source du « néonazisme » ukrainien[7].

Quelques jours après la destitution de Viktor Ianoukovitch, en février 2014, Ziouganov qualifiait la révolution à Kiev de « Tchernobyl politique », ayant conduit à « un revanchisme des forces nazies [qui] a eu lieu dans la république sœur » d'Ukraine[8]. Un an plus tard, dans une lettre ouverte adressée aux citoyens de Russie, le chef des communistes présentait explicitement l'« antisoviétisme » et la « russophobie » comme les deux faces d'une même pièce : le complot occidental cherchant depuis toujours à détruire la Russie. Imputant la « crise actuelle » aux manigances de la CIA et des « occidentalistes » au sein du pays, il décrivait les trois « vagues » de ce prétendu complot :

> La première vague a détruit l'URSS et l'unité séculaire des peuples réunis sous l'aile de la Russie. La deuxième a bloqué les processus d'intégration et enterré les tentatives de restauration de l'ancienne puissance. La troisième vague a conduit à une guerre fratricide en Ukraine et à un chantage ouvert de l'Occident à l'égard de la Fédération de Russie, ce dernier croyant pouvoir enfin clouer notre

6. « Jirinovski admet la "destruction préventive" de l'Ukraine par la Russie », *RBC.ru*, 27 novembre 2019, http://surl.li/ufnrt (en russe).

7. Les recherches en cours de l'auteur.

8. « Ziouganov : un Tchernobyl politique a éclaté en Ukraine », KPRF, 25 février 2014, http://surl.li/ufnru (en russe).

> pays au mur. Le nationalisme bandériste [relatif à la figure de Stepan Bandera], soutenu par les États-Unis, est déjà en guerre contre nous tous en Nouvelle Russie [*v Novorossii*][9].

En 2017, lors d'une session plénière à la Douma, Ziouganov en appelait à la reconnaissance des « républiques » de Donetsk et de Louhansk, victimes de « maltraitance », sans oublier de mettre en valeur l'aide humanitaire que son parti avait apportée aux régions sécessionnistes[10].

***

Des idéologues « nationaux-patriotes » ont joint leur voix à celle de l'opposition parlementaire, véhiculant eux aussi des propos qui mêlent divers arguments.

Ainsi le président du club d'Izborsk, Alexandre Prokhanov, s'exclamait-il en octobre 2014 : « Un nouvel État russe est en train de se construire : le cinquième empire[11]. » Cette renaissance impériale est censée selon lui remédier à la « catastrophe » de 1991. Dans les années suivantes, cet idéologue prolifique n'a pas ménagé ses efforts pour chanter la gloire des armes russes et l'inévitable

---

9. Lettre ouverte de Ziouganov « Mettons fin à l'antisoviétisme, désarmons les ennemis de la Russie ! », KPRF, 9 février 2015, http://surl.li/ufnry (en russe).

10. « Guénnadi Ziouganov a réclamé la reconnaissance de l'indépendance de la DNR et de la LNR », *Krasnaïa linia*, 11 janvier 2017, http://surl.li/ufnsb (en russe).

11. « Prokhanov : les évènements en Crimée et dans le Donbass signifient la restauration de l'Empire russe », *Nakanoune.ru*, 31 octobre 2014, http://surl.li/ufnsf (en russe).

« victoire » de la Russie, le tout sous une devise militaro-nationaliste analogue à d'autres slogans du siècle dernier : « Un peuple, un destin, une victoire[12] ! »

Comparant l'annexion de la Crimée à un « miracle » donné par la Providence au peuple russe divisé et humilié, il a surtout revendiqué la « mobilisation spirituelle » de la société, qui ferait appel aux « grands exploits [du passé], aux traditions, au messianisme russe, à des notions telles que la Sainte Russie[13] ». Fait intéressant : dans un télégramme adressé à Prokhanov en 2018 à l'occasion de son quatre-vingtième anniversaire, Vladimir Poutine a salué son attachement aux « idéaux civiques » en lui souhaitant la réalisation de ses « projets[14] »...

Iegor Kholmogorov a pour sa part présenté une lecture ethnonationaliste de la guerre du Donbass. Désignée comme une « guerre de libération nationale du peuple russe », elle devrait conduire à « l'effacement des frontières imaginaires qui ont été tracées entre les Russes en 1991 et que l'UE et l'OTAN tentent de transformer en frontières de plus en plus réelles par le biais de la junte de Kiev[15] ». Déçu de la façon dont le conflit se déroulait, il remarquait mélancoliquement, en août 2014, qu'il était alors « impossible de maintenir la viabilité » des entités

---

12. Alexandre Prokhanov, « Un peuple, un destin, une victoire ! », *Zavtra*, 12 janvier 2021, http://surl.li/ufnso (en russe) ; *idem*, « L'idéologie de la Victoire russe », *Zavtra*, 26 janvier 2022, http://surl.li/ufnsj (en russe).

13. *Idem*, « Pour la Victoire ! », *Zavtra*, 28 janvier 2016, http://surl.li/ufnsq (en russe).

14. Télégramme de Vladimir Poutine à Alexandre Prokhanov, *Kremlin.ru*, 26 février 2018, http://surl.li/ufnsu (en russe).

15. Iegor Kholmogorov, « Le chemin vers l'unité », *Vzgliad*, 4 septembre 2014, http://surl.li/ufnsy (en russe).

séparatistes du Donbass, comme si « plus personne » ne le voulait vraiment[16].

Gardant leur loyauté envers le Kremlin mais l'exhortant à adopter une politique plus dure à l'égard de l'Ukraine, les « nationaux-patriotes » ont pourtant évité de remettre Vladimir Poutine en cause. Bien au contraire, ils ont choisi une stratégie consistant à faire pression sur le régime de l'intérieur, stratégie propre à l'opposition intégrée dans son jeu institutionnel. D'autres acteurs ont cherché à infiltrer davantage les cercles du pouvoir, à la faveur des points de contact dont ils disposent dans les ministères dits « de force », soit l'Intérieur, la Défense et le FSB. Cette deuxième stratégie a été privilégiée par divers idéologues nationaux-impérialistes dans l'espoir de voir le chef du Kremlin embrasser les grandes lignes de leur projet idéologique.

Ainsi, le club d'Izborsk a obtenu un financement de l'administration présidentielle pour préparer une « Doctrine du monde russe », réalisée par un collectif d'auteurs dont le vice-président du club, Vitali Averianov (né en 1973)[17]. L'objectif central proclamé dans ce document publié en 2016 est d'aboutir au « rétablissement d'un État russe de type impérial [*rousskogo gossoudarstva imperskogo tipa*] sur la base de la Russie contemporaine et à l'aide d'un appareil administratif nationalement orienté [*natsional'no mysliachtchego tchinovnitchestva*] ». Ce nouveau corps des administrateurs « patriotiques » devrait

16. *Idem*, « Les cartes montrent que la milice ne dispose plus d'aucun endroit où se replier », *Oukraïna.ru*, 20 août 2014, http://surl.li/ufnuf (en russe).

17. Juliette Faure, « Idéologues pour un empire », *Le Monde diplomatique. Manière de voir*, n° 188, avril-mai 2023, p. 53.

consolider ses forces aux dépens d'une élite oligarchique « pro-occidentale » soutenue « depuis Washington[18] ».

L'Ukraine, qui serait tombée sous « l'influence des néonazis », est appelée à être morcelée dans la mesure où son intégrité territoriale ne prime pas les intérêts de la Russie et du « monde russe » qui l'entoure. La dernière notion est définie dans une « perspective intégrale », qui souligne l'existence d'une civilisation russe particulière, à la fois slave (dimension historico-culturelle), chrétienne orthodoxe (dimension religieuse qui renvoie à l'image de la Sainte Russie) et eurasienne (dimension géopolitique). Cette civilisation est représentée comme différente des civilisations voisines (occidentale, chinoise, islamique), mais surtout antagonique à l'Occident en matière d'intérêts, de valeurs et… de génétique : le « type russe » serait « plus proche » des populations iranienne et indienne que de celui des « peuples occidentaux ». De cette incompatibilité civilisationnelle découle le besoin vital pour la Russie de mettre fin aux « réformes libérales occidentales dans tous les domaines de l'économie et de la vie publique », mais aussi de contrer l'influence de l'Ouest dans ses « espaces frontaliers » (*frontiry*). Ceux-ci incluent la région baltique, le Bélarus, l'Ukraine, la Moldavie, le Caucase et l'Asie centrale, plus les « zones d'intérêt » russes dans les Balkans et dans la région de la mer Noire[19].

Toujours en 2016, certains de ces auteurs cosignent un volume de plus de mille pages intitulé *La Doctrine russe. L'idéologie d'État à l'ère de Poutine*. Édité par le national-monarchiste et négationniste Oleg Platonov,

18. « La doctrine du monde russe », *Izboskiï kloub*, 26 septembre 2016, http://surl.li/ufnun (en russe).

19. *Ibid.*

rédacteur en chef du *Rousskiï vestnik* (bulletin russe), l'ouvrage reprend les grandes lignes des écrits à teneur étatiste, ultraconservatrice et impérialiste publiés dès le milieu des années 2000. Mais la nouvelle édition place le portrait de Vladimir Poutine en page de garde, en signe de la transformation idéologique subie par le régime russe depuis lors[20]. On y reviendra dans la partie III.

***

Si cette stratégie d'influence se révèle dominante dans les cercles des « nationaux-patriotes » loyaux au Kremlin, certains d'entre eux dépassent les limites que celui-ci aurait fixées au point de tomber en disgrâce, ne fût-ce que pour un temps. Tel est le cas d'Alexandre Douguine qui, dès 2014, adopte une posture radicale dans son soutien de la reconstruction de « l'empire eurasien » par la violence. Professeur au département de sociologie de l'Université d'État de Moscou où il dirigeait, depuis 2008, le Centre de recherches conservatrices (*Tsentr konservativnykh issledovaniï*), Douguine est brusquement licencié en juin 2014. Quelques semaines plus tard, le doyen du département, Vladimir Dobrenkov, connu pour ses convictions conservatrices et comme soutien de Douguine, a été relevé de ses fonctions.

Ce dernier a expliqué son licenciement par sa prise de position « patriotique » « sur la Nouvelle Russie », se traduisant par un soutien « inconditionnel » aux séparatistes du Donbass, une « opposition ferme au nazisme ukrainien qui extermine les civils » et par un rejet véhément du

20. Oleg Platonov (dir.), *Rousskaïa doctrina* [La doctrine russe], Moscou, Institout rousskoï tsivilisatsii, 2016.

libéralisme et de l'Occident[21]. Certaines sources indiquent que la raison principale était liée aux appels publics de Douguine à « tuer » les Ukrainiens[22].

Sans hésiter, l'idéologue a imputé son départ forcé de l'Université aux manigances de la « sixième colonne[23] ». Ce terme, élaboré par Douguine, désigne les membres des élites politiques, économiques ou intellectuelles russes qui – plutôt qu'éprouver une sympathie ou une admiration explicite pour l'Occident diabolisé, comme l'aurait fait la « cinquième colonne » – agissent plus subtilement dans les coulisses en faveur de cette dernière. Tel un loup déguisé en mouton, la « sixième colonne » chercherait à se faire passer pour des « amis de Poutine », tout en restant reliée – du fait des histoires familiales ou des trajectoires personnelles – aux structures occidentales comme les fondations Open Society du milliardaire et philanthrope états-unien George Soros[24].

Douguine a continué à propager ses visions radicales depuis la tribune offerte par le club d'Izborsk, le journal *Zavtra* (demain) et les structures de Konstantin Malofeev dont la chaîne de télévision Tsar'grad et le centre Katechon, tout en prédisant que la guerre allait reprendre pour de bon en Ukraine. Dans un article consacré au cinquième anniversaire de la montée du séparatisme dans le Donbass, l'idéologue regrettait la « trahison » ayant empêché d'en finir dès 2014 avec la « colonisation de la

21. Alexandre Douguine, post Facebook, 27 juin 2014, http://surl.li/ufnvt (en russe).

22. « Alexandre Douguine a-t-il dit que les Ukrainiens devaient être "tués, tués et tués" ? », *Provereno.media*, 22 août 2022 (en russe, aujourd'hui inaccessible).

23. A. Douguine, post Facebook, 27 juin 2014.

24. Voir le site web du centre Katechon : http://katehon.ru/.

Russie par les élites libérales mondiales ». Il ajoutait que la Fédération de Russie et « son chef », qui n'est pas nommément cité, se seraient « comportés de manière honteuse ». Toutefois, Douguine terminait son texte par une prophétie annonçant une espèce de parousie patriotique :

> La victoire dépend de Dieu. C'est à nous de combattre à ses côtés. Il vaut mieux perdre avec le Christ que gagner avec l'Antéchrist. Je suis convaincu que les jours de la sixième colonne sont comptés. Tous les succès du diable et toutes les fluctuations de la situation actuelle ne sont rien devant le cours dogmatique des choses. Or celui-ci mène à l'éveil de la Russie, fermement et inévitablement[25].

Les propos de Douguine ont trouvé un écho jusque dans l'entourage de Vladimir Poutine, notamment chez Sergueï Glaziev. Cet ancien cadre du parti Patrie, originaire de la région ukrainienne de Zaporijia, est devenu conseiller du président russe sur « l'intégration eurasienne » en 2012, avant d'être nommé à la Commission de l'Union économique eurasiatique en octobre 2019.

Dans ses nombreux écrits présentés comme scientifiques, étant donné son statut de membre de l'Académie des sciences de Russie en section sciences économiques, Glaziev n'a cessé de dénoncer la « colonisation » de l'espace de l'ex-URSS par les États-Unis, thème notamment exploité par le Mouvement de libération nationale du député Fedorov. Ce sont les services spéciaux états-uniens qui seraient à l'origine des réformes économiques libérales

---

25. Alexandre Douguine, « Le Printemps russe a été retardé et empêché par le diable, mais le Réveil est à venir », *Rousskaïa vesna*, 13 mars 2019, http://surl.li/ufnxb (en russe).

en Russie des années 1990, ainsi que de la « dollarisation » de son économie. Vers 2014, Washington aurait selon Glaziev lancé une « guerre hybride », aux allures de nouvelle guerre mondiale, contre l'État russe, à travers notamment une militarisation et une « nazification » de l'Ukraine afin de la détacher de la Russie, le tout dans l'objectif de préserver l'« hégémonie » américaine. « L'éternelle russophobie des Anglo-Saxons » se fonde, *dixit* Glaziev, sur la théorie du *Heartland*, du géopoliticien britannique Halford John Mackinder (1861-1947), pour qui le contrôle de cette « île mondiale » – allant de l'Europe centrale à la Sibérie occidentale en passant par l'Asie centrale – assure le contrôle du monde[26].

Dans un article de mai 2019 publié dans *Zavtra*, Glaziev, qui était encore conseiller de Poutine, dressait un bilan très négatif de « la non-intervention de la Russie dans les affaires ukrainiennes » ; choix fatidique qui aurait conduit à « l'occupation de l'Ukraine par des forces russophobes » et leurs « maîtres oligarchiques », c'est-à-dire Washington et ses agents d'influence. Ne mâchant pas ses mots, il postulait qu'en reconnaissant Petro Porochenko comme président de l'Ukraine (2014-2019), qui a transformé « l'opération antiterroriste » en une « opération des forces interarmées » en avril 2018, la Russie avait légitimé le « régime de Kiev » responsable d'un « génocide de la population russe d'Ukraine ». À la fin du texte, il martelait

26. Sergueï Glaziev, *Posledniaïa mirovaïa voïna. SChA natchinaïout i proïgryvaïout* [La dernière guerre mondiale. Les États-Unis la commencent et la perdent], Moscou, Knijnyï mir, 2016. Pour une critique du concept de *heartland* et de la conception de Mackinder, voir Yves Lacoste, « "Le pivot géographique de l'histoire" : une lecture critique », *Hérodote*, n° 146-147, 2012, p. 139-158.

le même message que Douguine, en l'enveloppant dans des considérations prétendument stratégiques :

> Pour empêcher l'effondrement du monde russe, nous devons réaliser notre unité inséparable avec cette partie du peuple russe qui, aujourd'hui, souffre énormément de l'oppression en Ukraine. Les crimes commis quotidiennement par les marionnettes américaines à Kiev sont des crimes contre nous. [...] Nous devons poursuivre une politique systématique de libération de l'Ukraine du régime néonazi russophobe dans l'intérêt de son propre peuple[27].

Le conflit de basse intensité dans l'est de l'Ukraine et la non-application des accords de Minsk par les gouvernements russe comme ukrainien ont conduit à ce que les entités séparatistes se saisissent de cette vision radicale et l'officialisent. En janvier 2021, la doctrine « le Donbass russe » est ainsi adoptée à l'issue d'une réunion des dirigeants *de facto* à Donetsk et à Louhansk.

Ce document a été élaboré par des intellectuels locaux assistés d'« experts » non nommés venant de Moscou[28]. Il qualifie les entités séparatistes d'« avant-poste [...] de la nation russe qui résiste à l'effacement ethnoculturel et géopolitique ». Car « l'objectif ultime » de l'Ukraine, contrôlée par des « patrons occidentaux », serait « le génocide du peuple russe [d'Ukraine] par l'ukrainisation forcée ou l'extermination physique ». Plus d'un an avant le lancement d'une invasion russe à grande échelle

27. *Idem*, « L'occupation », *Zavtra*, 6 mai 2019, http://surl.li/ufnxe (en russe).

28. Oleg Nemenski, « Samoopredelenie Donbassa i rojdenie rousskoï politiki » [L'autodétermination du Donbass et la naissance de la politique russe], *Voprosy natsionalizma*, n° 33, 2021, p. 125.

– et en contradiction directe avec Minsk II –, cette idéologie officialisée dans les « républiques » populaires du Donbass supposait que leur avenir devait passer par une « intégration complète » dans la Russie : « le seul État historique de la nation russe[29] ».

***

Plutôt que de réprimander toutes ces voix va-t-en-guerre, le Kremlin les laisse s'exprimer – et même les encourage – dans l'espace public tant qu'elles ne remettent pas en cause son autorité. Parallèlement, l'administration présidentielle procède à une canalisation des partisans de la guerre contre l'Ukraine coûte que coûte, dont les ex-combattants irréguliers du Donbass et d'autres conflits postsoviétiques[30].

Ainsi, l'Union des volontaires du Donbass est fondée à Moscou en octobre 2015. L'organisation est présidée par Alexandre Borodaï et parrainée par Vladislav Sourkov, alors conseiller de Poutine en charge de la coopération avec les pays de l'ex-URSS dont les États *de facto* patronnés par la Russie : Transnistrie, Abkhazie, Ossétie du Sud, « républiques » de Donetsk et de Louhansk. Par la voix de son président, l'Union s'est par la suite positionnée comme une force d'intervention facilement mobilisable

29. Doctrine « le Donbass russe », s.d. [2021], http://surl.li/ufnxh (en russe).

30. Voir Marlène Laruelle, « Back From Utopia : How Donbas Fighters Reinvent Themselves in a Post-Novorossiya Russia », *Nationalities Papers*, vol. 47, n° 5, 2019, p. 719-733 ; Thomas da Silva, « Le combattant irrégulier à l'épreuve des guerres postsoviétiques », *Revue d'études comparatives Est-Ouest*, n° 1, 2021, p. 209-227.

en cas de nouvelle « crise » autour du Donbass[31]. Parallèlement, Borodaï comparait les entités séparatistes à des « cabanes temporaires » et se disait confiant sur le fait qu'elles intégreraient la Russie à l'instar de la Crimée[32]. En 2020, l'Union des volontaires du Donbass s'est associée à la société Tsar'grad de Malofeev, aux côtés de plusieurs figures du nationalisme pro-Kremlin comme Kholmogorov, Remizov, Glaziev ou Douguine ainsi que des représentants du patriarcat de Moscou et de l'Assemblée spirituelle des musulmans de Russie[33]. L'année suivante, Borodaï a été élu à la Douma sur la liste du parti présidentiel Russie unie pour y devenir vice-président de la commission chargée des questions de l'intégration eurasienne et des « compatriotes ».

L'exemple de l'Union est emblématique car elle fait partie des milices « patriotiques » permettant au régime poutinien de désamorcer la potentielle contestation nationaliste[34]. La montée en puissance de ces milices date en effet du début des années 2010 et s'accélère au moment de la « crise ukrainienne » de 2014. Elles bénéficient toutes d'une connexion directe avec les ministères « de force » parmi d'autres structures de l'État et constituent un milieu d'acteurs aux orientations idéologiques et aux stratégies politiques diverses[35]. Parmi elles, on trouve des

31. « Sourkov et Borodaï ont convoqué un congrès de volontaires du Donbass », *RBC.ru*, 15 février 2019, http://surl.li/ufnxm (en russe).

32. Entretien avec Alexandre Borodaï, *op. cit.*

33. « L'organisation Tsar'grad a été créée », Centre Sova, 23 novembre, http://surl.li/ufnxp (en russe).

34. Les réflexions qui suivent reprennent partiellement l'article : J.S. Fediunin, « Des usages politiques de l'extrémisme en Russie », *op. cit.*

35. Marlène Laruelle, « Les milices russes et leur utilisation à l'intérieur et à l'étranger », Russie.Nei.Visions, n° 113, IFRI, avril 2019.

milices cosaques qui, tout en jouissant depuis 2005 d'un statut officiel et réunies en Société cosaque panrusse en 2018, participent au « maintien de l'ordre public » dans des espaces urbains et à l'éducation de la jeunesse selon des valeurs patriotiques[36]. S'y ajoutent des ex-militaires et d'anciens néonazis pratiquant des arts martiaux ou encore des groupuscules radicaux comme le SERB (South East Radical/Russian Block) qui ont participé, aux côtés des militants du NOD et des milices cosaques, à la perturbation des manifestations anti-Poutine.

À l'instar des combattants irréguliers regroupés autour de l'Union des volontaires du Donbass, des membres de ces milices ont pris part à l'insurrection du Donbass. Le parti Patrie a alors annoncé la création d'une « Internationale russe » avec un slogan qui fait explicitement référence à l'Internationale communiste : « Russes de tous les pays, unissez-vous ! » En 2014, des miliciens se sont rendus en Crimée et dans l'Est ukrainien pour rejoindre les séparatistes prorusses, tandis que des groupes ultranationalistes en Ukraine lançaient leurs propres formations de volontaires, dont le célèbre régiment Azov, par la suite mises sous tutelle de l'État ukrainien[37].

Si, en Ukraine, le développement des structures paramilitaires a permis de pallier l'impréparation des forces armées régulières, le régime poutinien a plutôt procédé à une externalisation des franges les plus radicales de la

36. Pierre Labrunie, « Les Cosaques : un maintien de l'ordre au nom des valeurs orthodoxes ? », CERI de Sciences Po, août 2019, http://surl.li/uhgcu.

37. Viatcheslav Likhatchev, « Les radicaux de droite dans le conflit russo-ukrainien », Russie.Nei.Visions, n° 95, IFRI, juillet 2016 ; Adrien Nonjon, *Le Régiment Azov, un nationalisme ukrainien en guerre*, Paris, Éditions du Cerf, 2023.

société russe. Elles incluent les forces d'un « nationalisme impérial militariste » incarné par des figures comme Igor Strelkov et Alexandre Borodaï[38], mais aussi des combattants nord-caucasiens dont les *kadyrovtsy* (« hommes de Kadyrov »). Leur déploiement en Ukraine en 2014 a servi un double objectif : diminuer les tensions à l'intérieur de la Russie tout en servant la stratégie de déstabilisation du pays voisin. Ce scénario a été reproduit dans le cadre de l'intervention militaire russe en Syrie depuis 2015 mais surtout à partir de février 2022, lorsque des bataillons tchétchènes, des ex-combattants et des formations cosaques ont été envoyés en grand nombre en Ukraine[39].

Le développement des milices orthodoxes vigilantistes à travers la Russie vient compléter le tableau. La plus connue d'entre elles est celle fondée en 2013 sous le nom de Sorok Sorokov, vieille expression se référant aux nombreuses églises moscovites (« quarante quarantaines »). Patronnée par le patriarcat de Moscou, cette organisation milite pour le renforcement de la présence de l'orthodoxie dans l'espace public russe. En parallèle, ses membres exercent des violences à l'encontre de la communauté LGBTQ+ et des personnes qu'ils considèrent comme étant « églisophobes ». À l'instar d'autres milices « patriotiques », Sorok Sorokov participe à la collecte d'aide humanitaire pour le Donbass.

---

38. Nikolay Mitrokhin, « Where Are Russia's Nationalists in the War Against Ukraine ? », *Carnegie Politika*, 7 mars 2023, http://surl.li/ufnxv.

39. Richard Arnold, « Russia's War and the Rebirth of the Russian Cossacks », *Russia.Post*, 15 février 2024, http://surl.li/ufnxy.

9

POST-FÉVRIER 2022, UNE (NOUVELLE) MOBILISATION NATIONALISTE

On ne peut donc pas dire que le lancement de l'invasion massive de l'Ukraine ait pris le milieu nationaliste au dépourvu. Pour les acteurs loyaux au Kremlin, elle signifiait la matérialisation d'un scénario attendu, mais aussi redouté car comportant son lot de dangers. Selon le député communiste à la Douma Sergueï Oboukhov, « ce qui aurait pu être fait assez facilement en 2014 » s'effectue à partir de 2022 « dans le sang, avec des efforts considérables et au prix d'un isolement international[1] ». En disant cela, Oboukhov n'a pas tant critiqué Vladimir Poutine que repris à son compte les propos de ce dernier. Poutine a en effet reconnu, en octobre 2022, qu'il n'avait au départ « pas bien compris l'état d'esprit » des résidents du Donbass. *A posteriori*, il lui serait devenu « évident » que la « réunification » de l'Est ukrainien avec la Russie « aurait dû se produire plus tôt. Peut-être qu'alors il n'y

1. « Le Parti communiste rappelle que, depuis 2014, tous les responsables affirmaient qu'il n'y avait pas d'alternative aux accords de Minsk », *Krasnaïa linia*, 7 mars 2023, http://surl.li/ufnyb (en russe).

aurait pas eu autant de victimes civiles, autant d'enfants morts[2] ».

En dépit de ce mauvais calcul, tous les « nationaux-patriotes » se rassemblent derrière la figure du chef du Kremlin. Tous ont joint leurs voix à la propagande de guerre officielle, au moment où, selon les mots de Prokhanov, « les Russes, ce peuple-étatiste [*narod-gossoudarstvennik*], se battent pour leur État[3] ».

Pour des acteurs ethnonationalistes éloignés ou exclus de la politique officielle, cette nouvelle phase de la guerre, la plus destructrice, n'était pas non plus une grande surprise. Ainsi, l'idéologue racialiste Alexandre Sevastianov avait maintes fois affirmé que cette guerre était « inévitable car il n'y a pas d'autre solution au problème russo-ukrainien que la partition de l'Ukraine[4] ». Envisagée, l'escalade brutale du conflit en février 2022 amène ces acteurs à reconsidérer une fois de plus leur loyauté envers l'État, voire à l'égard de la nation.

Comme en 2014, certains militants nationalistes se rendent sur le front. À titre d'exemple, plusieurs membres de l'équipe – dont son directeur Dmitri Bastrakov (né en 1992) – de la maison d'édition Centurie noire, fondée en 2013 et visant à promouvoir un nationalisme « intellectuel[5] », rejoignent les bataillons de milices séparatistes

---

2. « Poutine a identifié la principale erreur commise concernant le Donbass en 2014 », *URA.ru*, 25 novembre 2022, http://surl.li/ufnye (en russe).

3. Alexandre Prokhanov, « La symphonie du cinquième empire », *Izborskiï kloub*, 25 avril 2024, http://surl.li/ufnyi (en russe).

4. Alexander Sevastianov, « Ce que 2019 a apporté à la Russie et aux Russes », *Tchetyre pera*, 1er janvier 2020, http://surl.li/ufnyo (en russe).

5. Voir son site web : https://chernaya100.com/.

qui se voient intégrées dans les forces armées russes. De nombreux membres proches de l'Union des volontaires du Donbass ont également repris les armes.

Au contraire, d'(anciens) ultranationalistes violents, pour beaucoup ayant émigré en Ukraine plusieurs années auparavant, contribuent à grossir les rangs de la Légion Liberté de la Russie (*Leguion Svoboda Rossii*) et du Corps des volontaires russes (*Rousskiï dobrovol'tcheskiï korpous*), fondés l'un comme l'autre en 2022 puis rattachés à la Force de défense territoriale d'Ukraine. Si la première milice est associée aux noms de Maximilian « César » Andronnikov, militant ultranationaliste russe, et d'Ilia Ponomarev, ancien député à la Douma exilé en Ukraine depuis 2016, la seconde est dirigée par l'ancien militant néonazi Denis Kapoustine dit Nikitine.

La Légion a mis en avant un drapeau russe « alternatif », blanc-bleu-blanc, également utilisé par des opposants russes comme symbole de protestation contre l'invasion de l'Ukraine. Le Corps, lui, s'inspire des armées blanches du temps de la guerre civile russe mais aussi des combattants de l'Armée de libération russe *(Rouskaïa osvoboditelnaïa armia)* dirigée par le général et collaborateur soviétique Andreï Vlassov, qui a combattu dans les rangs de la Wehrmacht contre le régime stalinien entre 1942 et 1945. L'usage de ces symboles renvoie au discours de l'Alliance nationale-démocratique glorifiant Vlassov comme un véritable « héros[6] » et revendiquant la création d'un « tribunal international anticommuniste », afin de condamner juridiquement « l'idéologie misanthrope

6. Alexeï Chiropaev, post LiveJournal, 1er mars 2011, http://surl.li/uhpkc (en russe).

marxiste-léniniste » et les crimes commis par les régimes communistes en Europe centrale et orientale[7].

Les deux formations paramilitaires se sont fait connaître à la faveur de leurs incursions militarisées dans le territoire de deux régions russes frontalières de l'Ukraine, celles de Belgorod et de Briansk, au printemps 2023.

Le choc de l'invasion de février 2022 a contraint d'aucuns à prendre leurs distances avec le mouvement nationaliste. Tel est le cas de Sergueï Sergueïev, qui a milité pour sa cause depuis trente ans avant de devenir l'un des idéologues de la « démocratie nationale ». Sa déception, exprimée dès 2014, quant à la mise en pratique de cette idée dans une Russie en guerre a atteint un point de non-retour au moment du lancement de l'invasion massive de l'Ukraine. Dans un message publié sur Facebook six semaines après cet évènement, il écrivit de manière explicite :

> Ne me considérez plus comme un nationaliste russe. [...] Il n'y a pas de nation russe, il y a un troupeau d'égoïstes sociaux atomisés obéissant au fouet du maréchal suprême, qui conduit ce troupeau vers un précipice abrupt... Que Dieu lui permette de ne pas tomber ! Et alors, peut-être, dans des conditions moins extrêmes, nous reparlerons de la nation russe[8].

Ayant émigré à Chypre, Ilia Lazarenko radicalise davantage le discours de l'ancienne Alliance nationale-démocratique. Contrairement à Alexeï Chiropaev, revenu à

7. Ilia Lazarenko, « Créez un tribunal international anti-communiste ! », *Rufabula*, 7 juillet 2015, http://surl.li/uhpla (en russe).
8. Sergueï Sergueïev, post Facebook, 4 avril 2022 (aujourd'hui indisponible).

l'apologie de l'idée impériale[9], il en appelle à la destruction pure et simple de la Russie. Selon lui, le démembrement du plus grand pays du monde – et du « dernier empire » – en plusieurs morceaux de territoire serait la seule solution capable de mettre fin au sempiternel impérialisme russe. Dès le premier jour de l'invasion de l'Ukraine, il a écrit dans sa chaîne Telegram :

> La seule position correcte par rapport à la guerre agressive déclenchée par la Fédération de Russie contre l'Ukraine est le « défaitisme ». Je souhaite assurément la défaite de la Russie. Mais elle se produira inévitablement, quelle que soit l'issue de cette campagne militaire. Le régime dément dirigé par Poutine était destiné à conduire le pays au désastre, et il le fera. [...] Malheureusement, la population de la Fédération de Russie en souffrira. Mais c'est inévitable car il est impossible de séparer le régime et la population d'un pays[10].

D'autres personnalités comme Dmitri Demouchkine, ex-chef du Mouvement contre l'immigration illégale et de l'organisation des Russes, ou Vladimir Potkine, dit Basmanov, exilé, à la tête du Mouvement des nationalistes (*Dvijenie natsionalistov*), se sont ouvertement opposées à la guerre tout en dénonçant le régime poutinien. Leur motif est pourtant différent de la posture humaniste de Sergueïev. Pour eux, il s'agit d'un conflit fratricide entre deux peuples slaves, « blancs » et ethniquement proches, tandis que la « dictature antipopulaire de Poutine » (expression de

9. Alexeï Chiropaev, post Facebook, 21 août 2021, http://surl.li/ufnzf (en russe).

10. Ilia Lazarenko, post Telegram, 24 février 2022, http://surl.li/ufnzg (en russe).

Basmanov) contribue à ce que les Russes ethniques se fassent remplacer par des immigrés « non slaves ».

Si Demouchkine, demeurant à Moscou, s'exprime avec prudence sur ses réseaux et dans les live streams qu'il enregistre régulièrement sur YouTube, Basmanov prend moins de gants sur sa chaîne Telegram :

> Dès le premier jour, le Mouvement nationaliste s'est prononcé en faveur des relations pacifiques et de bon voisinage avec tous les États slaves. Plus de guerres fraternelles ! Plus de morts slaves ! Les deux parties doivent trouver des compromis et cesser le feu ! Paix à l'Ukraine[11] !

D'autres encore ont condamné la guerre, la considérant comme une erreur stratégique du régime de Poutine, tout en s'impliquant dans la collecte d'aide humanitaire pour les territoires occupés par la Russie. Tels notamment Roman Iouneman et ses collaborateurs de Société.Futur, qui ont lancé un programme d'assistance aux habitants de Marioupol, rasée par les bombardements russes[12].

***

Le contexte de guerre semble avoir ouvert des perspectives pour ceux des nationalistes qui ne cherchent pas à mener une activité politique. En 2020 et en 2022, deux

---

11. Mouvement des nationalistes, post Telegram, 30 janvier 2023, http://surl.li/ufnzh (en russe).

12. Vera Alperovich, « The Russian Far Right and the Second Ukrainian Campaign », *Russia.Post*, 27 juillet 2022, http://surl.li/ufnzp.

organisations nationalistes de masse ont vu le jour en Russie : la Communauté russe (*Rousskaïa obchtchina*) et l'Homme du Nord (*Severnyï tchelovek*). Chacune dispose d'une structure horizontale comprenant des dizaines de branches régionales et regroupant des centaines de milliers d'adhérents sur les réseaux sociaux.

Ces deux mouvements héritent des initiatives décentralisées et éminemment « apolitiques » qui se sont multipliées dans les milieux (ultra)nationalistes dès les années 2000. On peut notamment citer la promotion d'un « mode de vie sain » (*zdorovyï obraz jizni*). Cette notion est centrée sur le refus de la drogue et de l'alcool – le slogan principal de cette initiative étant « russe signifie sobre » (*rousskiï znatchit trezvyï*) –, mais aussi sur l'alimentation saine, l'arrêt du tabac et la pratique du sport, à l'instar des courses collectives appelées « courses russes » (*rousskie probejki*)[13] et des sports de combat. La diffusion de ces pratiques était censée sinon arrêter, du moins minimiser la « dégradation » du peuple russe du fait de l'alcoolisme massif, de la faible natalité ou encore des mariages mixtes.

Promouvant l'entraide « ethnique » selon le slogan « Un Russe doit aider un Russe » (*rousskiï pomogi rousskomou*)[14], la Communauté russe et l'Homme du Nord s'inspirent de l'exemple du Mouvement contre l'immigration illégale, interdit en 2011. Si les organisations

13. Sur le réseau social russe VKontakte, il existe toujours des groupes qui coordonnent les « courses russes », le plus populaire parmi eux comptant plus de seize mille membres (juin 2024) : https://vk.com/ruszabeg_ru.

14. « La police interpelle les migrants dans des centres commerciaux en collaboration avec la Communauté russe », *66.ru*, 14 décembre 2023, http://surl.li/ufnzt (en russe).

déclarent vouloir créer des espaces de rencontre et de coopération pour de « simples » citoyens à l'échelle locale, l'une des principales activités relève d'un soutien qu'elles accordent à leurs membres en cas de conflit avec des personnes d'origine « non slave ». Faisant écho au discours officiel mobilisant à intervalle régulier des sentiments anti-immigration[15], les deux organisations dénoncent le « crime ethnique » sur les réseaux sociaux et participent, conjointement avec la police, à des contrôles des papiers des travailleurs migrants. Elles apportent aussi un soutien juridique ou financier aux personnes arrêtées pour la perpétration de violences à caractère xénophobe ou raciste.

Loyalistes, ces nationalistes soutiennent « l'opération militaire spéciale », aident à identifier de jeunes Russes récemment naturalisés qui souhaiteraient échapper à la conscription dans l'armée, ou encore organisent des convois humanitaires pour les populations des territoires ukrainiens occupés par l'armée russe[16]. En parallèle, ils contribuent à promouvoir les valeurs « traditionnelles » et notamment chrétiennes orthodoxes. Ainsi, le fondateur de l'Homme du Nord, Mikhaïl Nits, dit Micha Mavachi, musicien et rappeur, a été invité au Forum économique de Saint-Pétersbourg de 2023 pour y prononcer un discours en faveur de l'interdiction de l'avortement[17].

---

15. Vladimir Malakhov, « Russia as a New Immigration Country : Policy Response and Public Debate », *Europe-Asia Studies*, vol. 66, n° 7, 2014, p. 1062-1079 ; J.S. Fediunin, « Conceptualizing Nativism in Authoritarian Russia », *op. cit.*

16. Alexandre Verkhovski (dir.), *Ksenofobia, svoboda sovesti i antièkstremizm v Rossii v 2023 godou* [Xénophobie, liberté de conscience et anti-extrémisme en Russie en 2023], Moscou, Sova-22, 2024, p. 17-20, 25-30.

17. *Ibid.*, p. 26.

Après une tendance générale à la baisse, on a observé une hausse substantielle de cas de violences à caractère xénophobe et raciste en 2023[18]. Perpétrées par des adolescents à l'inspiration néonazie, ces violences ne portent pas de message politique, et ce contrairement aux pratiques violentes des suprémacistes blancs qui pouvaient chercher, dans les années 2000, à « révolutionnariser » la société russe. Dans les chaînes Telegram nationalistes, on a également constaté un regain de sentiments antisémites. Les « impériaux » comme les ethnonationalistes ont ainsi mis en avant l'image caricaturale d'un libéral d'origine juive fuyant la Russie après le lancement de l'invasion massive de l'Ukraine. Les Juifs ont aussi été présentés comme une force attisant le conflit russo-ukrainien ou aidant l'Ukraine dans son effort de guerre[19].

***

Parmi les ethnonationalistes politiquement engagés, la tendance dominante – pour autant que l'on puisse en juger – demeure celle du ralliement à l'État russe, face à l'ennemi défini précisément en des termes nationaux : l'identité ukrainienne et tous ceux qui la proclament haut et fort pour s'opposer à la domination russe. Dès février 2022, ils n'ont cessé d'appeler à transformer

18. *Ibid.*, p. 37-46. Voir aussi Natalia Yudina, « Ultranationalist Violence in Russia Trending Up », *Russia.Post*, 2 mai 2024, http://surl.li/ujjdo.

19. Petr Oskolkov, Sabina Lissitsa et Eyal Lewin, « The "Non-Dormant Beast" : Antisemitism in Communities of Russian Nationalists on VKontakte », *Nations and Nationalism*, 2024, p. 1-17, DOI : 10.1111/nana.13013.

« l'opération spéciale » en une guerre « nationale » dont dépend la survie même du peuple russe.

Alexandre Sevastianov insiste ainsi sur le fait que la guerre en Ukraine relève d'une « opposition frontale du projet ukrainien à tout ce qui est russe [*vsemou roussko-mou*] ». De ce fait, ce conflit représente pour la Russie « le défi du siècle » nécessitant l'engagement de l'ensemble des forces du pays pour être relevé, car son issue serait « soit la capitulation, soit la victoire ». Dans la mesure où la société ukrainienne est, selon l'idéologue, animée d'une « haine viscérale » envers les Russes, la « dénazification de l'Ukraine et sa re-russification constituent une tâche très urgente que la Russie doit accomplir[20] ». L'occupation et la partition de l'Ukraine par l'État russe seraient dès lors une « nécessité bien comprise[21] ».

Dans leur appel à la radicalisation de la guerre, les idéologues « impériaux » ont de nouveau mis l'accent sur la grandeur de la Russie dans sa confrontation avec l'Occident – dont l'Ukraine ne serait qu'une tête de pont – et non sur la nation ethnique. Opposant l'idéal impérial russe au « nationalisme » ukrainien, Alexandre Douguine a ainsi martelé : « L'ennemi principal est l'Occident. Les Ukrainiens ne sont pas l'ennemi principal. C'est donc l'Occident qu'il faut vraiment haïr[22]. »

---

20. Alexandre Sevastianov, « C'est notre guerre », APN, 8 juin 2022, http://surl.li/ugbyu (en russe).

21. *Idem*, « Les ennemis non achevés et oubliés, ou le dilemme de Poutine », *Den' literatoury*, 21 février 2024, http://surl.li/ujkcc (en russe).

22. Alexandre Douguine, « La puissance de l'empire contre la chimère du nationalisme », *Zavtra*, 19 mars 2023, http://surl.li/ugbzp (en russe).

Dans un entretien réalisé en novembre 2022, Mikhaïl Remizov, loyal au Kremlin, affirmait lui aussi que le « nationalisme ukrainien » aurait été mis au service d'un « projet impérial global » des élites occidentales, dont l'objectif est pourtant de démanteler les États-nations.

Faisant écho aux préoccupations de Sviatenkov, il pointait du doigt « l'état affaibli de l'identité russe [*rousskoï identitchnosti*] au sein même de la Russie ». Ce qui est important pour la survie de la Russie, *dixit* Remizov, c'est « la gravité de l'identité russe. Elle doit être positive, attrayante pour les citoyens du pays comme pour les compatriotes à l'étranger[23] ».

Il est intéressant de noter qu'à cet égard l'idéologue véhicule le modèle israélien, auquel se référait Gleb Pavlovski dès 1995 lorsqu'il théorisait le concept de « monde russe[24] » et qui a fini par s'imposer dans les cercles ethnonationalistes : « La russophobie constituant aujourd'hui un phénomène mondial [*global'nogo meïnstrima*], la Russie doit devenir un État sanctuaire *de jure* et *de facto* pour le peuple russe, comme Israël l'est devenu pour les Juifs[25]. »

D'autres, comme Alexandre Borodaï, cultivent le récit d'une guerre civile :

> Ce n'est pas une guerre entre des gens de sang différent, ni une guerre entre des personnes de foi différente [...]. C'est une guerre opposant des personnes qui

23. Entretien avec Mikhaïl Remizov, « L'Occident connaît une fracture idéologique », *Lenta*, 21 novembre 2022, http://surl.li/uhuib (en russe).

24. Gleb Pavlovski, « L'angle mort. Un témoignage sur les gens de Bélovej », *Inoe*, 1995, http://surl.li/uhujm (en russe).

25. Entretien avec Mikhaïl Remizov, *op. cit.*

> forment toujours un seul et même peuple. [La guerre vient du fait que] au sein de ce peuple uni, une profonde différence idéologique s'est formée. [...] Nous ne traitons pas nos adversaires de l'autre côté du front comme des étrangers [...]. Nous les traitons comme les nôtres, uniquement les nôtres, qui nous ont pourtant trahis, qui ont trahi toute notre histoire et tous nos ancêtres [...] communs. Ils nous ont trahis pour devenir des serviteurs [*byt' kholopami*] de l'Occident collectif et pour être payés en conséquence. C'est pour cela qu'ils se battent. Et nous nous battons pour que cela n'arrive pas[26].

En dépit des interprétations divergentes de la nature du conflit, tous ces acteurs se sont tour à tour félicités du rétablissement de la grandeur de la Russie, de son émancipation vis-à-vis de l'Ouest, dont les valeurs sont jugées décadentes, et surtout de la défense du « monde russe » armes à la main.

***

Le ralliement des anciens opposants nationalistes à l'État passe par l'approbation de la figure du chef, Vladimir Poutine, qu'un nombre d'entre eux désignent désormais comme le Commandant en chef (*verkhovnyï glavnokomandouïouchtchiï*), voire comme le tsar ou l'autocrate (*samoderjets*). L'exemple d'Alexandre Joutchkovski (né en 1986) est emblématique à cet égard. Militant de la cause ethnonationale mais aussi monarchiste, il a pu exprimer, en 2013, le credo partagé par de nombreux nationalistes critiques du régime poutinien : « Dans un

26. Alexandre Borodaï, « Cette guerre doit se terminer par notre victoire », *Pravda.ru*, 17 mai 2024, http://surl.li/ugcaf (en russe).

État comme la Fédération de Russie, le fait qu'un Russe [*rousskiï tchelovek*] soit un étatiste et patriote n'est pas tant mauvais qu'étrange. [...] L'actuel État russe *n'est pas notre* État[27]. » L'année suivante, Joutchkovski déménageait à Donetsk pour s'engager dans les milices séparatistes prorusses et raconter la vie des résidents du Donbass. En 2022, il exprimait son plein soutien à la politique de Vladimir Poutine sans pour autant renoncer à ses anciennes convictions :

> On peut penser ce qu'on veut de notre système d'État défectueux (et j'en ai une mauvaise opinion), mais nous sommes en GUERRE dans laquelle nos frères et sœurs meurent chaque jour. Et maintenant, par tous les moyens, nous devons réfléchir à la façon de corriger [ce système d'État] sans mettre la Russie et notre mission militaire en danger[28].

En temps de guerre, estime Joutchkovski, la consolidation de la société russe autour de la figure de Poutine est d'une nécessité vitale, d'autant plus que ce dernier « a trop longtemps vécu et gouverné le pays pour être guidé par d'autres motifs [...] que le bien-être et la grandeur de la Russie ». Pour expliquer les revers des armées russes sur le front ukrainien à l'automne 2022, le militant nationaliste invoque le vieux mythe du « bon tsar mal entouré » : le Prince russe serait mal informé par ses conseillers aussi pusillanimes que cupides. De là découle

---

27. Alexandre Joutchkovski, « Troudno byt' patriotom » [C'est dur d'être un patriote], *Voprosy natsionalizma*, n° 14, 2013, p. 16. Souligné par l'auteur.

28. *Idem*, post Telegram, 9 septembre 2022, http://surl.li/ugcan (en russe).

la solution préconisée : l'instauration d'une nouvelle *opritchnina*, terme russe désignant un régime de terreur envers les élites, ou « boyards », introduit par Ivan le Terrible dans la seconde moitié du XVIe siècle[29].

Joutchkovski a ainsi rejoint le chœur des voix galvanisées par la guerre qui, à l'instar des membres du club d'Izborsk, exhortent Vladimir Poutine à lancer une « purification » non seulement déclarée mais aussi effective de la société russe. Leurs cibles : les élites jugées pro-occidentales et « compradores », notion tirée de la théorie marxiste pour désigner la bourgeoisie des pays colonisés tirant sa position dominante du commerce international et restant indifférente au sort de la population locale. Ces élites toujours dominantes en Russie seraient aussi « défaitistes » du fait de leur attachement aux valeurs libérales, dénoncées comme valeurs « occidentales », et aux biens qu'elles détiennent à l'Ouest. Par conséquent, elles devraient être chassées, voire réprimées au cours d'une purge afin que de « vrais patriotes », dont les (anciens) combattants sur le front ukrainien, prennent leur place[30].

Un autre exemple significatif est celui du national-démocrate Sergueï Grigorov, qui a depuis des années critiqué le régime poutinien pour ne pas être suffisamment « à droite ». À l'automne 2022, Grigorov s'engage, lui aussi, comme volontaire dans les milices à Donetsk.

29. *Ibid.*

30. « L'époque de Douguine. Réponses des membres du club d'Izborsk », *Izborskiï kloub*, 2 septembre 2022, http://surl.li/ugcba (en russe) ; Fiodor Papaïani, « La transformation des élites », *Zavtra*, 2 février 2023, http://surl.li/ugccd (en russe) ; Vitali Averianov (dir.), *Donbasskiï period rousskoï istorii. Smena èlit* [L'époque du Donbass dans l'histoire de la Russie. Changement des élites], Moscou, Nache zavtra, 2023.

Depuis le front, il écrit sur sa chaîne Telegram, des textes exprimant son adhésion à l'action du « Commandant en chef » qui mène, sous le couvert de « l'opération spéciale », une « guerre de libération nationale du peuple russe[31] » : expression devenue, nous l'avons vu, l'un des poncifs du discours nationaliste pro-guerre. Pour Grigorov, tout porte à croire que Vladimir Poutine s'est converti à la cause nationaliste ; en attestent les « discours idéologiques » que ce dernier a multipliés depuis février 2022[32].

Mais parmi ces nationalistes ayant activement soutenu la guerre menée par la Russie contre l'Ukraine, d'aucuns se sont érigés en avant-garde belliciste se livrant volontiers à une surenchère patriotique. En multipliant des critiques à l'égard du commandement russe, ils l'ont exhorté à aller plus loin et plus fort dans la poursuite des combats.

---

31. Sergueï Grigorov, post Telegram, 31 décembre 2022, http://surl.li/ugceg (en russe).

32. *Idem*, post Telegram, 17 février 2023, http://surl.li/ugcfa (en russe).

10

VLADIMIR POUTINE DÉBORDÉ PAR UN « NATIONALISME Z » ?

Depuis le 24 février 2022, les dirigeants russes se sont obstinés à désigner la guerre d'Ukraine par la formule d'« opération militaire spéciale ». Certes, le mot « guerre », que le régime a voulu chasser de l'espace public en arrêtant les milliers de manifestants qui l'employaient et en fermant les derniers médias critiques, a fini par être banalisé dans les talk-shows télévisés comme dans la presse gouvernementale. Le mot est admis lorsqu'il se réfère à l'élan supposément belliciste de l'OTAN qui manipule l'Ukraine et mène la guerre contre la Russie « jusqu'au dernier Ukrainien », selon l'un des poncifs les plus utilisés.

Les pro-Kremlin ont renchéri en assimilant l'Alliance atlantique à la réincarnation du nazisme hitlérien. Selon Guennadi Ziouganov, cette guerre serait une « guerre d'anéantissement » visant à « démembrer notre pays » et à « asservir notre peuple », le tout dans une tentative de « mettre en œuvre la solution finale à la "question russe"[1] ». Dans une volonté de préciser les « objectifs »

1. Guennadi Ziouganov, « Se battre pour le monde russe », KPRF, 10 mai 2023, http://surl.li/ugcgn (en russe).

russes dans une « guerre mondiale » ouverte, Sergueï Glaziev en a appelé, lui, à déclarer les États-Unis et le Royaume-Uni « complices du génocide de la population russe d'Ukraine[2] ».

L'expression « opération spéciale » a pourtant été maintenue pour se référer au front d'Ukraine. Le discours prononcé par Vladimir Poutine le 21 septembre 2022 – dans lequel il annonçait, contrairement à ses promesses antérieures, une mobilisation « partielle » de trois cent mille réservistes en âge de combattre tout en menaçant ses adversaires occidentaux d'employer l'arme nucléaire – n'y a rien changé. Tournée vers le public russe, cette formule a pour but de souligner le caractère supposément limité du conflit en cours, à l'instar des précédentes interventions militaires russes en Tchétchénie (dans les années 1990 et 2000) et en Syrie (depuis 2015). Si la guerre d'Ukraine s'est enlisée au point de constituer une nouvelle « normalité » aux yeux d'une majorité de la population russe, cette stratégie rhétorique relève d'un brouillage volontaire de la frontière entre guerre et paix. En effet, la présence de la rationalité guerrière ne doit pas dissiper l'illusion que, dans une large mesure, l'ordre social continue d'être régi « comme avant », par des normes du temps de paix.

C'est précisément cette ambiguïté qui a été violemment mise en cause par les partisans d'un nationalisme guerrier, tel un « turbo-nationalisme » ou « nationalisme Z », du nom du symbole militaire russe mis en avant dans la propagande officielle et inscrit sur les véhicules de combat envoyés en Ukraine. Surtout, ces acteurs mettent en avant

2. Sergueï Glaziev, « Les objectifs de la Russie dans la guerre mondiale », *Zavtra*, 31 octobre 2022, http://surl.li/ugchk (en russe).

le récit d'une guerre « populaire », repris par l'entourage de Poutine[3].

En effet, dès les premières semaines de l'invasion, une coalition informelle de va-t-en-guerre s'est mise en place pour soutenir et amplifier l'effort de guerre du Kremlin : on y retrouve pêle-mêle des nationalistes de toutes obédiences, loyaux ou opposés au Kremlin, des milices se disant « patriotes », des « blogueurs militaires » (*voenkory*) et d'anciens combattants du Donbass dont Igor « Strelkov » Guirkine[4].

Les figures de proue du « nationalisme Z » ont considérablement gagné en visibilité et en audience, notamment sur Internet[5]. Le rôle des blogueurs militaires a été particulièrement significatif, puisque l'audience des chaînes Telegram, tous contenus confondus, a doublé en quelques mois, passant de 9 % en février 2022 à 18 % en septembre de la même année[6].

Cet assemblage proguerre a dès le départ estimé que le Kremlin retenait ses coups et se montrait trop mou vis-à-vis du gouvernement ukrainien. Face à la résistance acharnée des forces armées ukrainiennes, manifestée notamment par la contre-offensive de l'automne 2022, les ultranationalistes russes ont exigé avec de plus en plus de véhémence le passage à la vitesse supérieure,

3. « Le directeur adjoint de l'administration présidentielle Kirienko a appelé à une "guerre populaire" », *Radio Svoboda*, 22 octobre 2022, http://surl.li/ugfvt (en russe).

4. M. Laruelle, « Back From Utopia… », *op. cit.*

5. *Idem*, « The Russian Radical Right and the War in Ukraine : A Zealous Avant Garde, Dissident Voices, and Their Audience », Illiberalism Studies Program, 8 septembre 2022, http://surl.li/ugcjx.

6. « The Main Sources of Information of Russians », Centre Levada, 10 novembre 2022, http://surl.li/ugcll.

celle d'une « guerre totale ». Il s'agit d'un concept de stratégie militaire remontant à Clausewitz, qui parlait de « guerre absolue » au début du XIXe siècle. Près de cent ans plus tard, l'expression fut reprise par le général Erich Ludendorff (1865-1937), chef d'état-major des armées allemandes pendant la Première Guerre mondiale, associé de Hitler avant son arrivée au pouvoir et auteur du livre *Guerre totale* (1935). La notion est ensuite reprise par le juriste et philosophe Carl Schmitt (1888-1985), proche du IIIe Reich hitlérien[7].

Cette conception de la guerre suppose une implication de la société entière, et pas seulement des militaires, la guerre étant vécue comme une crise existentielle collective. Tous les moyens disponibles doivent servir la cause belliqueuse pour conduire à l'ultime victoire. « Tout pour le front ! Tout pour la victoire ! », comme le résume le slogan soviétique mobilisé en juin 1941, avant d'être repris en 2022 par des médias russes d'inspiration nationaliste comme Regnum[8].

Pareillement, les porte-parole du « nationalisme Z » exigent l'instauration d'une loi martiale, l'introduction d'une mobilisation générale et une réorientation de la production débouchant sur une économie de guerre. Sur le plan militaire, les violences guerrières, incluant un ensevelissement des villes ukrainiennes sous les bombes, sont sinon encouragées, du moins excusées. Le front et l'arrière doivent s'unir afin de décrocher une victoire à tout

7. Céline Jouin, « La notion de guerre totale. La logique cryptée des sources schmittiennes », *Raison publique*, n° 17, 2012, p. 239-262.

8. « Tout pour le front, tout pour la victoire ! L'opération spéciale russe en Ukraine », *Regnum*, 21 juin 2022, http://surl.li/ugcnp (en russe).

prix, quitte à anéantir l'Ukraine. Pour y parvenir, d'aucuns envisagent avec sérieux l'usage de l'arme nucléaire en amplifiant le chantage nucléaire du chef du Kremlin.

« S'il faut choisir entre une victoire ukrainienne et une guerre nucléaire mondiale, la guerre nucléaire est préférable », condense le pro-Kremlin Iegor Kholmogorov en septembre 2022[9]. Car, selon l'ethnonationaliste anti-Poutine Alexandre Khramov, si l'Ukraine soutenue par l'Occident gagne cette guerre, la Russie sera disloquée en « une multitude de micro-États » et le peuple russe, « annihilé[10] ».

On voit dès lors que, dans le contexte de la guerre russo-ukrainienne, les aspirations des deux branches idéologiques – ethnonationaliste et impérialiste – du « nationalisme Z » tendent à converger. Ainsi, Alexandre Prokhanov réclame, en juillet 2022, la « transformation d'une guerre ordinaire en une guerre populaire, une guerre sainte, défendant l'existence même du peuple russe et des terres russes[11] ». Ce faisant, il invoque une mobilisation des masses comparable à celles qui ont eu lieu pendant les guerres « patriotiques » de 1812 (campagne de Russie menée par Napoléon) et de 1941-1945 (invasion allemande de l'Union soviétique).

En août 2022, Alexandre Douguine se retrouve au cœur de l'actualité quand une explosion tue sa fille Daria Douguina *alias* Platonova, elle aussi idéologue

9. Iegor Kholmogorov, post Telegram, 16 septembre 2022, http://surl.li/ugcny (en russe).

10. Alexandre Khramov, « Comment se déroulera la décolonisation de la Russie ? », APN, 1er août 2022, http://surl.li/ugcpg (en russe).

11. Alexandre Prokhanov, « Oh hisse ! », *Izborskiï kloub*, 28 juillet 2022, http://surl.li/ugcrb (en russe).

du national-impérialisme russe. Lors de son enterrement, Leonid Sloutski, qui a succédé à Jirinovski, mort en avril de la même année, a scandé : « Un pays, un président, une victoire ! » Vladimir Poutine a, lui, signé un décret décernant à Douguina l'ordre du Courage à titre posthume. Peu de temps après, Douguine a proclamé « la fin de l'opération spéciale » et le début d'une guerre « véritable ». Il conclut l'un de ses nombreux textes par un appel : « Tout doit être soumis à la guerre avec l'Occident », cet Occident qui utiliserait l'Ukraine comme un instrument dans l'objectif de détruire la Russie[12]. Revendiquant une « militarisation totale » de la société russe – dans ses aspects économiques, culturels et même démographiques[13] –, Douguine a été pleinement réhabilité en se voyant offrir la direction de l'École politique supérieure Ivan-Iline, créée à l'Université d'État des sciences humaines de Russie (RGGU)[14].

Andreï Tkatchev, prêtre de l'Église orthodoxe russe et présentateur sur Tsar'grad TV, a lui aussi abondé dans le sens de Douguine. Dans un discours prononcé en ukrainien au même moment, il a appelé les peuples russe et ukrainien à unir leurs forces pour combattre un même ennemi commun : les États-Unis[15].

---

12. Alexandre Douguine, « Ça commence », *Izborskiï kloub*, 19 septembre 2022, http://surl.li/ugcrh (en russe).

13. *Idem*, « La Russie a besoin d'une militarisation totale », *Izborskiï kloub*, 11 mars 2024, http://surl.li/ugcsh (en russe).

14. Juliette Faure, « La philosophie russe en guerre », *AOC*, 28 mai 2024, http://surl.li/ufopu.

15. Andreï Tkatchev, « Le moment est venu : adresse au peuple ukrainien », *Tsar'grad*, 15 septembre 2022], https://vu.fr/actha (vidéo en ukrainien).

***

Les désaccords des « nationalistes Z » avec la ligne officielle, jugée insuffisamment énergique, se manifestent au moment de la mobilisation décrétée par le président Poutine. Si certains l'embrassent de bon cœur, y voyant même, à l'instar de Konstantin Malofeev, un « signe de la Providence[16] », bon nombre de ces radicaux n'en soulignent pas moins que la mobilisation est trop tardive et insuffisante. Ils expriment également un vif mécontentement en apprenant l'échange, survenu en septembre 2022, de plus de deux cents prisonniers ukrainiens du régiment ultranationaliste Azov[17] contre une cinquantaine de prisonniers détenus par Kiev, parmi lesquels l'entrepreneur et homme politique Viktor Medvedtchouk, très proche de Vladimir Poutine, parrain d'une de ses filles. Une fois en Russie, Medvedtchouk, déchu de la nationalité ukrainienne par un décret de Volodymyr Zelensky, a lancé le mouvement L'Autre Ukraine (*Drougaïa Oukraïna*). Son objectif déclaré est justement d'exercer les fonctions d'un centre d'attraction pour les Ukrainiens partisans de la « paix » avec la Russie et opposants au « régime criminel » de Zelensky[18].

Parallèlement, le commandement militaire russe, qui s'est fait réprimander au moment du retrait des forces armées russes des environs de Kiev, à la fin du mois de mars 2022, devient l'objet de critiques virulentes. Elles pointent du doigt l'incapacité du ministre russe de la Défense, Sergueï Choïgou, et du chef d'état-major,

16. Konstantin Malofeev, post Telegram, 21 septembre 2022, http://surl.li/ugctn (en russe).
17. A. Nonjon, *Le Régiment Azov*, *op. cit.*
18. Voir son site web : https://theotherukraine.info/

Valery Guerassimov, d'empêcher le recul des armées russes, qui se poursuit les mois suivants.

La posture adoptée par Igor Strelkov constitue ici un exemple frappant. S'il disparaît de l'espace public au début de « l'opération spéciale » – dans l'espoir, finalement injustifié, d'être nommé chef de guerre sur le front ukrainien –, il devient l'un des principaux détracteurs de la façon dont elle est conduite. Certes, depuis plusieurs années, Strelkov accusait Vladislav Sourkov d'avoir transformé le Donbass en « dépotoir du monde russe » et imputait à Vladimir Poutine la suppression de la concurrence politique, le faible développement économique, la persistance du déclin démographique ou encore l'abaissement du niveau général de culture en Russie[19]. Mais c'est le contexte de l'invasion massive de l'Ukraine qui a radicalisé son discours.

Sur Telegram et Youtube, il se met à dénoncer la mauvaise organisation de la Défense et le faible moral des troupes russes, dus au manque de discipline dans le corps des officiers et à l'imprécision des objectifs de guerre. En effet, ces objectifs ont oscillé entre la « libération » des populations du Donbass, la destitution des « néonazis » au pouvoir à Kiev, la « démilitarisation » de l'Ukraine et la « décolonisation » (lire : désoccidentalisation) du système mondial.

Ayant fait de Sergueï Choïgou, qu'il a rebaptisé « maréchal bidon » (*fanernyï marchal*), un véritable bouc émissaire, Strelkov est allé plus loin en bravant les dirigeants politiques russes qu'il a surnommés « les gnomes du Kremlin » (*kremliovskie gnomy*). À partir du début de l'année 2023, il s'oppose à Vladimir Poutine en personne en lui reprochant de ne pas assumer ses responsabilités de

19. Entretien avec Igor Strelkov, vidéo YouTube, 7 mars 2020, http://surl.li/ugcul (en russe).

chef suprême dans le contexte d'une guerre existentielle. La veille du premier anniversaire du lancement de « l'opération spéciale », Strelkov écrivit :

> Toutes les actions du Kremlin depuis la fin avril 2014 constituent une série continue d'erreurs et de crimes contre la Russie et le peuple russe, à l'exception du 24 février de l'année dernière, même s'il est évident pour tous, aujourd'hui, que cette démarche, correcte en théorie mais trop tardive, a été mal préparée[20].

En avril 2023, Strelkov a cofondé le Club des patriotes en colère (*Kloub rasserjennykh patriotov*). Cette organisation au nom révélateur a multiplié les critiques, toujours plus virulentes, à l'égard du commandement russe. Dans cette démarche, Strelkov a été assisté par Vladimir Kvatchkov (né en 1948), colonel à la retraite qui se définit comme « nationaliste chrétien » et qui a été jugé à deux reprises dans les années 2000 : d'abord pour tentative de meurtre[21], puis pour préparation d'une rébellion armée lorsqu'il avait revendiqué la nécessité de changer l'ordre établi. En 2022, trois ans après sa libération, Kvatchkov a été élu à la tête l'organisation appelée Assemblée des officiers russes (*Obchtcherossiïskoïe ofitserskoïe sobranie*). Réunissant des centaines d'officiers à la retraite à travers la Russie, cette Assemblée véhicule un discours militaro-patriotique et conspirationniste en réclamant la mobilisation générale en Russie afin de gagner la guerre contre l'Ukraine.

---

20. Igor Strelkov, post Telegram, 13 février 2023, https://vu.fr/iSPpn (en russe).

21. La cible de la tentative, survenue en 2005, a été Anatoli Tchoubaïs, acteur clef des réformes économiques des années 1990, devenu l'incarnation du « mal » libéral aux yeux des « nationaux-patriotes ».

***

Toujours est-il que le Kremlin a toléré ces critiques radicales émanant des « nationalistes Z » : contrairement aux médias d'opposition et à ceux qui ont manifesté contre la guerre et la mobilisation, aucun faiseur d'opinion proguerre n'a été censuré en vertu des lois interdisant de « discréditer » l'armée russe et les participants à l'« opération spéciale ». Plusieurs facteurs conjoncturels permettent d'expliquer cette tolérance relative du régime poutinien.

En effet, ces voix nationalistes ont contribué à la justification de la guerre à l'intérieur de la Russie, voire à la « romantisation » du conflit. Toute une culture guerrière patriotique, dite « culture Z », a rapidement vu le jour[22]. Des musiciens (Oleg Gazmanov, Grigory Leps ou Shaman, auteur du tube « Je suis russe ! »), des écrivains ou poètes (Alexandre Pelevine, Igor Karaoulov, Maria Vatoutina), des réalisateurs (Vladimir Agranovitch) ont été promus par des instances officielles, mais aussi par des figures publiques comme l'écrivain « patriote » Zakhar Prilepine, devenu en 2021 coprésident du parti parlementaire Russie juste/Patriotes/Pour la vérité. En 2023, la Fondation présidentielle pour les initiatives culturelles a accordé 1,6 milliard de roubles (près de 16,5 millions d'euros) à des projets artistiques soutenant « l'opération spéciale militaire[23] ». La même année, le portail russe des services publics

22. « Un aperçu de la nouvelle culture Z russe », *Nastoïachtchee vremia*, 25 février 2023, http://surl.li/ugdnp (en russe).

23. « Russian Presidential Foundation Awards $16M to Pro-War Culture Projects », *Moscow Times*, 29 septembre 2023, http://surl.li/ugdtw.

(*Gossouslougui*) a diffusé gratuitement, à des millions de citoyens de Russie, les copies électroniques d'un recueil de poèmes sous le titre *PoéZie de l'été russe* (référence au « printemps russe » de 2014), censé rendre hommage au « courage de ceux qui se sont levés pour défendre leur terre natale ». Ce receuil a été préparé avec le concours de la chaîne de télévision RT, et présenté à Moscou par la rédactrice en chef Margarita Simonian.

Parallèlement, un genre littéraire nouveau s'est développé dans les « zones grises » du régime : les Mémoires de guerre des combattants du Donbass (Alexandre Joutchkovski, Vladlen Tatarski ou Vitali « Afrique » Fedorov). Racontant la « vérité » de la guerre, leurs œuvres sont publiées par la maison d'édition Centurie noire sans aucun financement public.

Si les nationalistes non et para-étatiques ont cherché à influencer la position officielle de l'État, l'administration Poutine a toujours gardé la main sur ce qu'elle décide d'incorporer dans le discours officiel et de transcrire en décisions. Lorsque Vladimir Poutine reprend à son compte les griefs nationalistes imputant à l'Occident la volonté de détruire la Russie ou qu'il annonce la tenue de référendums d'annexion dans les territoires ukrainiens occupés, en septembre 2022, les convergences de ces actes avec le programme maximaliste du « nationalisme Z » sont pleinement assumées. Mais la décision finale revient toujours aux fonctionnaires de l'administration, et non aux idéologues ou propagandistes.

Par exemple, l'administration présidentielle peut donner son aval à la diffusion des propos haineux dans certaines situations tout en les réprimant dans d'autres. Au début de l'invasion, l'agence de presse officielle RIA Novosti a ainsi autorisé la publication d'un article signé par un spécialiste en communication politique peu connu, Timofeï Sergueïtsev, contenant une incitation au génocide contre les Ukrainiens sous la forme d'une politique de « désukrainisation[24] ». Dans le même temps, la chaîne RT, elle aussi appartenant à l'État, a banni l'un de ses principaux propagandistes, Anton Krassovski, après qu'il a appelé à brûler vifs des enfants ukrainiens[25].

En outre, la présence d'acteurs ultranationalistes dans l'espace public a aidé le régime de Poutine à se présenter par contraste comme étant relativement « modéré ». Dans le passé, le régime de plus en plus autoritaire et illibéral pouvait être considéré par l'Occident et les cercles libéraux russes comme un rempart contre les forces extrémistes susceptibles d'accéder au pouvoir. Depuis 2014, le Kremlin n'accorde plus d'importance à l'opinion occidentale. Toutefois, sa capacité à canaliser le maximalisme de la minorité belliciste permet de renforcer l'image d'un régime stable qu'il cherche à projeter à l'extérieur comme à l'intérieur du pays.

Enfin, les « nationalistes Z » ont permis aux autorités russes d'atteindre, sur Internet, un public globalement loyal au régime mais en même temps avide de voix critiques, et non (seulement) de lieux communs de propagande relayés par la télévision publique.

La fulgurante montée en puissance du groupe paramilitaire Wagner, ancienne antenne du régime poutinien, a changé la donne en mettant fin à cette attitude tolérante dictée par un sens pragmatique.

---

24. « "Dénazification" de l'Ukraine : l'effrayante tribune de T. Sergueïtsev », *Humanités*, 7 avril 2022, http://surl.li/ugduz.

25. « Krasovsky : Russia Bans "Burn Ukrainian Kids" TV Presenter », BBC, 24 octobre 2022, http://surl.li/ugegg.

11

UNE SURENCHÈRE PATRIOTIQUE : LES « PATRIOTES EN COLÈRE » REMIS À LEUR PLACE

La création de Wagner, milice aujourd'hui connue du monde entier, est intimement liée au conflit russo-ukrainien. C'est dans le Donbass que ses mercenaires – notamment d'anciens militaires du *spetsnaz*, groupes spéciaux d'intervention de l'armée russe – sont pour la première fois déployés, en 2014, à l'instar des milices cosaques et des groupements radicaux comme SERB probablement reliés aux forces de l'ordre russes.

Wagner est le fruit d'un seul homme : le sulfureux Evgueni Prigojine (1961-2023), qui a fait neuf ans de prison pour brigandage et escroquerie avant de devenir un entrepreneur pétersbourgeois à succès dans les années 1990. C'est à Saint-Pétersbourg, ville natale de Poutine, que Prigojine fait sa connaissance au début des années 2000. Aventurier de caractère, Prigojine s'engage, avant même la fondation d'une armée privée, dans des entreprises servant le régime russe, à l'instar de son Institut Research Agency, connue sous le nom de « ferme à trolls » en raison de ses campagnes de propagande et de désinformation.

Si le statut de la compagnie militaire privée est resté flou, le mercenariat étant interdit par la loi russe,

Wagner a agi comme un substitut de l'État russe, qui ne souhaitait pas que son engagement dans les hostilités de l'est de l'Ukraine soit visible. La relation instaurée entre le Kremlin et Wagner relevait d'une symbiose. L'administration Poutine a ainsi permis au groupe paramilitaire de conjuguer des activités lucratives (exploitation minière notamment) avec des opérations de soutien à des régimes dictatoriaux en Syrie, au Mali ou en République centrafricaine[1]. En échange, ces régimes ont mis en place les moyens de renforcer la présence russe – politique, militaire mais aussi économique – au Moyen-Orient et sur le continent africain[2].

On pourrait sans doute établir des parallèles entre le mode d'action de Wagner et celui des corsaires employés autrefois par les empires européens. Une autre analogie, avancée par Alexandre Borodaï[3], est celle avec les lansquenets : ces mercenaires des XVe et XVIe siècles connus tant pour la pratique systématique des pillages que pour des rébellions contre les princes qui manquaient de les payer. Dans le même temps, Wagner n'est certainement pas un cas isolé à l'échelle internationale. Les États-Unis ont déployé des sociétés militaires privées dans le cadre de leurs interventions en Afghanistan et en Irak, où elles ont été impliquées dans des actes de torture et des massacres

1. Emmanuel Dreyfus, « Wagner : instrument au service du Kremlin ou outil lucratif ? », Institut Montaigne, 10 décembre 2021, http://surl.li/ugzow.

2. Voir Ilia Barabanov et Denis Korotkov, *La Mort est notre business : la véritable histoire du groupe Wagner et de son fondateur, Evgueni Prigojine*, trad. du russe par M. Rieka, préface de K. Bolchakova, Paris, Flammarion, 2024.

3. A. Borodaï, « Cette guerre doit se terminer par notre victoire », *op. cit.*

de civils[4]. Aujourd'hui, la Chine communiste s'en sert volontiers pour sécuriser les infrastructures construites dans le cadre de son ambitieux projet d'expansion économique « Nouvelles Routes de la soie », lancé en 2013[5].

L'intervention jugée efficace des miliciens de Wagner en Syrie, aux côtés des *kadyrovtsy*, a déterminé leur futur déploiement sur le front ukrainien en 2022 car, du point de vue du Kremlin, il existe une « profonde intimité [...] entre les théâtres européen et moyen-oriental », où la Russie « consolide méthodiquement son statut de grande puissance[6] ». À bien des égards, la Syrie a servi de champ d'expérimentation pour les forces armées russes, régulières comme irrégulières. C'est là qu'elles ont pratiqué des méthodes de guerre brutales visant notamment les populations civiles. L'aviation russe a systématiquement déversé des tapis de bombes sur les villes, ce qui a valu à son commandant en chef, Sergueï Sourovikine, le surnom de « général Armageddon ». Des méthodes similaires ont été déployées en Ukraine, souvent par les mêmes hommes.

Au début de l'invasion massive de l'Ukraine, l'État russe amplifie son soutien financier et logistique au groupe Wagner en lui permettant d'étendre ses activités à une échelle sans précédent, et ce, aux dépens de l'exercice de ses propres missions régaliennes, telles que le monopole de la violence légitime et le contrôle

4. Jeremy Scahill, *Blackwater : l'ascension de l'armée privée la plus puissante du monde*, trad. de l'anglais par C. Baker et A. David, Paris, Actes Sud, 2008 (2007).

5. Alessandro Arduino, « Les sociétés militaires privées chinoises : ni Blackwater, ni Wagner », *Le Rubicon*, 27 mars 2024, http://surl.li/uhgiz.

6. Jean-Pierre Filiu, « Vladimir Assad et Bachar Poutine », *Politique internationale*, n° 179, 2023, http://surl.li/ufnrh.

du système carcéral. Prigojine est ainsi autorisé à recruter des milliers de prisonniers en organisant des tournées dans les colonies pénitentiaires à travers la Russie. Dans le système politique russe, seul Vladimir Poutine a pu donner une telle autorisation[7]. Si l'on peut s'interroger sur les différents motifs de cette complicité, l'un d'entre eux semble primordial : la volonté du régime de reporter, puis de réduire l'ampleur de la mobilisation de réservistes, perçue comme anxiogène par de larges couches de la société russe. Confrontées au manque d'effectifs sur le front, les autorités ukrainiennes décident, au printemps 2024, de recourir à la même stratégie[8].

Une fois déployée sur le front, la société Wagner a pu bénéficier d'une autonomie tactique totale, et Prigojine a joui d'une liberté d'expression inouïe en temps de guerre. Il s'est permis en effet d'attaquer personnellement le ministre Choïgou et le général Guerassimov, tous deux bénéficiant de la confiance personnelle de Vladimir Poutine. À travers divers moyens médiatiques qu'il finançait, y compris les chaînes Telegram, Prigojine a dénoncé leur incompétence, leur reprochant l'état « désastreux » des troupes, le système d'approvisionnement jugé inefficace et même le traitement des soldats russes comme de la chair à canon. Cela ne manque pas de triste ironie, compte tenu des lourdes pertes subies par Wagner et des châtiments cruels auxquels les détenus recrutés pouvaient être soumis.

En seulement quelques mois, Prigojine est devenu une figure de proue du « nationalisme Z », tenant un discours

---

7. « A Mercenaries' War », *Meduza*, 14 juillet 2022, http://surl.li/ugehk.

8. « Ukraine Moves to Send Convicts to the Front Line – Minus the Rapists and Killers », *Politico*, 8 mai 2024, http://surl.li/ugeiy.

imprégné d'une soif de vengeance et d'un ressentiment visant les élites russes « déloyales ». Selon certaines sources, il aurait même envisagé de lancer un mouvement politique pour s'adresser aux soutiens de Vladimir Poutine tout en portant un regard critique sur les administrations dysfonctionnelles et « insuffisamment » patriotiques[9]. Dans un entretien accordé à un spécialiste en communication pro-Kremlin et largement diffusé sur les réseaux sociaux, Prigojine s'indignait ainsi que depuis le lancement de « l'opération spéciale » contre l'Ukraine

> les enfants de l'élite [aient] au mieux fermé leur gueule, tandis que certains s'autorisent à mener publiquement une vie luxueuse et insouciante. [...] La vie aisée et oisive [*jirovstvo*] des enfants de l'élite conduira à ce que les gens les pendront tous [*na vily podnimout*]. Voici le conseil que je donne à l'élite de la FR [Fédération de Russie] : envoyez vos putains de mômes à la guerre, et quand vous devrez aller à leur enterrement, les gens vous diront : « Maintenant c'est juste[10] ! »

Ce discours brutal fait appel au ressenti anti-élite de nombreux citoyens de Russie, dont beaucoup se retrouvent pourtant dans le discours officiel et disent soutenir le chef du Kremlin qui ne parviendrait pas à mettre au pas les « oligarques[11] ».

9. « "He Grasps Things Very Quickly". Evgeny Prigozhin's Covert Bid for Power in an Unstable Russia – and What He Has Learned From Alexey Navalny », *Meduza*, 15 novembre 2022, http://surl.li/ugejz.

10. « Prigojine a donné une longue interview », *Kun.uz*, 24 mai 2023, https://vu.fr/ukdUp (en russe).

11. Voir K. Clément, *Contestation sociale à bas bruit en Russie*, *op. cit.*, p. 67-80.

En mai 2023, au moment de la prise, essentiellement par les forces de Wagner, de Bakhmout – cette ville de la région de Donetsk complètement détruite et devenue un symbole de l'absurdité de cette guerre –, Prigojine s'est imposé comme le chef de guerre le plus célèbre et sans doute le plus redouté de Russie. Mettant cette image à profit, il a intensifié sa rhétorique opposant « l'efficacité » des combattants de Wagner à l'incapacité des généraux et à la corruption du ministère de la Défense[12].

Le conflit les opposant a atteint un niveau supérieur au début de juin 2023, lorsque Sergueï Choïgou, avec l'aval supposé de Vladimir Poutine, a contraint toutes les « unités de volontaires » à conclure des contrats avec son ministère avant le 1er juillet suivant. Cette décision signifiait qu'Evgueni Prigojine, dont les ambitions personnelles et potentiellement politiques n'avaient entre-temps cessé de croître, avait été « sacrifié » par le commandement militaire. C'est ce qui déclencherait la mutinerie armée de Wagner les 23 et 24 juin 2023.

***

Tout porte à croire que la révolte lancée par Prigojine et ses quelque vingt-cinq mille combattants a pris de court la présidence russe. En témoignent les réactions confuses de l'État. Une enquête pénale a été ouverte dès le soir du 23 juin à l'encontre de Prigojine, puis close vingt-quatre heures plus tard… avant d'être ouverte de nouveau. Pendant la rébellion, on a pu observer à tous les

12. Alexandr Burilkov, « The Downfall of Prigozhin », *The Loop*, s.d. [2023], http://surl.li/ugelf.

niveaux de l'appareil d'État des réactions improvisées, telles que la destruction de routes pour ralentir la progression des forces de Wagner en direction de Moscou et l'envoi de deux généraux pour négocier avec Prigojine à Rostov-sur-le-Don, où la milice s'est emparée, sans rencontrer de résistance, du quartier général du district militaire sud. La rébellion avait ainsi révélé des failles importantes dans la sécurité interne en Russie.

Dans son adresse à la nation le matin du 24 juin 2023, Vladimir Poutine évoquait le spectre de la guerre civile, un sujet particulièrement sensible en Russie, qui a connu un conflit civil meurtrier dans le prolongement de la Première Guerre mondiale[13]. En dénonçant un « coup de poignard dans le dos », il s'est pourtant abstenu de nommer directement l'auteur de ce coup. Et pour cause : Poutine lui-même porte une part de responsabilité dans ces évènements, le phénomène Prigojine n'ayant pu acquérir un tel pouvoir qu'en vertu de sa connexion avec le président russe.

Il semble que ce lien personnel ait fait oublier à l'autocrate russe les risques qui lui étaient associés. Une fois la mutinerie terminée, le chef du Kremlin n'a pas manqué de remercier les responsables de la sécurité de l'État d'avoir « évité une effusion de sang », mais a également tendu la main à des combattants expérimentés de Wagner ayant « reconnu leur erreur », tout en promettant aux autres qu'ils pourraient « partir au Bélarus », sous la garantie personnelle d'Alexandre Loukachenko, proche allié de Poutine[14].

13. Adresse de Vladimir Poutine aux citoyens de Russie, *Kremlin.ru*, 24 juin 2023, http://surl.li/ugemg (en russe).

14. Adresse de Vladimir Poutine aux citoyens de Russie, *Kremlin.ru*, 26 juin 2023, http://surl.li/ugent (en russe).

L'objectif que Prigojine se serait fixé demeure peu clair : envisageait-il réellement de se rendre jusqu'à Moscou pour prendre le contrôle de la capitale ? Cherchait-il à négocier sa vie et son avenir à travers une démonstration de force spectaculaire mais finalement désespérée, tout en sachant que le régime pouvait se débarrasser de lui à tout moment ? Il y a eu aussi quelque chose de grotesque dans cette tentative de rébellion qui s'est évaporée sans laisser de suites qui auraient réellement affecté la situation sur le front ou l'ordre des choses dans le gouvernement russe. Ces traits carnavalesques caractérisent la figure de Prigojine, avec sa transgression des normes publiques – par exemple, le recours systématique à des jurons et au *fenia*, cet idiome employé par d'anciens détenus des prisons russes – au nom d'une « justice » populaire. Ce n'est pas un hasard si Prigojine avait baptisé sa mutinerie « marche pour la justice » (*march spravedlivosti*).

Pourtant, la rébellion avortée de Wagner a sérieusement entaché l'image d'unité nationale promue par la propagande et mise en valeur dans le discours de Vladimir Poutine. Elle a surtout révélé le potentiel destructeur de la rivalité entre différentes factions qui se réclament toutes du « patriotisme », élevé au rang de valeur politique cardinale. Prigojine a pu incarner un patriotisme violent et militariste, farouchement opposé aux élites « corrompues » et même au capitalisme, mélange idéologique qui trouvait un écho auprès d'une fraction de l'opinion russe. Comme en témoigne l'accueil favorable des forces de Wagner par une partie de la population à Rostov lorsqu'elles ont pris le contrôle de la ville.

À l'instar de l'épisode du Club des patriotes en colère, la mutinerie de Wagner relève d'une surenchère patriotique où divers acteurs, affiliés ou non à l'État, rivalisent avec le régime pour revendiquer l'adhésion à un patriotisme « authentique ».

Le 23 août 2023, exactement deux mois après l'échec de la mutinerie, Evgueni Prigojine trouvait la mort sur le territoire russe dans le crash de l'avion qui le transportait, en compagnie de plusieurs hauts responsables de la milice dont son fondateur, Dmitri Outkine. Contrairement à Prigojine, ce dernier n'était pas une figure publique et restait inconnu au-delà de la mouvance marginale des suprémacistes blancs d'inspiration néonazie. Il n'empêche que son rôle et son expérience professionnelle en tant qu'ancien officier des forces spéciales du renseignement (GRU) de Russie avaient été capitaux dans la création de la société Wagner. De fait, « Wagner » était initialement le nom de code d'Outkine, reflétant les opinions extrémistes de ce dernier, référence à peine voilée à Richard Wagner, compositeur préféré d'Adolf Hitler. La nouvelle de la mort des dirigeants de la milice a immédiatement suscité de très nombreuses réactions dans le monde, et en Russie même.

Si les autorités russes ont insisté sur la nécessité de mener une enquête « transparente » qui serait la seule à pouvoir établir la cause de l'accident, une grande partie des observateurs de tous bords ont soupçonné Vladimir Poutine d'avoir ordonné l'élimination de l'homme qui avait osé lancer sa « marche sur Moscou ». Le président russe avait même paru passer l'éponge sur la trahison de son ancien associé, puisqu'il avait rencontré Prigojine quinze jours à peine après la tentative de rébellion ; au même moment, celui-ci avait apparu au sommet Russie-Afrique à Saint-Pétersbourg, en juillet 2023. Mais cette réconciliation de façade et les propos tenus par Poutine après l'annonce du crash de l'avion de Wagner – le défunt ayant été, a-t-il jugé, « un homme de talent, qui avait parfois fait de mauvais choix[15] » – n'ont pas convaincu l'immense majorité des observateurs et notamment les cercles nationalistes pro-guerre, qui pour beaucoup tenaient Prigojine en haute estime.

Son image de patriote courageux et désintéressé, « prêt à faire le sale boulot[16] » dans les intérêts présumés de la Russie, a impressionné plus d'un « nationaliste Z ». Certains étaient attirés par le culte du sang et de la violence extrême reflétant l'intérêt de nombreux mercenaires de Wagner pour l'ésotérisme nazi[17]. Le marteau ensanglanté, brandi par Prigojine en public, est devenu le symbole phare de cette violence perpétrée au nom de la « justice » en temps de guerre. Sergueï Mironov, président du parti parlementaire Russie juste/Patriotes/Pour la vérité, a même publié des photos avec cet outil dont des combattants de Wagner se serviraient pour exécuter les « traîtres » et les « ennemis »[18]. Cette brutalité était largement appréciée par des turbo-nationalistes russes : Prigojine et ses « musiciens » – surnom donné aux mercenaires de Wagner – auraient livré aux Ukrainiens une « véritable » guerre sans répit.

La rébellion de la milice avait, certes, entaché la réputation de Prigojine aux yeux de ce public, dans la mesure

15. « He Was a Person With a Complex Fate. Putin Comments on Yevgeny Prigozhin's Apparent Death Nearly 24 Hours after Plane Crash », *Meduza*, 24 août 2023, http://surl.li/ugeom.

16. Alexeï Larkine, post Telegram, 23 août 2023, http://surl.li/ugepq (en russe).

17. « L'Église orthodoxe russe envoie les miliciens de Wagner en enfer », *Nezavissimaïa gazeta*, 4 juillet 2023, http://surl.li/ugeqi (en russe).

18. « Prigojine a offert au député à la Douma Sergueï Mironov un marteau de la société Wagner », *Zerkalo*, 20 janvier 2023, http://surl.li/ugerc (en russe).

où elle a fait planer le spectre de la désunion, voire de la guerre civile. Néanmoins, à l'exception d'une poignée de figures publiques dont Igor Strelkov, qui était en conflit ouvert avec Prigojine et le traitait de « clown noir », la plupart des nationalistes et patriotes autoproclamés s'étaient abstenus de condamner sans équivoque les mutins de Wagner et leur chef. Cette position ambiguë n'est pas sans rappeler celle des autorités du Kremlin qui, au moment de la rébellion, fustigeaient la « trahison » sans en nommer les auteurs – avant de procéder à la réorganisation, plutôt qu'à la liquidation, du groupe Wagner, contraint d'être intégré dans la hiérarchie du ministère de la Défense et de la Garde nationale. En novembre 2023, l'État russe créait une nouvelle structure paramilitaire russe, le Corps africain, dans l'objectif de maintenir les intérêts russes dans les pays d'Afrique où la société Wagner s'était implantée.

L'opinion dominante dans ces milieux, qu'elle soit exprimée en termes crus ou voilés, a consisté à attribuer le crash de l'avion de Wagner aux services de sécurité russes. Chacun comprenait que la mutinerie de la milice n'était pas un acte pouvant rester sans réponse et encore moins être excusé. L'élimination de Prigojine n'a donc pas surpris grand monde ; c'est plutôt le fait qu'elle ait tant tardé qui a étonné. Par exemple, Dmitri Bastrakov a estimé que si « l'évènement » était attendu, « il est surprenant qu'il ait été retardé de deux mois », bien que cette stratégie patiente « corresponde parfaitement au style poutinien[19] ».

D'autres, parmi les plus loyaux au Kremlin, ont relayé la parole officielle, qui prétendait qu'une « enquête

19. Dmitri Bastrakov, post Telegram, 23 août 2023, http://surl.li/ugerl (en russe).

approfondie serait menée » et que « la vérité serait établie[20] ». D'autres encore se sont abstenus d'évoquer la version de l'assassinat politique en préférant se limiter à des propos comme « dans la nouvelle réalité, tout est possible[21] ».

Dans le même temps, le vocable « héros » a connu une inflation dans les milieux nationalistes proguerre pour désigner Prigojine et ses associés. Ainsi, Konstantin Malofeev a rendu hommage à Prigojine, « héros troublé » et « vrai patriote de Russie, qui effrayait les ennemis et gênait les bureaucrates[22] ». Bastrakov a, lui, déploré la mort de « héros ambigus, mais certainement grands[23] ». Un terme également employé par Alexandre Douguine qui invoque le livre *Marchands et Héros* (1915), du sociologue allemand Werner Sombart (1863-1941), lequel y célébrait la Première Guerre mondiale comme la « guerre allemande ». À l'appui de Sombart, Douguine considère que Prigojine, ayant commencé comme un entrepreneur (« marchand ») dans les années 1990, serait passé « au statut de héros [...] au moment même où le pays en avait le plus besoin », montrant ainsi la voie aux autres membres de l'élite russe, trop empreints d'un esprit de calcul et de profit, et non d'une mentalité héroïque[24].

20. « La police judiciaire a confirmé qu'il s'agissait bien de Priogojine », *Tsar'grad*, 27 août 2023, http://surl.li/ugesb (en russe).

21. Dmitri Bastrakov, post Telegram, 24 août 2023, http://surl.li/ugesp (en russe).

22. Konstantin Malofeev, post Telegram, 23 août 2023, http://surl.li/ugesz (en russe).

23. D. Bastrakov, post Telegram, 23 août 2023, *op. cit.*

24. « Douguine a révélé le principal exploit de Prigojine », *Tsar'grad*, 25 août 2023, http://surl.li/ugetu (en russe).

***

Aux yeux de l'administration Poutine, la mutinerie de Wagner fut évaluée tout autrement : du point de vue de la conservation du pouvoir. On considéra que la critique des « patriotes en colère » était un facteur de déstabilisation, notamment à l'approche de la réélection programmée de Vladimir Poutine lors du scrutin de mars 2024.

Les réactions à cette déstabilisation ne tardèrent pas à venir. En juillet 2023, Igor Strelkov, l'une des icônes du « nationalisme Z », fut arrêté en raison de « l'extrémisme » qu'il exprimait dans sa communication sur les réseaux sociaux. Après plusieurs mois passés en détention provisoire, il a été condamné à quatre ans de prison en janvier 2024. Son associé Kvatchkov a été, lui, condamné à deux amendes de quarante et cinquante mille roubles (quatre et cinq cents euros environ) pour avoir « discrédité les forces armées russes ».

La mort de Prigojine et l'arrestation de Strelkov constituent à première vue deux évènements indépendants. En réalité, tous deux traduisent la volonté du Kremlin de reprendre la main sur les milieux ultrapatriotiques dont les critiques virulentes sur la conduite de la guerre avaient été tolérées pendant de longs mois[25]. Ces évènements tracent en effet les lignes rouges de l'acceptable et de ce qui ne l'est pas pour le régime.

D'une part, la trahison est considérée comme un crime capital dans un système politique bâti sur les allégeances personnelles et la loyauté envers la hiérarchie avec le

25. Alexander Verkhovsky, « The State Is Trying to Restore Control over the "Ultrapatriotic" Camp », *Russia.Post*, 8 août 2023, http://surl.li/ugeuk.

« chef suprême » à son sommet. D'autre part, l'arrestation de Strelkov, qui était quotidiennement lu et vu sur Internet par des centaines de milliers de personnes, atteste que les remises en cause publiques de la légitimité du haut commandement ne sont plus admises.

L'emprisonnement de ce « héros du printemps russe » – qui fut reconnu comme criminel de guerre et condamné par contumace à la prison à perpétuité dans le procès à La Haye pour le crash du vol de Malaysia Airlines, le 17 juillet 2014 – suscita, en Russie, une vague de déclarations de soutien et d'appels à sa libération émis par des blogueurs nationalistes, sans succès. La mobilisation organisée sur les réseaux sociaux par son épouse, Miroslava Reginskaïa, n'a pas non plus produit d'effet. Plusieurs dizaines de personnes au mieux vinrent soutenir Strelkov au tribunal à Moscou. Cela peut s'expliquer par la vision idéologique de ces acteurs. S'identifiant à l'État, souvent idéalisé, et/ou à la nation dont les intérêts sont jugés supérieurs aux droits individuels, ils ont beaucoup de mal à contester les autorités même lorsqu'ils n'apprécient guère les dirigeants en place[26].

En novembre 2023, depuis sa cellule de détention, Strelkov va jusqu'à annoncer sa candidature à la présidence russe, en y voyant, en dépit de la nature « malhonnête » des élections, une chance pour « toutes les forces patriotiques » de s'unir « face aux menaces extérieures et intérieures[27] ». Un mois plus tard, le Mouvement russe de Strelkov, créé à la suite de son arrestation, déclare

26. Leonid Gozman, « Personne n'écrit à Girkine », *Novaïa gazeta*, 30 juillet 2023, http://surl.li/ugevj (en russe).

27. Igor Strelkov, post Telegram, 19 novembre 2023, http://surl.li/ugevl (en russe).

que sa candidature a été refusée par la Commission électorale centrale.

Un autre facteur qui explique l'échec de ces tentatives de mobilisation tient au climat de répression qui sévit en Russie au cours de ces dernières années, et particulièrement depuis février 2022 : « les patriotes en colère » savent parfaitement qu'ils se feront écraser s'ils tentent de défier l'appareil de l'État dans les rues. Dans un message publié sur Telegram, Strelkov lui-même évoquait la mort « mystérieuse » de plusieurs acteurs du séparatisme prorusse en Ukraine, exigeant que ces assassinats soient vengés[28]. En outre, personne parmi les nationalistes pro-guerre n'a oublié que, avant Prigojine, plusieurs figures de ce camp avaient été les cibles d'attentats au cours de l'année écoulée. Après l'assassinat de Daria Douguina, le populaire blogueur militaire Maxime Fomine *alias* Vladlen Tatarski, originaire du Donbass, a été tué par une bombe dans un café à Saint-Pétersbourg (ancienne propriété de Prigojine), en avril 2023. Un mois plus tard, l'écrivain « patriote » Zakhar Prilepine était grièvement blessé dans un attentat contre son véhicule.

À propos de ces attentats, le public ultranationaliste s'est très majoritairement aligné sur le discours officiel de l'État. Ainsi, Strelkov lui-même les imputait aux services ukrainiens[29]. Lors des commémorations organisées par des sympathisants nationalistes en mémoire de Prigojine et d'Outkine en août 2023, leurs portraits ont souvent été

28. *Idem*, post Telegram, 8 février 2023, http://surl.li/ugewi (en russe).

29. *Idem*, post Telegram, 6 mai 2023, http://surl.li/ugexa (en russe).

disposés aux côtés de ceux de Douguina et de Tatarski[30]. Ces pratiques ont ouvert la voie à des glorifications *post mortem* permettant de (re)mobiliser les soutiens de la cause nationale-patriotique. Daria Douguina a été quasiment sanctifiée dans le milieu des « turbo-nationalistes », qui l'ont comparée à Jeanne d'Arc[31], tandis que sa mort a été présentée comme un sacrifice pour la Victoire russe avec un grand « V »[32].

La commémoration de ces morts par les nationalistes russes s'ajoute à celle de l'incendie de la Maison des syndicats d'Odessa, où quarante-huit manifestants prorusses furent tués le 2 mai 2014[33]. Cet évènement tragique a été réinterprété comme un « acte de génocide » et « l'Holocauste russe », propos qui relèvent d'une relativisation de la Shoah. En 2024, Konstatin Malofeev écrivait dans sa chaîne Telegram :

> Tout comme les nazis du siècle dernier ont brûlé des Juifs pour les sacrifier à leur culte racial, les nazis du XXIe siècle ont décidé de sacrifier le peuple russe à leur idéologie prônant l'unité avec l'Occident [et à leur] russophobie satanique.
>
> Si, après le Maïdan, des doutes subsistaient quant au type de régime qui avait été établi en Ukraine, le 2 mai 2014 a

30. Open Ukraine, post Telegram, 27 août 2023, http://surl.li/ugexn (en russe).

31. La Flamme russe, post VKontakte, 22 août 2022, http://surl.li/ugeyp (en russe).

32. « L'époque de Douguine… », *op. cit.* ; Iegor Kholmogorov, post Telegram, 20 août 2023, http://surl.li/ugezg (en russe).

33. Alexeï Titkov, « "Le symbole du mal absolu". Comment l'incendie d'Odessa est devenu une ligne à partir de laquelle "tout devient possible" », *Tcherta*, 29 avril 2022, http://surl.li/uguqu (en russe).

> apporté la clarté définitive : nous sommes en guerre contre le mal le plus terrible, qui a une fois de plus levé la tête sur nos terres historiques.

Il terminait son message en reprenant la formule du discours soviétique commémorant les victimes de la Seconde Guerre mondiale : « Le 2 mai est le jour où nous disons : personne n'est oublié et rien n'est oublié[34]. »

Les signaux que le Kremlin a envoyés aux « patriotes en colère » à l'été 2023 étaient également destinés aux hauts gradés des « ministères de force », parmi lesquels des personnalités comme Strelkov, ancien du FBS, et Prigojine bénéficiaient d'un certain soutien. Ainsi, ce dernier était proche de certains généraux comme Mikhaïl Mizintsev, ancien vice-ministre de la Défense qui a rejoint le groupe Wagner en mai 2023, ou Sergueï Sourovikine. Ce dernier a été limogé de son poste de commandant des forces aérospatiales le jour même du crash de l'avion de Wagner et a disparu de l'espace public. C'est par leur intermédiaire que les dénonciations de Prigojine accusant le commandement militaire de saboter l'effort de guerre pouvaient trouver un écho auprès de certains officiers de haut rang[35].

Le discours des nationalistes proguerre, relayé sur Internet et spécialement sur Telegram, n'existe pas en vase clos. Il résonne dans d'autres discours, dont ceux

---

34. Konstantin Malofeev, post Telegram, 2 mai 2024, http://surl.li/ugtzz (en russe). L'expression « personne n'est oublié et rien n'est oublié » provient originellement d'un poème d'Olga Bergholtz, poétesse soviétique qui a travaillé à la radio pendant le siège de Léningrad.

35. Mikhail Komin, « Who Was Prigozhin Counting on to Back His Failed Mutiny ? », *Carnegie Politika*, 27 juin 2023, http://surl.li/ugezz.

des partis représentés à la Douma d'État ou ceux des médias officiels. Les propos de certains députés, et de certaines personnalités médiatiques, ne dépareraient pas au sein des milieux nationalistes va-t-en-guerre. La question primordiale à cet égard est celle de la loyauté et du contrôle. Contrairement à l'opposition parlementaire et aux médias qui dépendent du Kremlin, le « nationalisme Z » est constitué d'acteurs relativement autonomes pouvant être liés à l'État mais agissant en leur propre nom, et surtout pouvant s'opposer aux politiques de l'État, voire défier publiquement la légitimité de Poutine.

Les cas de Strelkov et de Prigojine montrent que le régime poutinien n'hésite pas – et n'hésitera pas à l'avenir – à employer la violence dictée par la raison d'État. Celle-ci s'abat autant sur les néonazis violents que sur les opposants libéraux comme Alexeï Navalny et Vladimir Kara-Mourza – tous deux condamnés à de lourdes peines de prison ayant provoqué la mort de Navalny en détention, en février 2024. Mais elle peut aussi bien viser les (anciens) mandataires du régime devenus des détracteurs trop visibles, voire de potentiels concurrents. Personne n'est à l'abri dès lors qu'une certaine pression sociale – en l'occurrence d'orientation nationaliste-patriotique – est perçue par le système politique comme une menace pour la stabilité intérieure.

Dans un message publié sur Telegram avec l'aide de son avocat, en septembre 2023, Strelkov, emprisonné, invoquait le spectre du désordre (*smouta* en russe)[36]

36. Cette notion se réfère au « Temps des troubles », une période, à la fin du XVIe et au début du XVIIe siècle, où rivalités des prétendants au trône russe, soulèvements populaires et interventions étrangères mirent en péril l'existence de l'État moscovite.

et constatait : « nous sommes à la veille de l'effondrement de l'État russe », tout en appelant à la constitution d'une « force patriotique positive » capable d'éviter la catastrophe préparée par « le système bureaucratique-oligarchique » de Poutine[37]. Tant que le régime poutinien demeure stable et maintient le contrôle sur les services de sécurité et les forces armées, cet appel désespéré restera voué à l'échec.

***

Les deux premières années de l'invasion russe de l'Ukraine ont bien montré que si les voix nationalistes s'exprimant aux marges de l'État contribuent à faire monter les enchères, elles n'exercent pas d'influence directe sur les orientations de Vladimir Poutine et de son administration. Certes, la nébuleuse nationaliste-patriotique continue à façonner l'opinion d'une fraction minoritaire de la société russe qui soutient activement la guerre, alors que la majorité, apathique, se contente de répondre dans les sondages qu'elle soutient l'action du régime russe ; probablement la soutiendrait-elle tout autant si le Kremlin décidait demain de mettre fin aux opérations militaires en Ukraine.

Il serait imprudent d'exagérer le potentiel d'auto-organisation des acteurs du « nationalisme Z », qui demeurent à la merci de l'autocratie poutinienne. Maniant la carotte et le bâton, Vladimir Poutine reçoit d'influents blogueurs militaires radicaux pour afficher sa détermination à vaincre l'Ukraine et brandit la répression à l'égard

37. Mouvement russe de Strelkov, post Telegram, 18 septembre 2023, http://surl.li/ugfal (en russe).

des figures jugées menaçantes. À l'inverse, des figures du « nationalisme Z » loyales au Kremlin se voient offrir des postes symboliques ; ainsi de Zakhar Prilepine nommé, en août 2023, commandant adjoint d'un régiment spécial de la Garde nationale de Russie déployé en Ukraine.

Il faut aussi reconnaitre que le Kremlin a su tirer des enseignements de la contestation nationaliste. En mai 2024, Sergeï Choïgou a été démis de ses fonctions et remplacé par Andreï Belooussov, économiste et technocrate sans bagage militaire. Plusieurs hauts gradés du ministère de la Défense ont été arrêtés pour corruption.

Le ralliement d'un bon nombre de nationalistes russes à l'État en temps de guerre a révélé les tensions qui existent entre une idéologie radicale et sa mise en pratique dans un contexte autoritaire. Par là même, il a permis de contenir les aspirations démocratiques dans les milieux nationalistes d'opposition et aggravé la crise durable de ce mouvement. D'une manière paradoxale, la guerre contre l'Ukraine, menée par le régime de Vladimir Poutine au nom d'un nationalisme belliqueux, n'a pas besoin d'action autonome des « entrepreneurs » nationalistes. La question demeure toutefois : combien de temps le président russe et ses associés pourront-ils maintenir la « verticale du pouvoir » et la loyauté de la population lors d'une guerre de plus en plus longue et meurtrière ?

PARTIE III

DU NATIONALISME OFFICIEL POUTINIEN

Le régime russe a souvent été qualifié de kleptocratie, telle une « Russia Inc. », où le pouvoir se trouve entre les mains d'une centaine de milliardaires, qui tirent leur fortune de leur proximité avec le chef : Vladimir Poutine[1].

Sans se contenter de la simple quête du profit pour soi et pour ses proches, Poutine a pourtant poursuivi une stratégie de « maximisation du pouvoir[2] ». Celle-ci consiste à renforcer ses prérogatives constitutionnelles tout en augmentant son influence informelle par la distribution des actifs économiques à des acteurs loyaux. Ce faisant, Poutine tournait les possibilités, grandes et petites, à son avantage. En manipulant les institutions démocratiques et fédérales, il a bâti au fil des années un système césariste au sein duquel le président lui-même, entouré des *siloviki* telle une garde prétorienne, constitue

---

1. Karen Dawisha, *Putin's Kleptocracy : Who Owns Russia ?*, New York, Simon & Schuster, 2014 ; Anders Åslund, *Russia's Crony Capitalism : The Path from Market Economy to Kleptocracy*, New Haven, Yale University Press, 2019.

2. V. Gel'man, *Authoritarian Russia*, *op. cit.*

le pivot des mécanismes décisionnels[3]. Si Poutine a toujours prêté une grande attention aux fluctuations de l'opinion publique, c'est afin de mieux l'orienter en sa faveur. L'image du Poutine « chef de la nation » (*natsional'nyï lider*), consciemment construite par les médias sous la coupe de ses assistants en communication comme Vladislav Sourkov et Gleb Pavlovski, serait le point « où se rencontrent les intérêts pragmatiques des élites et les intérêts romantiques des masses[4] ». Le président russe a d'ailleurs vanté son propre « pragmatisme » en se définissant comme un « pragmatique avec un penchant conservateur[5] ».

Dans le même temps, le système politique russe a été décrit comme hautement idéologisé. Le discours et la pratique politiques du Kremlin se seraient grandement inspirés de divers courants d'idées plus ou moins radicaux, du slavophilisme russe au « néo-eurasisme » d'Alexandre Douguine en passant par la pensée politique de Carl Schmitt[6]. Selon Timothy Snyder, le régime poutinien serait imprégné d'une nostalgie restauratrice qu'il appelle

---

3. J.-R. Raviot, « Le "poutinisme" : un système prétorien ? », *op. cit.*

4. André Filler et Dimitry Filimonov, « Vladimir Poutine : une représentation géopolitique ? De l'image à l'usage », *Hérodote*, n° 166-167, 2017, p. 55.

5. « Poutine se définit comme un "pragmatique avec un penchant conservateur" », TASS, 4 septembre 2013, https://shorturl.at/jg3Kh (en russe).

6. Voir Michel Eltchaninoff, *Dans la tête de Vladimir Poutine*, Paris, Actes Sud, 2015 ; Charles Clover, *Black Wind, White Snow : The Rise of Russia's New Nationalism*, New Haven, Yale University Press, 2016 ; David G. Lewis, *Russia's New Authoritarianism. Putin and the Politics of Order*, Édimbourg, Edinburgh University Press, 2020.

« politique de l'éternité[7] ». Le projet politique de Poutine suivrait en grande partie celui envisagé dans les écrits du philosophe conservateur émigré Ivan Iline (1883-1954), qui s'opposa violemment au bolchevisme et à la démocratie occidentale tout en plaidant pour l'instauration d'une « dictature nationale » dans une Russie postcommuniste.

D'autres observateurs ont comparé le régime poutinien à l'Italie de Mussolini et à l'Allemagne nazie, dictatures fascistes entretenant un culte du chef[8]. En mai 2023, le Parlement ukrainien a voté une résolution définissant l'idéologie du régime poutinien comme « rachisme » (*rachizm*) : contraction de « Russie » et de « fascisme ». L'invasion de l'Ukraine aurait révélé sa « véritable nature » d'héritier à la fois des « traditions du chauvinisme et de l'impérialisme » et des « pratiques du régime soviétique et du national-socialisme[9] ».

Toujours est-il que la notion de fascisme, comprise comme catégorie analytique et non comme outil politique visant à disqualifier les adversaires, « n'offre pas une compréhension approfondie de la Russie d'aujourd'hui, à l'exception de la sous-culture des milices[10] ». En dépit des appels à la

---

7. Timothy Snyder, *The Road to Unfreedom : Russia, Europe, America*, New York, Tim Duggan Books, 2018.

8. Alexander J. Motyl, « Putin's Russia as a Fascist Political System », *Communist and Post-Communist Studies*, vol. 49, n° 1, 2016, p. 25-36 ; Vladislav Inozemtsev, « Putin's Russia : A Moderate Fascist State », *The American Interest*, 23 janvier 2017, https://shorturl.at/dsPPM.

9. Déclaration de la Rada suprême d'Ukraine « Sur l'utilisation de l'idéologie rachiste par le régime politique russe », 2 mai 2023, https://shorturl.at/NjWWF (en ukrainien).

10. Marlène Laruelle, *Is Russia Fascist ? Unraveling Propaganda East and West*, Ithaca, Cornell University Press, 2021, p. 155.

mobilisation totale, multipliés par des « nationalistes Z », le régime russe ne possède pas de projet révolutionnaire en vue de reconstituer la nation par la violence – caractéristique partagée par le fascisme « classique » et par la droite néofasciste d'après 1945. L'engagement enthousiaste des masses lui fait toujours défaut, même après le lancement de la guerre d'agression contre l'Ukraine[11].

Cela étant, le conflit russo-ukrainien nous oblige à reconsidérer les différents schémas explicatifs. Si « l'obsession ukrainienne[12] » du Kremlin ne peut s'expliquer par les seuls intérêts d'un kleptocrate calculateur, les références idéologiques de Poutine sont tout aussi inséparables de son exercice personnel du pouvoir. On proposera ici une perspective qui tienne compte à la fois des aspects stratégiques ou intéressés et du rôle grandissant des idées radicales. En revenant brièvement sur les ressorts idéologiques du régime poutinien, qui a beaucoup évolué depuis les années 2000, on examinera la manière dont il s'est approprié le discours nationaliste dans le contexte de la guerre en Ukraine.

Il serait en effet imprudent de dissocier les dimensions stratégique et idéelle de l'action politique. Tout acteur et *a fortiori* tout chef d'État poursuit des intérêts ; or ceux-ci sont associés à certaines idées et à certaines émotions. De même, on ne déploie pas des idées et des émotions uniquement en fonction de ses convictions, s'il y a lieu ; c'est aussi parce qu'on en a *besoin* et parce qu'on *croit*

11. *Idem*, « So, Is Russia Fascist Now ? Labels and Policy Implications », *The Washington Quarterly*, vol. 45, n° 2, 2022, p. 149-168.

12. Lilia Shevtsova, « Russia's Ukraine Obsession », *Journal of Democracy*, vol. 31, n° 1, 2020, p. 138-147.

en leur capacité de mobilisation. Il s'agit là d'une relation dialectique dans la mesure où il n'y a pas d'instruments neutres en politique : les choix faits en faveur de certaines idées ou émotions, notamment nationalistes, préfigurent les dynamiques futures en rendant certains scénarios plus probables et d'autres impossibles. Les acteurs sont limités par les choix qu'ils font jusqu'à devenir, parfois, prisonniers de leur propre jeu.

On verra que le régime de Poutine ne dispose pas d'une doctrine idéologique achevée. Mais il porte « une vision globale relativement cohérente de son projet politique pour la Russie et pour le monde » et dont les grandes lignes sont partagées par une majorité de la population russe[13]. Le « poutinisme », c'est aussi un « code » fait d'idées, d'attitudes propres – le désir du contrôle, le culte de la loyauté ou la quête de l'unité par exemple –, ainsi que d'une gamme d'émotions comme le respect, le ressentiment ou la peur[14].

Dès ses débuts, l'idée centrale du régime poutinien est celle d'un étatisme fondé sur la notion de grande puissance (*velikaïa derjava*) et sur le statut qu'elle implique : celui d'un État souverain stable à l'intérieur et disposant d'une force suffisante pour agir sur son périmètre régional et au-delà[15]. Si la Russie postsoviétique ne bénéficie plus, contrairement à l'Empire tsariste et surtout à l'Union soviétique, d'une influence suffisante pour prétendre

13. Marlène Laruelle, « Russia's Ideological Construction in the Context of the War in Ukraine », Russie. Eurasie. Reports, n° 46, IFRI, mars 2024.

14. Brian D. Taylor, *The Code of Putinism*, New York, Oxford University Press, 2018.

15. Voir Anne de Tinguy, *Le Géant empêtré. La Russie et le monde de la fin de l'URSS à l'invasion de l'Ukraine*, Paris, Perrin, 2022.

à l'hégémonie mondiale[16], elle a su s'imposer comme un État « suffisamment puissant pour modifier radicalement l'équilibre des pouvoirs » en ce début de XXIe siècle[17]. Alternativement, l'étatisme poutinien se définit comme une forme de nationalisme politique dans la mesure où celui-ci relève d'« une passion de gouverner ou de se gouverner, une *libido dominandi*, qui est un désir du pouvoir ou de jouir du pouvoir autant que de l'exercer[18] ».

Ce national-étatisme est associé à deux grandes orientations doctrinaires : un conservatisme continuellement revendiqué mais au contenu évolutif ; et une posture anti-occidentale affirmée progressivement et ayant atteint son apogée dans l'après-février 2022.

---

16. Iver B. Neumann, « I Remember When Russia Was a Great Power », *Journal of Regional Security*, vol. 10, n° 1, 2015, p. 5-16.

17. Kathryn E. Stoner, *Russia Resurrected. Its Power and Purpose in a New Global Order*, New York, Oxford University Press, 2021, p. 4.

18. G. Delannoi, *La Nation contre le nationalisme*, *op. cit.*, p. 141-142.

12

UN CONSERVATISME EN ÉVOLUTION

Dans son adresse annuelle au Parlement en 2007, Vladimir Poutine qualifiait la quête d'une idée nationale de « passe-temps russe ancien » (*starinnaïa rousskaïa zabava*)[1]. Ce constat prend un sens particulier au regard des changements profonds de l'ordre social, économique et politique que la Russie a connus au cours du siècle dernier. Un empire qui reposait sur le principe de légitimité dynastique consacré par la tradition orthodoxe est devenu, à l'issue d'un moment révolutionnaire prolongé par une guerre civile, un État idéocratique à vocation universelle doté d'une économie planifiée. Des décennies plus tard, la perestroïka a ouvert la voie au démantèlement d'un modèle soviétique en crise systémique ; démantèlement qui a conduit à la séparation de la Russie des espaces et des sociétés au sud et à l'ouest, à la mise en place d'une démocratie de façade, sans État de droit mais avec une économie de marché, progressivement étatisée.

1. Adresse de Vladimir Poutine à l'Assemblée fédérale de la Fédération de Russie, *Kremlin.ru*, 27 avril 2007, https://shorturl.at/VAbqn (en russe).

Au cours des années 1990, elles-mêmes tumultueuses, ces transformations dramatiques ont été interprétées comme un traumatisme collectif. Afin de le traiter, il convenait de refuser tout changement jugé (trop) brutal ou (trop) radical. « La Russie a atteint ses limites pour ce qui est des révolutions », cette phrase a été répétée à maintes reprises par Vladimir Poutine, Dmitri Medvedev et d'autres responsables russes. Ce refus de toute forme de radicalisme pouvant conduire à l'affaiblissement, voire au démembrement de l'État a été placé au cœur du storytelling dont Vladimir Poutine est l'émetteur central, qui diffuse en continu un commentaire interprétatif de l'histoire politique de la Russie en train de se faire[2] ».

Dès les années 2000, le parti au pouvoir, Russie unie, a adopté l'image d'une force politique à tendance « centriste » et « conservatrice ». Plus encore que ces qualificatifs, c'est la « stabilité » qui est devenue un véritable mot d'ordre permettant de faire valoir la différence entre la présidence de Poutine et le « chaos » des années Eltsine.

L'effort de stabilisation de la situation interne par l'administration Poutine s'est traduit par la multiplication d'actes symboliques, à première vue contradictoires, censés réconcilier les mémoires antagoniques : une mémoire « rouge », dominante à l'époque soviétique, et une mémoire « blanche » concurrente, résolument anticommuniste et nostalgique du tsarisme[3]. La première fait référence à des expériences vécues par un grand nombre

2. J.-R. Raviot, « Le “poutinisme” : un système prétorien ? », *op. cit.*, p. 5.

3. Voir Marlène Laruelle et Margarita Karnysheva, *Memory Politics and the Russian Civil War : Reds Versus Whites*, New York, Bloomsbury Academic, 2020.

de Russes, expériences graduellement transformées en une nostalgie de l'Union soviétique ou, plus précisément, d'une image embellie du système soviétique dépourvu de ses défauts inhérents, comme les pénuries ou la violation systématique des libertés civiles. La seconde mémoire, partiellement réhabilitée dans le cinéma et la littérature dans les années 1970 et 1980, a été portée par les cercles ecclésiastiques puis officialisée dans l'entourage de Boris Eltsine. Elle renvoie à l'image d'une Russie « authentique » telle qu'elle aurait pu être si elle n'avait pas été conquise par les bolcheviks.

Aux yeux du premier président russe, le renouveau de l'Église orthodoxe symbolisait la continuité entre la nouvelle Russie et celle des tsars et, de ce fait, incarnait un désir de retour à la grandeur nationale *via* la récupération des valeurs morales traditionnelles. En 1998, Eltsine participa à la cérémonie du transfert de la dépouille du dernier tsar, Nicolas II, et de la famille impériale à la cathédrale Pierre-et-Paul à Saint-Pétersbourg. À l'inverse, la réconciliation poutinienne a cherché à faire cohabiter les mémoires « rouge » et « blanche » sur la base du plus petit dénominateur commun : le sentiment « patriotique » reconnu aux bolcheviks comme à leurs adversaires, à la faveur d'une lecture continuiste des formes politiques qui se seraient succédé les unes après les autres sans altérer l'essence d'une « Russie millénaire ». Dans la mesure où l'adhésion au « patriotisme » est attestée, les deux mémoires ont été encouragées à évoluer en parallèle et, si possible, conjointement.

Ainsi, dès l'an 2000, Vladimir Poutine réhabilitait l'hymne soviétique, avec des paroles modifiées, tout en refusant d'inhumer Lénine et d'autres dirigeants soviétiques reposant sur la place Rouge, au cœur de la capitale russe. Ont pourtant été maintenus les emblèmes de la Russie, le drapeau tricolore et l'aigle bicéphale couronnée, qui remontent tous deux à l'époque des tsars. En 2009, Poutine a assisté en personne à l'inauguration d'un monument en hommage aux soldats des armées « blanches », qui combattirent les bolcheviks lors de la guerre civile. À cette occasion, il a payé de ses propres fonds la restauration des pierres tombales du général blanc Anton Denikine (1872-1947) et du penseur national-conservateur Ivan Iline, dont les dépouilles avaient été rapatriées au monastère Donskoï, à Moscou, quatre années plus tôt. Dans ces interventions publiques, Poutine a multiplié les références aux passages tirés de l'œuvre de ce philosophe émigré parmi d'autres comme Nicolas Berdiaev (1974-1948), dont la pensée relève de l'existentialisme chrétien.

Ces lectures semblent avoir été suggérées au président par le réalisateur très connu Nikita Mikhalkov (né en 1945), nostalgique du tsarisme et fils du poète Sergueï Mikhalkov (1913-2009), auteur des paroles de plusieurs versions de l'hymne soviétique puis russe[4]. En 2010, Mikhalkov fils publiait un « manifeste du conservatisme éclairé », faisant écho aux valeurs revendiquées par le régime poutinien. En déclarant que « l'autorité de l'État est un sacrifice individuel [d'un dirigeant] sur l'autel de la patrie », il y exprimait son attachement à une vision inclusive du nationalisme redéfini comme patriotisme :

> Le nationalisme éclairé et sain est un nationalisme pluriethnique et multiculturel. C'est un nationalisme libre, créatif, dans le sens propre du terme. [...] Il ne craint pas

4. Voir Cécile Vaissié, *Le Clan Mikhalkov. Culture et pouvoirs en Russie (1917-2017)*, Rennes, Presses universitaires de Rennes, 2019.

> d'être rivalisé ou absorbé par des éléments étrangers. Au contraire, il est capable de les absorber et de les recycler de manière créative en son sein. C'est ce type de nationalisme qui a créé dans l'histoire du monde les grands empires dotés d'une mission [*velikie imperii s pozitivnoï missieï*], caractéristiques des modèles étatiques byzantin, anglo-saxon et russe[5].

La réhabilitation d'une mémoire « blanche » n'a pas empêché le régime russe de réinvestir le culte de la « Grande Victoire » sur l'Allemagne nazie qui a été construit en URSS sous Brejnev[6]. Ce culte a entraîné une réhabilitation partielle de la figure de Staline dans le discours officiel. Les célébrations de plus en plus militarisées de la « Journée de la Victoire », le 9 mai, sont devenues le principal évènement rassembleur, tenant lieu de fête nationale, bien plus que la « Journée de la Russie », célébrée depuis 1992 en mémoire de l'adoption de la déclaration de souveraineté de la RSFSR, le 12 juin 1990, ou la « Journée de l'unité nationale », instaurée en 2005.

C'est aussi autour de « l'héroïsme » des soldats soviétiques que s'érige tout un système d'éducation militaro-patriotique. Entre 2001 et 2020, le gouvernement russe a adopté quatre programmes successifs d'« éducation patriotique » des citoyens[7]. En janvier 2021, il lance un nouveau programme de cinq ans, doté d'un budget de

5. Nikita Mikhalkov, « Le droit et la vérité », IRSEPI, 18 novembre 2019 (2010), https://shorturl.at/xAN9T (en russe).

6. Mischa Gabowitsch, « Le 9 mai, Jour de la Victoire », *Politika*, 7 mai 2020, https://shorturl.at/eR6rG.

7. J. Paul Goode, « Everyday Patriotism and Ethnicity in Today's Russia », dans H. Blakkisrud et P. Kolstø (dir.), *Russia before and after Crimea*, *op. cit.*, p. 258-281.

13,6 milliards de roubles (environ 140 millions d'euros). En pratique, ces programmes comprennent des activités éducatives et sportives, des festivités à l'occasion des dates symboliques, des campagnes médiatiques promouvant le service militaire, mais aussi le soutien public accordé aux clubs de jeunesse comme aux organisations de volontariat. Les motifs des personnes engagées dans des activités « patriotiques » demeurent pourtant multiples : du souci de la carrière professionnelle à l'organisation du loisir en passant par l'intérêt personnel pour un activisme encouragé par les autorités[8]. Par ailleurs, ces activités ont créé l'espace permettant à la population – particulièrement aux « milléniaux », nés après 1991, et à la « génération Poutine » d'après 2000 – d'utiliser les pratiques patriotiques pour célébrer l'« ethnicité dominante », notamment à travers les innombrables références à la culture et à la littérature russes (*rousskaïa koul'toura/literatoura*)[9].

Ce système d'éducation militaro-patriotique s'est renforcé avec la création, en 2016, du mouvement *Iounarmia* – contraction des termes *iounost'* (jeunesse) et *armia* (armée) – qui affirme compter dans ses rangs, en mai 2024, près d'un million six cent mille jeunes Russes de 8 à 18 ans, filles et garçons[10]. En parallèle, le Mouvement des Premiers, s'adressant aux 6-18 ans, a été fondé en décembre 2022. Placée sous la supervision

8. Voir Myriam Désert, « Être patriote dans la Russie postsoviétique », *Critique internationale*, n° 58, 2013, p. 53-71 ; Marlène Laruelle, « Patriotic Youth Clubs in Russia. Professional Niches, Cultural Capital and Narratives of Social Engagement », *Europe-Asia Studies*, vol. 67, n° 1, 2015, p. 8-27.

9. J.P. Goode, « Everyday Patriotism... », *op. cit.*, p. 258.

10. « Le mouvement Iounarmia rassemble plus de 1,6 million de participants », TASS, 28 mai 2024, https://shorturl.at/ltalA (en russe).

personnelle du président de la Russie, cette organisation est héritière de celle des Pionniers, lancée par le régime soviétique cent ans auparavant.

***

Le retour de Poutine au Kremlin, en mai 2012, après les quatre années de « l'interrègne » Medvedev, proche collaborateur du premier, marque un nouveau « tournant conservateur » dans la politique russe. En réponse à des manifestations de l'opposition réclamant des élections « justes » et l'alternance politique, l'administration présidentielle a durci sa posture conservatrice, qui s'étend désormais à des questions de société. Le calcul du Kremlin était d'opposer à la contestation attribuée à une minorité « libérale » – ce terme ayant une connotation négative en raison des réformes économiques controversées du gouvernement Eltsine – l'image d'une Russie « provinciale », aux mœurs plus conservatrices. En décembre 2011, après les premiers grands rassemblements d'opposition à Moscou, la conférence publique annuelle de Vladimir Poutine appelée « ligne directe » a ainsi mis en scène un homme nommé Igor Kholmanskikh, censé représenter la voix des ouvriers, en l'occurrence ceux de l'Ouralvagonzavod, grande entreprise d'armement située à Nijni Taguil, dans l'Oural. Dans son intervention au ton agressif, Kholmanskikh s'est dit prêt à « défendre notre stabilité avec les mecs [*moujiiki*] », en invoquant ainsi le principe phare du régime poutinien, face aux manifestations d'opposition suspectées de vouloir mettre fin à celui-ci. Quelques mois plus tard, il était nommé représentant plénipotentiaire du président Poutine dans le district fédéral de l'Oural, réunissant six régions.

En réprimant brutalement la manifestation de protestation « Marche des millions », sur la place Bolotnaïa, à Moscou, le 6 mai 2012, à la veille de la réinvestiture de Poutine, ce dernier a eu recours à la « politique de la peur », qui fait partie de l'arsenal des gouvernements autoritaires d'hier et d'aujourd'hui[11]. Cette politique inclut différents instruments dont l'intimidation publique des critiques du régime, la persécution sélective des militants anti-Kremlin, mais aussi le harcèlement des sympathisants de l'opposition, y compris sur Internet.

Soutenu par l'Église orthodoxe russe et le patriarche Kirill, intronisé en 2009, Vladimir Poutine s'est aussi érigé en défenseur des valeurs dites traditionnelles, centrées sur le stéréotype d'une famille hétérosexuelle, stable et nombreuse. Dans son adresse au Parlement en décembre 2012, il déplorait « la faiblesse des principes spirituels [*doukhovnye skrepy*] » au sein de la société russe, en appelant à renforcer les institutions devant porter lesdites valeurs : l'école, le monde de la culture et les médias[12].

Durant les mois suivants, le législateur russe a voté une série de lois restrictives dont l'une interdit aux citoyens américains l'adoption d'enfants russes (« loi Dima Iakovlev »),

---

11. Vladimir Gel'man, « The Politics of Fear : How the Russian Regime Confronts Its Opponents », *Russian Social Science Review*, vol. 61, n° 6, 2020, p. 467-482. Voir aussi Patrick Boucheron et Corey Robin, *L'Exercice de la peur. Usages politiques d'une émotion*, Lyon, Presses universitaires de Lyon, 2015.

12. Adresse de Vladimir Poutine à l'Assemblée fédérale de la Fédération de Russie, *Kremlin.ru*, 12 décembre 2012, https://shorturl.at/jEYO1 (en russe). Voir aussi Olga Malinova, « "Spiritual Bonds" as State Ideology. Opportunities and Limitations », *Russia in Global Affairs*, vol. 12, n° 4, 2014, p. 155-162.

une autre pénalisant « la propagande homosexuelle envers les mineurs » une autre encore réprimant « les offenses aux sentiments religieux ». Cette dernière loi est votée à la suite de l'affaire du groupe de punk rock féministe Pussy Riot ayant organisé une « prière anti-Poutine » dans la cathédrale du Christ-Sauveur, à Moscou, en février 2012.

Tenu par la loi de garantir le caractère laïque de l'État, Poutine n'hésite pas pour autant à exhiber son identité chrétienne orthodoxe lorsqu'il se montre en public en compagnie de dignitaires religieux, dont le patriarche Kirill et le métropolite Tikhon, et fréquente des offices, comme celui de Noël, retransmis en direct par la télévision publique.

Dans leur promotion de ce « consensus conservateur[13] », les dirigeants russes sont en effet assistés par des antennes para-étatiques disposant d'agendas, voire de doctrines plus radicales. Outre les idéologues regroupés autour du club d'Izborsk et de la société Tsar'grad, on trouve parmi ces antennes le patriarcat de Moscou et d'autres confessions considérées comme « traditionnelles ». Celles-ci incluent les autorités spirituelles musulmanes représentant un islam « officiel » – par opposition au salafisme, en progression dans le Caucase et dans la région de la Volga-Oural[14] –, ainsi que les porte-parole des communautés bouddhistes et juives en Russie, qui prêchent essentiellement dans leurs « niches ethniques »,

13. Andrei Melville, « A Neoconservative Consensus in Russia ? Main Components, Factors of Stability, Potential of Erosion », *Russian Social Science Review*, vol. 61, n° 3-4, 2020, p. 220-235.

14. Alexey Malashenko, « Islamic Challenges to Russia, from the Caucasus to the Volga and the Ural », dans L. Aron (dir.), *Putin's Russia : How It Rose, How It Is Maintained, and How It Might End*, Washington (DC), American Enterprise Institute, 2015, p. 142-164.

c'est-à-dire parmi les minorités « non slaves[15] ». Les orthodoxes « vieux-croyants » et les diverses communautés évangéliques se retrouvent aussi dans le « consensus » promu par le régime. Par ailleurs, un certain nombre de dignitaires de l'Église russe, dont les archiprêtres médiatisés Vsevolod Tchapline (1968-2020) et Dmitri Smirnov (1951-2020), se sont activement engagés dans les campagnes publiques contre les valeurs « non traditionnelles », telles que le féminisme ou la défense des minorités LGBTQ+, ainsi que contre les films, les expositions ou les spectacles désignés comme « blasphématoires ».

Entouré de porteurs de discours plus radicaux, Vladimir Poutine s'en est tenu « dans ses déclarations publiques à une position médiane[16] », se réservant le rôle de « gardien » d'un marché idéologique[17]. En 2020, à l'occasion de la grande révision constitutionnelle qu'il a portée, les valeurs conservatrices telles que le patriotisme, la foi en Dieu et la définition du mariage comme l'union d'un homme et d'une femme ont été inscrites dans la Constitution (art. 67.1 et 72). En dépit de l'article 13 interdisant l'introduction d'une idéologie d'État, la réforme a consacré une certaine idéologie conservatrice.

Elle a également remis à zéro les compteurs limitant à deux le nombre de mandats présidentiels consécutifs pour le président en exercice. Justifiant la nécessité d'une

---

15. Vyacheslav Karpov, « The Social Dynamics of Russia's Desecularisation : A Comparative and Theoretical Perspective », *Religion, State and Society*, vol. 41, n° 3, 2013, p. 254-283.

16. M. Niqueux, *Le Conservatisme russe d'aujourd'hui*, *op. cit.*, p. 267.

17. Marlène Laruelle, « Putin's Regime and the Ideological Market : A Difficult Balancing Game », *Carnegie*, 16 mars 2017, https://shorturl.at/cNW4z.

telle mesure dans un discours adressé aux députés de la Douma, Poutine citait pêle-mêle toutes sortes de « problèmes » et invoquait toujours le même motif : celui de la « stabilité » au détriment du principe de l'alternance politique, dont l'application devrait être repoussée à un « horizon historique lointain[18] ». La réforme constitutionnelle, approuvée par un vote populaire *non* contraignant le 1er juillet 2020, a permis à Poutine de se représenter aux « élections » organisées en mars 2024 ; le tout dans le cadre d'une « dictature constitutionnelle » conférant les pleins pouvoirs au chef de l'État[19].

L'offensive conservatrice opérée autour de 2012 relevait clairement d'une stratégie politique consistant à mobiliser l'opinion populaire en faveur de Poutine, dont l'image avait été ternie par la contestation dans la rue. Les choix faits alors avaient créé une dynamique qui préfigurait la production idéologique ultérieure du régime russe. On passait ainsi du conservatisme aux allures bureaucratiques des années 2000 à un rejet expressif du libéralisme associé aux tumultes de la première décennie postsoviétique, mais aussi désormais à la supposée hégémonie politique et culturelle de l'Occident.

---

18. Discours de Vladimir Poutine à la Douma d'État, *Nezavissimaïa gazeta*, 10 mars 2020, https://shorturl.at/727KV (en russe).

19. Andreï Medouchevski, « Perekhod Rossii k konstitoutsionnoï diktatoure : razmychlenia o znatchenii reformy 2020 goda » [La transition de la Russie vers une dictature constitutionnelle : réflexions sur les enjeux de la réforme de 2020], *Sravnitel'noïe konstitoutsionnoïe obozrenie*, n° 136, 2020, p. 3350 ; Aleksandr Stepanov, « La réforme constitutionnelle russe », *Civitas Europa*, n° 46, 2021, p. 241-257.

13

LA RUPTURE AVEC LE MONDE OCCIDENTAL ET « L'ILLIBÉRALISME » RUSSE

Un autre pilier idéologique du régime russe est justement le sentiment anti-occidental, diffusé par les antennes médiatiques du Kremlin. Même si, aujourd'hui, cela paraît incroyable, Vladimir Poutine était, au début de sa longue présidence, favorable au « partenariat stratégique » avec les pays occidentaux, que ce soit sur les plans économique ou sécuritaire. Cela est d'autant plus palpable si l'on compare son discours de l'époque à celui de l'opposition communiste et « patriote » dénonçant toute forme d'« occidentalophilie » et de soumission à l'Ouest. En juin 2000, Vladimir Poutine, fraîchement élu, suggérait au président sortant des États-Unis, Bill Clinton, en visite officielle à Moscou, l'idée d'une adhésion de la Russie à l'OTAN. Un an plus tard, Poutine fut aussi le premier dirigeant politique à appeler George W. Bush après les attentats du 11 Septembre. Dans les années suivantes, la Russie a fourni un soutien logistique aux forces armées de l'Alliance atlantique lors de leur intervention militaire en Afghanistan contre les talibans.

À cette même époque, le chef des communistes russes, Guennadi Ziouganov, publiait un livre qualifiant l'Occident de « royaume de Kochtcheï ». Il faisait ainsi référence à un personnage archétypal des contes traditionnels russes incarnant la méchanceté. Pour lui, l'objectif des Occidentaux, porteurs d'un libéralisme et d'un mondialisme « russophobes », ne serait autre que de détruire la « Sainte Russie » éternelle. Pour s'y opposer, Ziouganov en appelait à « l'union des forces patriotiques[1] ». Le contraste est saisissant.

Toutefois, au fil des années, l'Occident en est venu à incarner l'éternel ennemi dans le discours du Kremlin. Cette dynamique a confirmé le rôle de l'Europe puis des États-Unis dans les débats identitaires russes depuis au moins trois cents ans : celui de l'Autre constitutif vis-à-vis duquel la Russie cherche à se distinguer – et à faire valoir son statut de puissance[2]. Car, historiquement, la Russie « n'aurait aucune raison d'être une nation si l'Occident n'existait pas[3] ».

Déjà au milieu des années 2000, l'un des architectes du « poutinisme », Vladislav Sourkov, théorisait une vision autoritaire de la démocratie, censée refléter la spécificité historico-culturelle de la Russie. La « démocratie *souveraine* » qu'il appelait de ses vœux s'apparente à un système politique dirigé par une élite mandatée par le peuple pour assurer l'indépendance économique, la puissance militaire et l'identité culturelle de la Russie dans un monde globalisé[4]. Le moment de naissance de cette doctrine, défiant implicitement le modèle occidental

1. G. Ziouganov, *Sviataïa Rous' i Kochtcheevo tsrastvo*, *op. cit.*

2. Voir Michel Niqueux (dir.), *L'Occident vu de Russie : anthologie de la pensée russe de Karamzine à Poutine* (2016), 2de éd., Paris, Institut d'études slaves, 2017.

3. L. Greenfeld, *Nationalism : Five Roads to Modernity*, *op. cit.*, p. 254.

4. Ivan Krastev, « Russia as the "Other Europe" », *Russia in Global Affairs*, vol. 5, n° 4, 2007, p. 66-78.

de la démocratie *libérale*, est révélateur. Elle apparut peu après les révolutions « de couleur » survenues en ex-URSS entre 2003 et 2005 : en Géorgie, en Ukraine et au Kirghizistan. Ces soulèvements populaires sont interprétés par le Kremlin comme une menace occidentale à peine voilée, qui ferait de la Russie la prochaine cible d'un supposé complot occidental. Les médias prorégime ont ainsi mis en place un schéma narratif dénonçant l'idéologie « orangiste » et toutes sortes d'« influences illégitimes » provenant de l'Occident[5]. En février 2007, dans un discours prononcé à la conférence de Munich sur la sécurité, Vladimir Poutine fustigeait le rapprochement de l'Alliance atlantique aux frontières russes ainsi que des tentatives d'ingérence dans les affaires du pays, et prônait une meilleure prise en compte des intérêts « légitimes » de Moscou ; et ce au nom d'un monde multipolaire. En 2009, la Russie fondait le groupe de quatre puissances extra-occidentales avec le Brésil, la Chine et l'Inde (BRIC), auxquelles s'est ajoutée l'Afrique du Sud deux ans plus tard[6]. Depuis lors, l'image d'une Russie « forteresse assiégée » par l'Occident hégémonique n'a cessé d'être relayée, avec toujours plus de véhémence, dans le discours officiel, nourrissant le complexe obsidional des dirigeants russes[7].

5. Andreas Umland, « Russia's New "Special Path" after the Orange Revolution : Radical Anti-Westernism and Paratotalitarian Neo-Authoritarianism in 2005-8 », *Russian Politics and Law*, vol. 50, n° 6, 2012, p. 19-40.

6. En janvier 2024, quatre nouveaux membres rejoignent le groupe : Égypte, Émirats arabes unis, Éthiopie et Iran. Il s'intitule désormais BRICS+.

7. Viacheslav Morozov, « No Enemy at the Gate : An Unusual Election Cycle in Russia », PONARS Eurasia, 23 juillet 2012,

La politique de « redémarrage » (*reset policy*) des relations russo-américaines, menée entre 2009 et 2013 sous les présidences de Dmitri Medvedev et de Barack Obama, se solde rapidement par un échec. Le soutien que les États occidentaux accordent au « printemps arabe », bouleversant les régimes autoritaires à travers le Moyen-Orient, puis l'intervention militaire otanienne de 2011 en Libye renforcent la méfiance des dirigeants russes à l'égard de l'Occident. La deuxième révolution de Maïdan, à Kiev, conduisant à la fuite de Viktor Ianoukovitch, ne fait que renforcer les craintes du régime russe, soucieux de se maintenir au pouvoir[8]. Sans affirmer explicitement cette crainte de voir l'Ukraine s'émanciper de la tutelle russe, Moscou préfère présenter l'annexion de la Crimée comme une « action préventive » contre l'éventuelle adhésion de l'Ukraine post-Maïdan à l'OTAN[9]. Le soutien successif accordé par les autorités russes aux forces séparatistes dans l'Est ukrainien exacerbe davantage le climat de confrontation entre la Russie et les États occidentaux. Pour la première fois depuis la dislocation de l'URSS, ces derniers introduisent des sanctions économiques à l'encontre de la Russie.

***

Dans le contexte du retour de Poutine au Kremlin, on assiste à la multiplication de références à la notion

---

https://shorturl.at/WUmTl ; Emmanuel Dreyfus et Victor Violier, « La Russie, "forteresse assiégée" par "l'Occident collectif". Vision du monde et justifications russes de la guerre en Ukraine », *Revue Défense Nationale*, n° 862, 2023, p. 77-83.

8. R. Person et M. McFaul, « What Putin fears most », *op. cit.*

9. Dmitri Trenin, « Russie/OTAN : maîtriser la confrontation », *Politique étrangère*, vol. 81, n° 4, 2016, p. 88.

de souveraineté (*souverenitet*) qui s'emploie à toutes les sauces dans les discours officiels et para-étatiques : souveraineté « technologique », « économique », « alimentaire », « spirituelle », « culturelle », « ethnoculturelle », « informationnelle », etc. Dans un article publié en février 2012 en guise de programme électoral, Poutine dénonce les intrusions de l'OTAN dans « les affaires internes des États souverains », y compris celles qui se font pour des motifs humanitaires[10]. Dans un autre texte paru au même moment, il affirme que le modèle occidental de l'État-nation n'a jamais été celui de la Russie. Elle se serait formée comme un « État-civilisation » (*gossoudarstvo-tsivilisatsia*) qui, au cours de son histoire pluriséculaire, aurait fait preuve de solidité grâce à un « code culturel » partagé par l'ensemble des populations qui se trouvent sur son territoire[11].

La notion d'État-civilisation a été théorisée par Mikhaïl Remizov, ce national-conservateur coopté par le régime, qui prônait dès 2005 une réforme constitutionnelle censée affirmer la pleine souveraineté de la Russie en rupture avec les normes politico-juridiques du monde occidental. Son projet de réforme supposait la réaffirmation du caractère « indivisible » du pouvoir souverain incarné par l'État central – au grand dam du fédéralisme –, ainsi que le refus de toute éventuelle intégration russe dans des structures supranationales. Remizov constatait également que, « contrairement au modèle libéral-démocratique », la nation politique russe

10. Vladimir Poutine, « La Russie et le monde en évolution », *Moskovskie novosti*, 27 février 2012, https://www.mn.ru/politics/78738 (en russe).

11. *Idem*, « La Russie et la question nationale », *Nezavissimaïa gazeta*, 23 janvier 2012, https://shorturl.at/cUKnz (en russe).

peut se définir non pas comme un corps électoral, mais comme une succession de générations[12] – dans la lignée de la formule d'Edmund Burke représentant la nation comme un pacte « entre ceux qui vivent, entre ceux qui sont à naître et entre ceux qui sont morts[13] ».

Le « code unique » évoqué par Poutine ne serait autre chose que « la dominante culturelle russe », car c'est au groupe majoritaire, les *rousskie*, que revient la « grande mission [...] de souder [notre] civilisation[14] ». Pour Poutine, toutes les communautés ethniques qui vivent en Russie seraient imprégnées de cette culture dominante. Dans ses interventions publiques, le mot *rousskiï* devient progressivement un synonyme du mot *roussiïskiï* (« russien/de Russie »). En écho aux discours intellectuels du XIXe siècle, cette stratégie rhétorique opère une « culturalisation » de la nation, certes composite mais unifiée par cette culture commune[15].

En 2015, le ministère russe de l'Éducation, en collaboration avec la Société historique russe, présidée par Sergueï Narychkine, aujourd'hui directeur du Service russe des renseignements extérieurs, élabore un « standard historico-culturel ». Celui-ci prescrit l'intégration des

12. Mikhaïl Remizov, « Le projet État-civilisation », 2005, https://shorturl.at/UOOch, https://shorturl.at/loYcu (en russe).

13. Edmund Burke, *Réflexions sur la révolution de France*, trad. de l'anglais, Paris, Adrien Égron, 1819 (1790), p. 171.

14. V. Poutine, « La Russie et la question nationale », *op. cit.*

15. Helge Blakkisrud, « *Russkii* as the New *Rossiiskii* ? Nation-Building in Russia After 1991 », *Nationalities Papers*, vol. 51, n° 1, 2023, p. 64-79 ; Marlène Laruelle, Ivan Grek et Sergey Davydov, « Culturalizing the Nation : A Quantitative Approach to the Russkii/Rossiiskii Semantic Space in Russia's Political Discourse », *Demokratizatsiya*, vol. 31, n° 1, 2023, p. 3-28.

récits régionaux dans un récit national commun devant être enseigné dans toutes les écoles de Russie. L'accent est mis en particulier sur le « patriotisme », que les professeurs doivent inculquer aux élèves à l'aide d'exemples d'héroïsme de masse et d'unité nationale dont les Russes, et les Soviétiques, avaient fait preuve face à de grandes menaces extérieures, des Mongols à Hitler en passant par Napoléon. Pour être approuvés par le ministère de tutelle, les manuels scolaires devaient faire référence au « rattachement » (*prisoedinenie*), et non à la « conquête » (*zavoevanie*), du khanat de Kazan en 1552 ou encore du Nord-Caucase – à l'issue d'une série de guerres coloniales sanglantes au XIXe siècle –, ainsi qu'au « rattachement », et non à « l'annexion », de la Crimée en mars 2014.

Ce tournant identitaire se traduit également par l'appropriation d'une doctrine relevant d'un certain nationalisme culturel ou civilisationnel dans la mesure où il est question de la « refondation d'une civilisation nationale distincte[16] ». Dans l'après-2012, il n'est plus d'usage de reproduire la formule gorbatchévienne de la « Maison commune européenne[17] », ou d'affirmer, comme le fit Dmitri Medvedev lors d'un déplacement à Berlin, en juin 2008, que « la Russie, l'Union européenne et l'Amérique du Nord [constituent] les trois branches de la civilisation européenne[18] ».

16. John Hutchinson, « Cultural Nationalism and Moral Regeneration », dans J. Hutchinson et A. Smith (dir.), *Nationalism*, Oxford, Oxford University Press, 1994, p. 124.

17. Voir Marie-Pierre Rey, « Gorbatchev et la "Maison commune européenne" », Institut François Mitterrand, 12 mars 2007, https://shorturl.at/1NVEu.

18. Discours de Dmitri Medvedev à la réunion avec des représentants des milieux politiques, parlementaires et civils allemands, *Kremlin.ru*, 5 juin 2008, https://shorturl.at/AaCIO (en russe).

L'image d'une Russie « civilisation distincte » (*ossobaïa tsivilizatsia*) est placée au centre du discours livré par Vladimir Poutine en septembre 2013 à l'occasion d'une réunion du forum Valdaï : une plateforme de discussion créée en 2004 qui rassemble chaque année des analystes russes comme étrangers pour débattre de la Russie et de son rôle dans le monde. Cette fois, le chef du Kremlin citait explicitement le philosophe conservateur Konstantin Leontiev (1831-1891), en reprenant sa description de la civilisation russe telle une « complexité fleurissante ». En parallèle, Poutine multipliait des références à l'histoire glorieuse de la Russie, à ses forces morales et à ses traditions familiales. L'Occident lui sert d'« anti-modèle » : les « pays euro-atlantiques » auraient pris « le chemin du renoncement à leurs racines, y compris aux valeurs chrétiennes qui forment le fondement de la civilisation occidentale ». Selon Poutine, les Occidentaux auraient « nié les principes moraux et toute forme d'identité traditionnelle : nationale, culturelle, religieuse et même sexuelle[19] ».

Dans le même temps, Vladimir Poutine reprenait à son compte la formule caractéristique du nationalisme russe depuis le XIXe siècle opposant la mentalité russe, « spirituelle », à une mentalité occidentale imprégnée d'individualisme voire d'égoïsme. Dans son intervention d'octobre 2015, toujours au forum Valdaï, il déclarait notamment : « La vision du monde [*mirovozzrenie*] russe repose sur la distinction entre le bien et le mal, l'idée d'une force supérieure, le sentiment du divin [*bojestvennoe natchalo*]. En revanche, la mentalité occidentale [...] repose essentiellement sur les notions d'intérêt,

19. Discours de Vladimir Poutine au forum Valdaï, *Kremlin.ru*, 19 septembre 2013, https://shorturl.at/X9prU (en russe).

de pragmatisme[20]. » Il est difficile de ne pas voir ici une remise en question par Poutine de son propre « pragmatisme » des années 2000.

***

En rejetant le modèle occidental comme inadapté à la spécificité russe, les dirigeants russes ont pourtant hésité entre deux autres « grammaires » identitaires[21]. La première dépeint la Russie comme un pays authentiquement *européen*, mais suivant une voie de développement particulière. Cette vision conservatrice remonte au courant slavophile qui s'opposa au camp des « occidentalistes » dans la pensée russe de l'avant-dernier siècle. La deuxième grammaire véhicule une vision de la Russie comme un pays *non européen* et, à plus forte raison, une civilisation à part entière, qu'elle soit désignée comme russe (*rousskaïa* ou *rossiïskaïa*), slave, orthodoxe ou encore eurasienne.

Cette grammaire civilisationnelle, exprimée autrefois dans le *magnum opus* de l'idéologue du panslavisme Nikolaï Danilevski (1822-1885), *La Russie et l'Europe* (1871), présente l'histoire mondiale comme une succession de civilisations distinctes. Dans les années 1920 et 1930, elle a été reprise par des penseurs de l'émigration blanche qui imaginaient une Russie « eurasienne », civilisation faite d'une symbiose des populations slaves et « touraniques », c'est-à-dire altaïques et finno-ougriennes.

20. Discours de Vladimir Poutine au forum Valdaï, *Kremlin.ru*, 22 octobre 2015, https://rb.gy/0ica0q (en russe).

21. Marlène Laruelle, « Russia as an Anti-Liberal European Civilisation », dans P. Kolstø et H. Blakkisrud (dir.), *The New Russian Nationalism*, *op. cit.*, p. 275-297.

Bien entendu, Poutine ne s'est pas directement inspiré de ces vieilles traditions intellectuelles : le « civilisationnisme » connut une considérable expansion dans les cercles (para-)académiques russes. De multiples manuels de géopolitique et de « culturologie » – faisant référence non seulement à la pensée de Danilevski mais aussi aux travaux d'Arnold Toynbee, de Samuel Huntington et d'Alexandre Douguine, après la parution de son ouvrage considéré comme pionnier, « Fondamentaux de géopolitique » (1997) – ont vu le jour depuis la fin des années 1990, et continuent d'être utilisés dans les universités russes[22].

Ces deux grammaires identitaires se nourrissent l'une et l'autre de sentiments anti-occidentaux. Mais la première semble plus consensuelle parmi les élites russes, car elle dépeint la Russie comme l'incarnation d'une autre, « vraie », Europe attachée à ses valeurs traditionnelles : la morale chrétienne que la Russie aurait su préserver par contraste avec l'amoralisme libéral d'une « Gayrope », défendant les droits des personnes LGBTQ+ et promouvant un certain « multiculturalisme ». La reprise à son compte de cette grammaire par le régime de Poutine clôture un cycle de débats des vingt-cinq premières années postsoviétiques : d'un complexe d'infériorité très prononcé au début des années 1990 – « le socialisme nous a détournés de la civilisation européenne » –, le discours officiel russe est passé à l'expression d'un complexe de supériorité : « nous sommes l'Europe authentique[23] ».

---

22. Anastasia Mitrofanova, « La géopolitique dans la Russie contemporaine », *Hérodote*, n° 146-147, 2012, p. 183-192.

23. Iver B. Neumann, « Russia's Europe, 1991-2016 : Inferiority to Superiority », *International Affairs*, vol. 92, n° 6, 2016, p. 1381-1399.

Il est significatif qu'un nombre décroissant de Russes décrivent leur pays comme appartenant à l'Europe, à en croire les sondages d'opinion. Selon les chiffres du Centre Levada, la part des personnes interrogées considérant la Russie comme un pays européen est passée de 52 % en 2008 à 29 % en 2021, les jeunes générations étant moins enclines à soutenir cette affirmation. En parallèle, 27 % des Russes interrogés en 2021 se sentaient Européens, contre 35 % en 2008[24].

L'évolution idéologique du régime poutinien peut se lire à la lumière du concept de ressentiment, qui désigne la volonté de transformer les frustrations et douleurs infligées par la comparaison désavantageuse avec l'Autre en une affirmation de sa propre supériorité (morale, spirituelle ou culturelle)[25]. À cet égard, le national-conservatisme du régime de Poutine est similaire à celui de Viktor Orbán en Hongrie ou de l'ancien gouvernement Droit et justice (PiS) en Pologne, qui ont aussi mis l'accent sur la défense de la famille « traditionnelle[26] ».

Pour les politistes Ivan Krastev et Stephen Holmes, la Russie fait partie des pays qui ont contribué à l'avènement de la fin de « l'ère de l'imitation ». Considérée comme *le* modèle incontournable à l'issue de la guerre froide, la démocratie libérale de type occidental a fini par perdre son attrait et son statut exemplaire. Les multiples formes

24. « La Russie et l'Europe », Centre Levada, 18 mars 2021, https://shorturl.at/3AUGZ (en russe).

25. L. Greenfeld, *Nationalism…*, *op. cit.* ; Olga Malinova, « Obsession With Status and Ressentiment : Historical Backgrounds of the Russian Discursive Identity Construction », *Communist and Post-Communist Studies*, vol. 47, n° 3-4, 2014, p. 291-303.

26. Katharina Bluhm et Mihai Varga (dir.), *New Conservatives in Russia and East Central Europe*, Londres, Routledge, 2019.

de « l'illibéralisme », couplé aux pratiques autoritaires de dirigeants soucieux de se maintenir au pouvoir, subvertissent l'impératif de devoir copier le modèle « original » des États-Unis et de l'Europe occidentale[27]. Si « l'original » n'attire plus, l'injonction de « copier » n'a plus de valeur.

Dans un texte de 2019, alors qu'il est conseiller de Poutine, Vladislav Sourkov réajuste son précédent modèle de « démocratie souveraine ». Plutôt qu'une « démocratie illibérale » revendiquée par Viktor Orbán, il y fait l'éloge d'un autoritarisme décomplexé n'ayant plus à s'encombrer des institutions démocratiques et des valeurs libérales. Le système poutinien incarne, selon lui, la nouvelle normalité portée par le triple mouvement de « démondialisation, resouverainisation et nationalisme ». Assumant la nature plébiscitaire de ce système, il reprend à son compte la notion de *narodnost'* (« esprit national »), autrefois introduite dans le discours russe par le comte Ouvarov[28]. Ce mystérieux principe désigne chez Sourkov un lien spirituel insondable assurant une harmonie quasi parfaite entre l'élite et les masses « vivant dans les profondeurs », qui empêcherait l'effondrement du système russe/poutinien tout entier. L'idéologue écrit : « L'esprit national [*narodnost'*], quel que soit le sens de ce mot, domine l'État, détermine sa forme, limite les fantasmes des théoriciens et contraint les hommes d'action à des tâches précises[29]. »

27. Ivan Krastev et Stephen Holmes, *Le Moment illibéral – Trump, Poutine, Xi Jinping : pourquoi l'Occident a perdu la paix*, trad. de l'anglais par J.-F. Hel-Guedj, Paris, Fayard, 2019.

28. Vladislav Sourkov, « La longue gouvernance de Poutine », trad. du russe par I. Uryvskaya et commenté par M. Eltchaninoff, Fondation pour l'innovation politique, mai 2019, https://shorturl.at/uLEux.

29. *Ibid.*, p. 15.

En désignant Poutine comme fondateur du nouvel État russe, comme Ivan III, Pierre le Grand et Vladimir Lénine le furent avant lui, Sourkov prophétise une longue vie au « poutinisme », possible modèle « pour tout le siècle à venir[30] ». Cette assertion audacieuse relève du pathos de la négation : le système russe serait plus « honnête » par opposition à la démocratie occidentale taxée d'hypocrisie. Pour Sourkov, elle se réduit à l'industrie du spectacle, le choix démocratique étant une « illusion » qui fait partie d'un tour de magie. Ce n'est donc plus à la Russie de suivre le modèle des Occidentaux, mais c'est à eux de calquer le modèle russe : « Et l'homme occidental commence à regarder partout autour de lui à la recherche d'autres modèles et de façons d'exister. Et il voit la Russie[31]. » Les anciens imités deviennent les imitateurs, et *vice versa*.

Cette rengaine a été reprise par Dmitri Medvedev, aujourd'hui à la tête du parti Russie unie et vice-président du Conseil de sécurité russe. Peu après l'assaut du Capitole, aux États-Unis, le 6 janvier 2021, par des partisans radicaux du président sortant Donald Trump, il publiait un article pointant du doigt les imperfections du système électoral américain, qu'il juge « inefficace » et « obsolète ». Medvedev arrivait à la conclusion suivante : ce système « n'est guère conforme aux standards de la démocratie que Washington impose avec tant d'arrogance aux autres pays[32] ».

30. *Ibid.*

31. V. Sourkov, « La longue gouvernance de Poutine », *op. cit.*, p. 13.

32. Dmitri Medvedev, « L'Amérique 2.0. Après les élections », TASS, 16 janvier 2021, https://shorturl.at/I2wyM (en russe).

***

Si l'administration Poutine n'a jamais eu le monopole du discours sur la prétendue spécificité civilisationnelle de la Russie, elle l'a instrumentalisé pour se légitimer. Marginalisé durant la perestroïka et les premières années postsoviétiques, ce discours est devenu dominant. Dans le chapitre 2, nous avons vu que les idéologues regroupés au sein du club d'Izborsk ont largement contribué à sa diffusion. Bien avant Poutine, ils ont dénoncé l'Occident prétendument « russophobe », hostile à tout ce qui est russe. De Prokhanov à Douguine en passant par Narotchnitskaïa, ils sont tous persuadés que la Russie est investie d'une mission impériale et civilisationnelle qui lui est propre. La civilisation russe, celle de la « Sainte Russie », a été glorifiée aussi par l'Église orthodoxe russe. Celle-ci qui se trouve, aujourd'hui comme aux siècles passés, soumise au pouvoir politique, auquel elle sert de caution morale lorsqu'elle interprète le libéralisme (occidental) comme la permissivité[33].

L'influence du patriarcat de Moscou demeure en effet fort limitée, même en temps de guerre. En témoigne la décision du ministère russe de l'Éducation nationale de retirer du programme scolaire le cours « Fondamentaux de la culture spirituelle et morale des peuples de Russie », rendu obligatoire dans les écoles publiques en 2009 en 4e et 5e années (élèves de 10-11 ans). En dépit des protestations de Kirill, il sera supprimé à partir de la rentrée 2025. L'Église gardera pourtant l'accès direct aux

33. Voir Kathy Rousselet, *La Sainte Russie contre l'Occident*, Paris, Éditions Salvator, 2022.

institutions publiques, dont les hôpitaux et surtout l'armée. L'invasion russe de l'Ukraine n'a fait que renforcer le rôle du clergé orthodoxe en tant que partie intégrante du complexe militaire russe[34].

Avant même février 2022, on trouvait dans le discours poutinien les vieux thèmes avancés par plusieurs générations de conservateurs et de nationalistes russes : spécificité « civilisationnelle » de la Russie, décadence (ou dépérissement) de l'Occident, protection des valeurs dites traditionnelles, messianisme russe (« sauver » l'Europe de son déclin et, aujourd'hui, promouvoir l'avènement d'un monde multipolaire), rejet de la conception universelle des droits humains…

Dans une perspective historique, on pourrait parler d'une troisième idéologie officielle en Russie, qui succède à la doctrine « orthodoxie, autocratie, esprit national » à l'époque tsariste et au marxisme-léninisme durant la période soviétique. Si l'utopisme universaliste du dernier est explicitement rejeté par le Kremlin, il existe une proximité évidente entre le nationalisme officiel poutinien et celui formulé par Sergueï Ouvarov dans les années 1830. Dans les deux cas, il s'agit d'un ensemble d'idées et d'attitudes conservatrices, voire réactionnaires, qui tend à préserver l'ordre autoritaire établi (*okhranitel'stvo*).

Ce sont donc des stratégies de légitimation qui ont été développées face à une pression idéologique occidentale telle que ressentie par les élites dirigeantes en Russie. Autrefois on craignait la « contagion » des idées républicaines

34. Dmitry Adamsky, *Russian Nuclear Orthodoxy. Religion, Politics, and Strategy*, Stanford, Stanford University Press, 2019 ; Boris Knorre, « Great Patriotic War Narratives in the Russian Orthodox Church », *Russia.Post*, 7 mai 2023, https://vu.fr/qpHhO.

occidentales qui avaient joué un rôle capital dans l'insurrection décembriste de 1825 et la révolte polonaise de 1830 ; aujourd'hui on répudie la démocratisation « imposée », le « droit-de-l'hommisme » hypocrite et l'interventionnisme « humanitaire » associés à la politique extérieure occidentale (Yougoslavie, Afghanistan, Iraq, Libye, Syrie)[35].

Mais, contrairement à l'anti-républicanisme du XIXe siècle, « l'illibéralisme » du régime poutinien provient d'un rejet des valeurs associées au libéralisme occidental *après* qu'elles ont été expérimentées[36]. Ce rejet se manifeste sur les plans politique (réaffirmation de l'État-nation souverain au détriment des organisations supranationales et du multilatéralisme), économique (diverses formes de protectionnisme et de développementalisme), mais aussi culturel (rejet du multiculturalisme et des droits des minorités).

***

En somme, le « poutinisme » se lit comme une réaction identitaire « plus ou moins systématique au projet libéral-démocratique » de l'Occident, dont l'imitation

35. Luke March, « Nationalism for Export ? The Domestic and Foreign-Policy Implications of the New "Russian Idea" », *Europe-Asia Studies*, vol. 64, n° 3, 2012, p. 401-425 ; Sean Cannady et Paul Kubicek, « Nationalism and Legitimation for Authoritarianism : A Comparison of Nicholas I and Vladimir Putin », *Journal of Eurasian Studies*, vol. 5, n° 1, 2014, p. 1-9 ; Andrei Tsygankov, « Crafting the State-Civilization. Vladimir Putin's Turn to Distinct Values », *Problems of Post-Communism*, vol. 63, n° 3, 2016, p. 146-158 ; E. Pain, « Contemporary Russian Nationalism in the Historical Struggle… », *op. cit.*

36. Marlène Laruelle, « Making Sense of Russia's Illiberalism », *Journal of Democracy*, vol. 31, n° 3, 2020, p. 115-129.

serait « nuisible au développement d'une culture et d'une forme politique authentiquement russes[37] ». Cet identitarisme passe par la réécriture et l'instrumentalisation de l'histoire, processus dans lequel Poutine s'implique personnellement[38]. Pour ne citer qu'un exemple, il inaugurait en novembre 2016, à l'occasion de la Journée de l'unité nationale, une statue du prince Vladimir, sanctifié par l'Église orthodoxe russe. En présence du patriarche Kirill, Poutine déclara que ce prince de Kiev était « resté dans l'Histoire à jamais comme l'unificateur et le défenseur des terres russes, en homme politique visionnaire », en réaffirmant ainsi l'importance de l'Ukraine pour la Russie[39]. Le contexte est important : le monument a été érigé près du Kremlin peu de temps après l'Euromaïdan, en contraste avec la statue de Vladimir le Grand qui fut dressée à Kiev en 1853…

Mais l'identitarisme poutinien coexiste toujours avec un certain réalisme géopolitique. C'est ce qui ressort de l'article de Poutine publié en anglais en juin 2020 et consacré aux « véritables leçons » du soixante-quinzième anniversaire de la fin de la Seconde Guerre mondiale. Tout en soulignant le rôle décisif de l'URSS, le chef du Kremlin reliait ce conflit au traité de Versailles, traitait les accords de Munich de « moment déclencheur », justifiait l'annexion des États baltes par Moscou… mais aussi

37. Mikhail Suslov, *Putinism : Post-Soviet Russian Regime Ideology*, Londres, Routledge, 2024, p. 274, 276.

38. Nicolas Werth, *Poutine historien en chef*, Paris, Gallimard, « Tracts », 2022 ; Alexei Miller, « Talking Politics : Vladimir Putin's Narrative on Contemporary History (2019-2022) », *Russia in Global Affairs*, vol. 21, n° 2, 2023, p. 58-75.

39. « Poutine inaugure une statue du prince Vladimir près du Kremlin », *Le Point*, 4 novembre 2016, https://vu.fr/Stpug.

saluait les efforts des Alliés, fondements de l'ordre établi en 1945 sous l'égide de l'ONU, avant d'en tirer une leçon pour le présent :

> Les contradictions les plus insurmontables – géopolitiques, idéologiques, économiques – ne nous empêchent pas de trouver des formes de coexistence et d'interaction pacifiques, si nous en avons le désir et la volonté. [...] Il est de notre devoir – à tous ceux qui assument des responsabilités politiques et en premier lieu aux représentants des puissances victorieuses de la Seconde Guerre mondiale – de garantir le maintien et l'amélioration de ce système [international]. Aujourd'hui, comme en 1945, il est important de faire preuve de volonté politique et de discuter de l'avenir ensemble. Mes collègues, MM. Xi Jinping, Macron, Trump et Johnson, ont soutenu l'initiative russe d'organiser une réunion des dirigeants des cinq États dotés d'armes nucléaires, membres permanents du Conseil de sécurité. Nous les en remercions et espérons qu'une telle rencontre en tête à tête pourra avoir lieu dès que possible[40].

Ces propos de Poutine peuvent être interprétés comme un appel à la création d'un nouvel ordre international incluant la Russie, à l'instar du Concert européen de la première moitié du XIXe siècle. Quoi qu'il en soit, la rencontre qu'il avait envisagée en pleine pandémie de Covid-19 n'a jamais eu lieu.

En décembre 2021, après avoir massé les troupes à la frontière ukrainienne, Poutine a tenté une négociation

40. Vladimir Putin, « The Real Lessons of the 75th Anniversary of World War II », *National Interest*, 18 juin 2020, https://shorturl.at/4SrcP.

musclée avec les dirigeants occidentaux en leur lançant un « ultimatum » sous la forme de deux projets d'accord de sécurité : un avec Washington et l'autre avec l'OTAN. Ces projets prévoyaient notamment l'interdiction d'élargissement de l'Alliance à l'est, le non-déploiement des missiles de courte et moyenne portée à distance de tir de l'autre partie, la confirmation que les parties ne se considèrent pas comme des adversaires et leur renoncement à stationner leurs forces armées et armements (y compris des arsenaux nucléaires) sur le territoire d'autres pays européens[41].

N'ayant pas obtenu de concessions de la part des capitales occidentales, Poutine eut recours à la force.

41. « Moscou présente ses exigences impossibles à l'égard de l'OTAN », *Le Monde*, 18 décembre 2021, https://shorturl.at/fWvJ5.

14

L'ANNÉE 2022, UN COUP D'ACCÉLÉRATEUR

Le lancement de l'invasion massive de l'Ukraine, le 24 février 2022, n'a fait que renforcer la production idéologique antérieure encouragée et adoptée par le régime russe. En faisant basculer l'Europe dans la guerre, il consolide immédiatement son image de gardien des valeurs dites traditionnelles contre l'Ouest moralement « corrompu ».

Quinze jours à peine après le début de « l'opération militaire spéciale » contre l'Ukraine, le patriarche Kirill, parmi de nombreux prêtres rattachés au patriarcat de Moscou[1], la présentait comme une guerre sainte contre la civilisation occidentale. Selon lui, cette dernière se caractérise par les marches des fiertés, la principale manifestation du mouvement LGBTQ+, qu'on souhaite « imposer » aux habitants du Donbass, partie prenante de la « Sainte Russie[2] ». Sept mois plus tard, la Douma

1. Cyril Hovorun, « Increasing Fragmentation Inside the Russian Orthodox Church », *Russia.Post*, 16 octobre 2023, https://shorturl.at/w8dnZ.

2. Jean-Benoît Poulle, « La guerre sainte de Poutine », *Le Grand Continent*, 7 mars 2022, https://shorturl.at/cQtOf.

d'État a voté à l'unanimité une loi interdisant la prétendue « propagande LGBT » auprès des publics de tout âge, au motif que les LGBTQ+ « sont aujourd'hui un élément de la guerre hybride » que l'Occident mènerait contre la Russie[3]. En novembre 2023, la Cour suprême russe a banni pour « extrémisme » le « mouvement international LGBT et ses filiales[4] ». Entre-temps, Vladimir Poutine a accusé l'Occident de « satanisme » ; c'est ainsi qu'il qualifie l'inclusion des minorités sexuelles et l'acceptation de la diversité des genres. Des lois successives ont interdit la chirurgie de réassignation sexuelle ainsi que le changement de genre dans les documents officiels russes.

Parallèlement, le chef du Kremlin a fait usage du chantage nucléaire, passant ainsi d'une phase de dissuasion à celle de « l'intimidation active[5] ». Mais le durcissement de la rhétorique officielle est particulièrement associé à la figure de Dmitri Medvedev, qui fut considéré comme un libéral modéré durant sa brève présidence. Depuis février 2022, il est devenu la voix des faucons et le principal représentant du « parti de la guerre » au sein des élites russes. Ayant en quelque sorte remplacé feu Jirinovski, Medvedev n'a pas cessé d'appeler à anéantir l'État ukrainien, faisant écho au discours des « nationalistes Z ». Ses nombreux messages de haine envers les « Ukraino-nazis » et les Occidentaux, publiés sur

---

3. Caleb Davis, « Russia Moves to Ban “LGBT Propaganda” Among All Ages », *Reuters*, 27 octobre 2022, https://rb.gy/8v5j1l.

4. « En Russie, la Cour suprême bannit le “mouvement LGBT” pour extrémisme », *Le Monde*, 30 novembre 2023, https://shorturl.at/1rsC0.

5. Marlène Laruelle, « Poutine et la guerre nucléaire : après la “dissuasion” “l'intimidation active” », *Le Grand Continent*, 27 avril 2024, https://rb.gy/0sw9lg.

Telegram, semblent pourtant relever d'un calcul stratégique du Kremlin, qui consiste à distribuer la parole entre plusieurs représentants autorisés à s'exprimer au nom du pouvoir afin de toucher les différents segments de l'opinion publique.

En novembre 2022, Poutine signe un décret présidentiel énumérant pêle-mêle les valeurs traditionnelles telles que « la vie », « les droits de l'homme » (*sic*), « le patriotisme », « la justice », « le collectivisme » ou encore « l'unité des peuples de Russie », dont la promotion doit contrer l'influence d'une « idéologie destructrice ». Celle-ci consisterait dans la promotion de valeurs telles que « l'égoïsme », « l'immoralité », dans la négation des « idéaux du patriotisme », ou « la contribution constructive de la Russie à l'histoire et à la culture mondiales[6] ».

Toutes ces notions sont en réalité des mots vides, au contenu varié, destinés à satisfaire des demandes sociales contradictoires. C'est pourquoi le sens de cette proclamation vise en réalité à construire la figure d'un « autre menaçant » et de susciter en réaction à celui-ci l'unité de la société russe. Pierre Hassner résumait ainsi l'une des idées centrales de *Malaise dans la civilisation* (1930), de Sigmund Freud : « Les hommes peuvent s'aimer entre eux à l'intérieur d'une communauté [mais] à condition qu'il y en ait une autre qu'ils puissent haïr[7]. » En effet, le décret cité nomme explicitement les objets de la haine : les « organisations extrémistes et terroristes », les « agissements des États-Unis et d'autres pays inamicaux » ou encore « certaines firmes multinationales et ONG étrangères ».

6. Décret du président de la Fédération de Russie n° 809 du 9 novembre 2022, *Pravo.gouv*, https://rb.gy/nmtl7z (en russe).

7. P. Hassner, *La Revanche des passions*, *op. cit.*, p. 57.

Face à cette pression extérieure, la guerre est censée, selon Poutine, renforcer la cohésion de la nation composite. Ainsi, dans une intervention devant les membres du Conseil de sécurité de Russie, le 3 mars 2022, il a célébré la diversité des populations défendant leur patrie commune :

> Nos soldats se battent avec fermeté, avec une pleine connaissance de la justesse de leur cause. Ils se sacrifient, sacrifient leur vie, pour sauver leurs compagnons d'armes et les civils. [...] Je suis russe [*rousskii*], comme tous les gens de ma famille. Mais quand je vois des exemples d'héroïsme [sur les champs de bataille en Ukraine] comme celui du jeune soldat Nourmagomed Gadjimagomedov, originaire du Daghestan et issu de l'ethnicité lak, et de nos autres soldats, j'ai envie de dire : je suis lak, daghestanais, tchétchène, ingouche, russe, tatar, juif, mordve, ossète. [...] je suis fier de faire partie de ce peuple fort qu'est le peuple multinational de Russie[8].

***

Parallèlement, le régime russe a remis au goût du jour le discours anti-impérialiste et anticolonialiste autrefois porté par l'Union soviétique. Les premiers efforts avaient été faits au lendemain de l'Euromaïdan, lorsque les dirigeants de la Russie s'étaient mis à renouveler leurs doctrines, dont la Stratégie de sécurité nationale dans ses versions de 2015 et 2021. Ces documents décrivent l'Occident, autrement dit les États-Unis et leurs prétendus « satellites », comme un « hégémon » mondial à l'agonie,

8. Réunion de Vladimir Poutine avec les membres permanents du Conseil de sécurité russe, *Kremlin.ru*, 3 mars 2022, https://vu.fr/BUNzB (en russe).

et c'est précisément parce qu'il est à l'agonie qu'il devient de plus en plus agressif envers les grandes puissances comme la Russie ou la Chine. La version de 2021, restée en vigueur après le début de l'invasion de l'Ukraine, accuse les « pays inamicaux » de l'Occident d'« inspirer les mouvements de contestation » à l'intérieur de la Russie dans le but de « briser » l'unité nationale russe[9]. Dans son discours du 24 février 2022, Vladimir Poutine taxait ce même « Occident collectif » d'« empire du mensonge », en retournant ainsi la formule du président Ronald Reagan, qui avait décrit l'URSS des années 1980 comme « l'empire du mal ».

La guerre imposée par la Russie au voisin ukrainien est, elle, présentée comme une bataille décisive contre l'impérialisme et même le néocolonialisme prédateur des Occidentaux. L'Ukraine, elle, est imaginée comme un terrain de bataille sur lequel la Russie pourrait mettre fin au présumé expansionnisme occidental, mais aussi jeter les bases d'un nouvel ordre mondial aux allures néowestphaliennes, fondé sur la coexistence des États souverains et supposément égaux.

Ce récit s'adresse naturellement à des sociétés « extraoccidentales » d'Amérique du Sud, d'Afrique et d'Asie. En octobre 2022, au forum Valdaï, Poutine citait le philosophe dissident Alexandre Zinoviev (1922-2006), expulsé d'Union soviétique en 1978 et réfugié en Allemagne de l'Ouest, d'où il avait dénoncé, à l'instar d'un Soljenitsyne vivant aux États-Unis, l'évolution de la société occidentale. Annonçant la célébration officielle du centenaire de Zinoviev, le chef du Kremlin a reproduit une réflexion

9. Stratégies de sécurité nationale de Russie (version du 2 juillet 2021), *Kremlin.ru*, https://shorturl.at/QXxJN (en russe).

de ce dernier affirmant que l'Occident ne pourrait maintenir le niveau de bien-être qu'il a atteint qu'à condition de prendre le contrôle de « toutes les ressources de l'humanité » en vue de les exploiter à son profit[10]. À la même occasion, Poutine reprenait un extrait du célèbre discours prononcé par Soljenitsyne en 1978 à l'université de Harvard, où l'écrivain pointait du doigt « le déclin du courage » en Occident, qui serait « ébloui » par son propre sentiment de supériorité sur le reste du monde.

Dans le même sillage, la nouvelle version du Concept de politique étrangère signée par Poutine en mars 2023 dénonce tous ces « États habitués à penser en termes de domination mondiale et de néocolonialisme[11] ». Rendant hommage au discours soviétique, ce document programmatique véhicule en même temps le vieux thème des nationalistes russes d'obédiences variées – non ou para-étatiques, dont le Mouvement de libération nationale – qui ont dénoncé depuis des années le statut « colonial » ou subalterne de la Russie vis-à-vis de l'Occident. La notion d'État-civilisation y est aussi consacrée : sur le plan de politique étrangère, elle affirme la capacité de la Russie d'agir sur son environnement régional et au-delà. Par ailleurs, le Concept met l'accent sur le renforcement des liens avec les pays d'Asie, d'Afrique, du Moyen-Orient et d'Amérique latine.

En octobre de la même année, toujours au forum Valdaï, Poutine reprend cette expression pour insister, à rebours d'une vision universaliste de *la* civilisation remontant aux

10. Session plénière du forum Valdaï, *Kloub Valdaï*, 27 octobre 2022, https://vu.fr/FlhGI (en russe).

11. Concept de politique étrangère de la Fédération de Russie (version du 31 mars 2023), *MID.ru*, https://shorturl.at/4xpHa.

Lumières, sur la pluralité *des* civilisations du monde. Ces dernières, ajoute-t-il, résistent parfaitement à l'unification mondialiste[12]. En février 2024, à Moscou, le parti présidentiel Russie unie organise un « forum anticolonial » ayant comme slogan : « Pour la liberté des nations ! » Cet évènement, qui a rassemblé les représentants de cinquante-cinq pays, était censé exprimer « les intérêts de la majorité mondiale[13] ».

Somme toute, le régime poutinien a fini par assumer la coupure du monde occidental. C'est d'ailleurs ce qu'Alexandre Douguine releva, pas plus tard qu'en mars 2022. Depuis des années, il a théorisé la « double face » du président russe : il y aurait donc un Poutine « lunaire » – libéral, procapitaliste et pro-occidental – et un Poutine « solaire » – étatiste, souverainiste et national-impérialiste. Si ces deux faces sont en rivalité depuis plus de vingt ans, l'invasion russe de l'Ukraine signerait la victoire définitive du Poutine « solaire », constatait l'idéologue[14].

***

La rigidification du cadre idéologique poutinien se traduit par de nouvelles politiques gouvernementales visant particulièrement les jeunes générations. En témoignent les activités de l'Institut d'experts en recherche sociale

12. Discours de Vladimir Poutine au forum Valdaï, *Komsomol'skaïa pravda*, 5 octobre 2023, https://vu.fr/CTke (en russe).

13. « Russie unie a organisé le premier forum international "Pour la liberté des nations" », *Edinaïa Rossia*, 16 février 2024, https://vu.fr/PMKjl (en russe).

14. Alexandre Douguine, « Le Poutine "solaire" a vaincu le Poutine "lunaire" », *Moskovskiï komsomolets*, 30 mars 2022, https://vu.fr/UtfoH (en russe).

(*Èkspertnyï institout sotsial'nykh issledovaniï*, IESI), groupe de réflexion créé en 2017 sous le patronage de l'administration présidentielle et de son puissant directeur adjoint, Sergueï Kirienko (né en 1962). Cet ancien libéral, brièvement Premier ministre, en 1998, a été coopté par le régime de Poutine, qui lui a offert le poste de représentant plénipotentiaire du président Poutine dans le district fédéral de la Volga (2000-2005) puis celui de PDG de la Société nationale pour l'énergie atomique (2005-2016). Depuis sa nomination à l'administration présidentielle, en 2016, Kirienko s'occupe de l'organisation des élections, de la formation des élites, mais aussi des questions idéologiques.

Dans la foulée du lancement de « l'opération militaire spéciale » contre l'Ukraine, l'IESI a décroché de nouveaux contrats avec pour objectif de façonner l'image d'une nouvelle Russie, « illibérale[15] ». Ainsi, des consultants en communication de l'Institut ont été chargés de concevoir un cours universitaire sous le nom « ADN de la Russie ». Son objectif est d'inculquer aux étudiants le sens des « valeurs fondamentales » qui ont façonné l'État-civilisation russe au fil des siècles. L'accent est mis sur son extraordinaire capacité de résistance aux menaces étrangères, c'est-à-dire occidentales. À la rentrée de 2023, ce cours a été rendu obligatoire dans la plupart des universités russes, et près de 80 % des étudiants l'ont alors suivi.

À l'école, l'endoctrinement « patriotique » a pris la forme des « conversations sur l'essentiel » (*razgovory o vajnom*) hebdomadaires, assurées par des professeurs principaux et consacrées à l'avenir de la Russie, à ses symboles, ses valeurs

15. « The Viceroy. How Sergey Kiriyenko Became Putin's Point Man in the Donbas and Plans to Shape Russia's "Post-War Image" », *Meduza*, 16 juin 2022, https://vu.fr/BYdLk.

et ses héros… mais aussi à sa guerre contre l'Ukraine[16]. Tous les lundis matin, les écoliers assistent désormais au lever du drapeau et à l'interprétation de l'hymne national. Des soldats revenus du front sont aussi encouragés à intervenir dans les écoles à travers la Russie[17]. À partir de la rentrée 2024, l'ancienne matière intitulée « Fondamentaux de la sécurité vitale » (OBJ) est également remplacée par un cours à contenu plus militarisé : « Fondamentaux de la sécurité et de la défense[18] ». La société Savoir (*Znanie*), ex-organe soviétique en charge d'activités éducatives et de propagande anti-religieuse, a été reconstituée dès 2021 en vue de « lutter contre la falsification de l'histoire » et de promouvoir les valeurs dites traditionnelles[19].

Plusieurs membres de l'IESI, dont Alexandre Kharitchev, de l'administration présidentielle, Andreï Choutov, doyen du département de science politique à l'Université d'État de Moscou, et Andreï Polossine, devenu vice-recteur de l'Académie russe de l'économie nationale et du service public[20], ont tenté de conceptualiser « le code

---

16. Ivan Fomin, « Putinism for Kids : How the Kremlin Uses Schools for Ideological Indoctrination », *Russia.Post*, 12 septembre 2022, https://shorturl.at/GY4L1.

17. Benjamin Quénelle, « En Russie, l'école au cœur de l'instruction patriotique et familiale », *La Croix*, 10 janvier 2024, https://vu.fr/ABHnq.

18. Tamara Astapenkova, « Le ministère de l'Éducation a expliqué la différence entre les Fondements de la sécurité et de la défense de la Patrie et l'OBJ », *Outchitel'skaïa gazeta*, 6 avril 2024, https://vu.fr/bzPZL (en russe).

19. Voir son site web : https://znanierussia.ru/.

20. Créé en 1921, cet établissement a pour but principal de former des cadres supérieurs pour les administrations de l'URSS puis de la Fédération de Russie. Il est l'équivalent russe de l'Institut national du service public en France (ex-ENA).

national-civilisationnel » de la Russie. Celui-ci se résume par un modèle à cinq niveaux (*pentabazis*), une valeur cardinale correspondant à chacun d'entre eux : niveau individuel (créativité), niveau familial (tradition), niveau sociétal (concorde), niveau étatique (confiance dans les institutions), niveau du pays (patriotisme)[21]. Contrairement à ce que prétendent ses auteurs, cette conception n'offre « aucune vision de l'avenir » et se contente de décrire l'ordre établi comme le seul ordre possible[22].

En parallèle, un manuel unique d'histoire mondiale et russe a été introduit pour les deux dernières années du lycée (10ᵉ et 11ᵉ années dans le système scolaire russe). Ce manuel, séparé en quatre volumes et préparé sous la direction de Vladimir Medinski, ancien ministre de la Culture et actuel conseiller de Poutine, comprend une section visant à justifier l'agression russe contre l'Ukraine. Sans surprise, il reprend des éléments du discours officiel décrivant l'Ukraine comme un État capturé par des néonazis et manipulé par un « Occident collectif », ou l'OTAN, qui chercherait à provoquer le démembrement de la Russie sur le modèle de la Yougoslavie[23].

Ces actions d'endoctrinement de la jeunesse, si elles se prolongent, pourraient renforcer les dynamiques de « détachement » de la société russe par rapport à l'Europe,

21. Mikhail Suslov, « From Uvarov's "Triad" to Kiriyenko's "Pentabasis" : Conservative Ideology in Russia », *Russia.Post*, 20 février 2024, https://shorturl.at/QkmkB.

22. *Ibid.*

23. Aglaé Achechova, « Manuels d'histoire 2023 pour les classes terminales : nouveau texte, vieille doctrine ? », *La Revue russe*, n° 61, 2023, p. 183-198 ; Luba Jurgenson, « En Russie, un nouveau manuel d'histoire au service de l'idéologie du pouvoir », *The Conversation*, 12 décembre 2023, https://shorturl.at/S9Us2.

constatées par des observateurs russes depuis plusieurs années[24]. Par là même, elles contribuent à la formation d'une identité nationale-civilisationnelle toujours plus exceptionnaliste.

***

Mais, en dépit de cet aggiornamento idéologique, le régime de Poutine hésite à embrasser l'agenda maximaliste. Plusieurs hauts gradés du régime, incluant le président du Comité d'enquête russe, Alexandre Bastrykine, et le ministre de la Justice, Konstantin Tchouïtchenko, se sont prononcés pour l'abrogation de l'article 13 de la Constitution, qui interdit noir sur blanc l'introduction d'une idéologie d'État. Plus encore, cet article fait partie du chapitre premier, dont la modification nécessite la convocation d'une assemblée constituante. Ayant gardé un temps le silence, Poutine semble avoir tranché en juin 2024 : cette mesure serait excessive et, en fin de compte, inutile car « l'idéologie dominante n'a pas sauvé l'Union soviétique de l'effondrement ». Ce qui compte réellement selon Poutine, c'est de cultiver l'attachement à la patrie et à l'État, qui peut se passer de codification[25].

Songeons en l'occurrence à l'apocalyptique « idéologie de la Victoire » portée par des membres du club d'Izborsk, qui en appellent au rétablissement d'un empire

24. Alexei Miller et Fiodor Lukyanov, « Detachment Instead of Confrontation : Post-European Russia in Search of Self-Sufficiency », *The EuroAtlantic Union Review*, vol. 4, n° 1-2, 2017, p. 53-92.

25. « Poutine : l'introduction d'une idéologie d'État en Russie est contraire à la Constitution », vidéo YouTube, 12 [7] juin 2024, https://vu.fr/PczBe (en russe).

idéocratique capable de déclarer une guerre contre l'Occident et contre son influence politique, économique et culturelle[26]. Après la retraite de l'armée russe de la ville ukrainienne de Kherson, en novembre 2022, Douguine est allé jusqu'à accuser l'administration présidentielle d'avoir peur de s'engager en faveur de « l'Idée russe » tout en exhortant Poutine – qu'il appelle, dans un sens positif, « l'Autocrate » (*Pravitel'*) – à le faire immédiatement. Et de conclure : « La guerre doit devenir l'affaire du peuple tout entier [*narodnoï v polnoï mere*]. Mais l'État doit, lui aussi, devenir un État du peuple, un État russe [*rousskim*], en cessant d'être tel qu'il est aujourd'hui[27]. »

Konstantin Malofeev a, lui, appelé à affronter le problème de « l'extinction des Russes » et leur « remplacement » par des migrants et leurs enfants. Pour contrer cette « crise démographique », il propose de « revenir à la pratique de l'Empire russe, où le taux de natalité était de sept enfants par femme » *via* le changement de la « conscience des masses[28] ». Au vu de ces revendications radicales, on peut affirmer que le lobbying des différents « entrepreneurs » idéologiques n'a pas été particulièrement fructueux : cooptés par le régime, ils demeurent toujours trop radicaux pour lui[29].

---

26. Marlène Laruelle, « What Is the Ideology of a Mobilized Russia ? », *Russia.Post*, 4 octobre 2022, https://shorturl.at/FBWTi.

27. Alexandre Douguine, « Kherson, la dernière limite de la retraite », *Tsar'grad*, 11 novembre 2022, https://shorturl.at/Canwv (en russe).

28. Discours de Konstantin Malofeev au forum du Conseil mondial du peuple russe à Rostov-sur-le-Don, VRNS, 19 novembre 2023, https://shorturl.at/XnLGA (en russe).

29. Nikolay Mitrokhin, « How Russia's Conservative Ideological Entrepreneurs Lobby the Kremlin », *Russia.Post*, 10 avril 2024, https://shorturl.at/kn2TJ.

Le Kremlin semble préoccupé non seulement par les coûts sociaux et économiques croissants de son « opération militaire » en Ukraine, mais aussi par la crainte qu'une mobilisation nationaliste de masse ne menace la stabilité du régime.

Certes, l'administration Poutine s'est montrée dépendante d'idées de plus en plus conservatrices et nationalistes, qu'elle recycle volontiers. Mais au-delà d'une posture conservatrice et réactionnaire, qui relève d'un rejet des valeurs libérales et du modèle occidental, le Kremlin n'est pas parvenu à formuler une doctrine cohérente et codifiée. Pour le politiste Ilia Boudraitskis, le régime poutinien n'a justement « pas besoin d'une "vraie" idéologie qui se prenne au sérieux, mais d'une idéologie en tant que forme vide ou technologie de domination qui fonctionne comme un ensemble de pratiques performatives[30] ». Cette approche bureaucratique n'est guère capable d'engendrer un véritable élan d'enthousiasme populaire. Et c'est précisément sur ce type de participation massive que le Kremlin ne peut pas compter.

Selon les résultats de sondages repris (ou commandés) par le régime[31], de nombreux Russes ont très majoritairement soutenu, « l'opération militaire spéciale » tant que celle-ci était menée par les forces armées régulières, renforcées par des bataillons de volontaires et des mercenaires de l'ancien groupe Wagner. Pourtant, des études

30. Ilya Budraitskis, « The Kremlin's Theory of Ideology : A Very Short Introduction », *Russia.Post*, 4 mai 2023, https://shorturl.at/cCWdY.

31. Ainsi, le Service fédéral de protection, chargé de la sécurité des instances de pouvoir et de Poutine en personne, réalise des sondages d'opinion confidentiels. Voir « Que lit Poutine ? », *Meduza*, 16 juillet 2020, https://shorturl.at/FFf4N (en russe).

sociologiques menées par des chercheurs de l'ONG ExtremeScan dressent un tableau plus contrasté.

Près d'un tiers des personnes sondées refusent systématiquement de se prononcer ou de prendre parti. Plus encore, alors que le conflit se prolonge, le noyau des sondés proguerre s'est réduit jusqu'à égaler le nombre de ceux qui expriment dans l'ensemble des opinions plutôt anti-guerre[32]. Deux ans après le début de l'invasion de l'Ukraine, le soutien à la poursuite de la guerre continuait à s'effriter, tandis que près de la moitié des personnes interrogées disaient approuver la décision d'engager des négociations immédiates avec l'Ukraine[33].

Entre-temps, la mobilisation « partielle », annoncée par Poutine en septembre 2022, a fait entrer la guerre dans la vie de centaines de milliers de Russes ordinaires, trois cent mille selon les chiffres officiels. Un nombre comparable d'hommes potentiellement mobilisables ont quitté la Russie pour échapper à la mobilisation. Plus généralement, les jeunes Russes en âge de combattre se sont montrés beaucoup moins enclins à soutenir la politique agressive du Kremlin que les générations plus âgées qui, pour beaucoup, ont la télévision publique comme principale, voire unique, source d'information. Au contraire, la jeunesse, mais aussi les femmes, les groupes à faibles revenus et les membres des minorités ethniques s'intéressent davantage à des sources alternatives sur « l'opération

32. Elena Koneva et Kirill Rogov, « Second Demobilisation : How Public Opinion Changed During the Second Year of the War », *Re-Russia*, 24 janvier 2024, https://shorturl.at/NrEPL.

33. Elena Koneva, « Phases of Perception of the War in Ukraine by Russian Population », ExtremeScan, avril 2024, https://shorturl.at/C35KI ; « Conflict With Ukraine : Assessments for March 2024 », Centre Levada, 17 mai 2024, https://vu.fr/dIxDP.

militaire spéciale » contre l'Ukraine[34]. Même parmi les soutiens fermes de Poutine, l'angoisse face à un nouveau cycle de mobilisation et la fatigue due à une guerre prolongée sont tangibles[35].

Aucun enthousiasme populaire n'a été remarqué à l'occasion de l'occupation de nouveaux territoires par les armées russes. L'idée d'une mobilisation totale pour la guerre ne trouve pas d'écho auprès d'une grande majorité de Russes. Des récits anti-élitaires, tels ceux portés par Evgueni Prigojine au début de l'invasion à grande échelle, sont répandus dans la population générale[36], signe de la persistance d'une contestation populaire (et populiste) à bas bruit[37]. Beaucoup de citoyens de Russie des classes populaires pourraient souscrire à l'expression de Jean-Paul Sartre : « Quand les riches se font la guerre, ce sont les pauvres qui meurent. »

Vladimir Poutine et son entourage en sont certainement conscients. En témoigne la façon dont le chef du Kremlin a instrumentalisé le sentiment nationaliste à des fins pragmatiques depuis la « crise ukrainienne » de 2014.

---

34. Vladimir Zvonovski, « Comment publier la guerre », *Moscow Times*, 11 janvier 2024, https://vu.fr/GYngF (en russe).

35. Vera Grantseva, *Les Russes veulent-ils la guerre ?*, Paris, Éditions du Cerf, 2023.

36. Voir Serge Hastom, « Voyage dans la Russie interdite, le récit de trois mois sur les routes d'un pays en guerre », *Le Nouvel Obs*, 15 novembre 2023, https://shorturl.at/ooSpf.

37. K. Clément, *Contestation sociale à bas bruit en Russie*, *op. cit.*, p. 93-126.

15

SE LÉGITIMER PAR LE NATIONALISME

Au-delà d'une orientation conservatrice et anti-occidentale, le nationalisme officiel du régime poutinien est d'abord un discours qui lui sert à légitimer sa domination politique et ses actions.

On peut soutenir que l'aspiration nationaliste, qui tend à faire coïncider les frontières culturelles et politiques de la nation, n'a pas été une source de légitimité pour le gouvernement Poutine avant l'Euromaïdan[1]. À bien des égards, cette (deuxième) révolution ukrainienne constitue un tournant, voire un point de non-retour dans la politique russe intérieure comme étrangère. De l'annexion de la Crimée, en mars 2014, au lancement de l'invasion de l'Ukraine, en février 2022, et au-delà, les dirigeants russes ont intégré des arguments et émotions nationalistes dans leur récit. Cette appropriation du discours nationaliste a été tout sauf accidentelle.

Jusqu'aux manifestations de l'opposition de 2011-2012, le soutien public au régime russe provenait de trois

1. Henry Hale, « How Nationalism and Machine Politics Mix in Russia », dans P. Kolstø et H. Blakkisrud (dir.), *The New Russian Nationalism*, *op. cit.*, p. 221-248.

sources : l'économie, la sécurité et l'international. Dès le départ, l'image de Poutine a été construite par les médias officiels, à commencer par la télévision publique[2]. Celle-ci a été mise sous tutelle dès le premier mandat poutinien, lorsque les magnats des médias Boris Berezovski (ORT et TV6) et Vladimir Goussinski (NTV) furent contraints de quitter la Russie au profit de sociétés d'État, dont la Compagnie panrusse de télévision et de radiodiffusion, et de milliardaires proches de Poutine comme Iouri Kovaltchouk. Pour construire sa légitimité aux yeux des citoyens, le régime poutinien s'est largement appuyé sur la manipulation de l'information, comme l'ont fait de nombreux autres autocrates contemporains[3].

Dans les années 2000, Vladimir Poutine était présenté comme un « gestionnaire efficace » capable d'assurer à la fois une croissance économique stable et une amélioration généralisée du niveau de vie. Dans son manifeste électoral de 1999 précédemment cité, il se fixait comme objectif d'atteindre en quinze ans un niveau du PIB par habitant comparable à celui du Portugal ou de l'Espagne, voire à celui de la France ou du Royaume-Uni. Au-delà d'une vision eurocentrique du « jeune poutinisme », cette promesse liait la légitimité du régime à ses performances économiques.

Afin de « rattraper » le Portugal, Poutine a clairement misé sur des institutions « extractives » permettant à une

2. Derek S. Hutcheson et Bo Petersson, « Shortcut to Legitimacy : Popularity in Putin's Russia », *Europe-Asia Studies*, vol. 68, n° 7, 2016, p. 1107-1126.

3. Sergei Guriev et Daniel Treisman, *Spin Dictators : The Changing Face of Tyranny in the 21st Century*, Princeton, Princeton University Press, 2022.

élite restreinte d'accaparer la majeure partie des richesses, et non celles qui inclueraient la majorité de la population à leur redistribution. Là encore, le Kremlin agissait comme de nombreux gouvernements autoritaires à travers le monde[4]. Durant un temps, de larges couches de la population ont pu bénéficier des retombées économiques dues au prix élevé des hydrocarbures – principal article de l'exportation russe – sur les marchés internationaux, produisant un large soutien populaire au régime. Toutefois, cette légitimation par la prospérité est de moins en moins efficace au moment de la crise économique mondiale de 2008, avant de perdre toute crédibilité durant la décennie suivante, marquée par une stagnation prolongée.

Parallèlement, le régime russe s'est efforcé de construire l'image d'un Poutine « homme fort » ayant contenu les menaces du séparatisme tchétchène et du terrorisme islamiste. Ce n'est pas un hasard si le parti politique créé en 1999 pour lui servir de plateforme de soutien fut enregistré sous le nom d'Unité (*Edinstvo*), avant d'être rebaptisé, deux ans plus tard, Russie unie. Dès la deuxième guerre de Tchétchénie (1999-2000/2009)[5], Poutine s'est continuellement mis en scène comme un homme providentiel capable de préserver la société des dangers pesant sur elle. « Garant » de l'intégrité territoriale et

4. Voir Daron Acemoglu et James A. Robinson, *Prospérité, puissance et pauvreté : pourquoi certains pays réussissent mieux que d'autres*, trad. de l'anglais par P. Hersant, préface de P. Aghion, Genève, Markus Haller, 2015 (2012) ; A. Åslund, *Russia's Crony Capitalism*, *op. cit.*

5. L'intervention militaire à grande échelle a été terminée en avril 2000. Toutefois, « l'opération antiterroriste » comprenant des opérations anti-insurrection sur le territoire tchétchène n'a été levée qu'en avril 2009.

de la souveraineté de l'État, il prétend endiguer le spectre du désordre, de la désagrégation et du déclin ravivé par la chute de l'Union soviétique et rendu par le mot russe *smouta*, déjà mentionné. Dans sa tribune sur « l'État long de Poutine », Vladislav Sourkov met d'ailleurs au crédit de Poutine sa politique centralisatrice ayant interrompu la « décomposition » de la nouvelle Russie[6].

Cette aura de « sauveur[7] » s'est elle aussi quelque peu dissoute au cours de la longue présidence poutinienne. Mais une troisième source de légitimité – ni économique, ni sécuritaire – a rapidement pris de l'importance : la quête de prestige pour la Russie sur la scène mondiale. Après l'effondrement de l'influence russo-soviétique dans les années 1990, Poutine s'est targué d'avoir regagné, pour son État affaibli, le statut de grande puissance, ou de « puissance globale », qui a son mot à dire sur les grands dossiers de l'actualité internationale. Pour y parvenir, Moscou a mis en œuvre une politique dite « révisionniste » en déployant tous les moyens disponibles, y compris la force militaire et la « normalisation » de l'image de la Russie dans le monde. Celle-ci doit notamment briser « le monopole des médias anglo-saxons dans le flux mondial de l'information[8] ». L'objectif en est de modifier l'équilibre des puissances en faveur des pays

6. V. Sourkov, « La longue gouvernance de Poutine », *op. cit.*, p. 10.

7. Voir Raoul Girardet, *Mythes et mythologies politiques*, Paris, Seuil, 1986.

8. Propos de Poutine cités par Maxime Audinet, « Quel soft power pour la Russie ? », *Diplomatie*, n° 40, août-septembre 2017, p. 48-49. Voir aussi Marlène Laruelle, « L'idéologie comme instrument du soft power russe. Succès, échecs et incertitudes », *Hérodote*, n° 166-167, 2017, p. 23-35.

« émergents » (dont les BRICS+) et au détriment des États-Unis et de leurs alliés. Les interventions militaires de la Russie, simultanément dans son environnement régional – en Géorgie, en 2008, puis en Ukraine, à partir de 2014 – et dans des régions du monde plus éloignées, comme la Syrie, s'inscrivent dans cette perspective[9].

L'accent mis sur la puissance restaurée et la promotion des sentiments anti-occidentaux a compensé l'épuisement partiel des autres sources de légitimité du régime. Depuis le début des années 2010, la fierté nationale, telle qu'elle est mesurée par les sondages d'opinion, n'est plus associée aux performances économiques. Elle se conjugue désormais avec le sentiment de supériorité et de puissance rétablie[10]. L'annexion russe de la Crimée, en mars 2014, constitue ici un évènement clef.

***

Ce n'est qu'à ce moment que Vladimir Poutine décide de jouer explicitement la carte du nationalisme afin de renouveler son répertoire de légitimité. Dans son discours prononcé le 18 mars 2014 à l'occasion du rattachement de la Crimée à la Russie, le chef du Kremlin reproduit la devise nationaliste centrale autrefois portée par des figures aussi différentes que Soljénitsyne, Ziouganov, Rogozine, Jirinovski, Kholmogorov ou Krylov : le peuple

---

9. Barbara Pisciotta, « Russian Revisionism in the Putin Era : An Overview of Post-Communist Military Interventions in Georgia, Ukraine, and Syria », *Italian Political Science Review*, vol. 50, n° 1, 2020, p. 87-106.

10. Marharyta Fabrykant et Vladimir Magun, « Dynamics of National Pride Attitudes in Post-Soviet Russia, 1996-2015 », *Nationalities Papers*, vol. 47, n° 1, 2019, p. 20-37.

russe, au sens ethnoculturel du terme (*rousskiï narod*), serait « le plus grand peuple au monde à être divisé par des frontières[11] ».

Plus encore, l'annexion de la Crimée, présentée par Poutine comme juste et pacifique, serait somme toute inévitable du fait d'un lien historique, voire mystique, reliant ce territoire à la Russie continentale :

> En Crimée, tout est imprégné de notre histoire et de notre fierté communes. C'est ici que se trouve l'ancienne Chersonèse, où le prince Vladimir fut baptisé [vers 988]. Son exploit spirituel de conversion à l'orthodoxie a déterminé le socle culturel, les valeurs et la civilisation communes qui unissent les peuples de Russie, d'Ukraine et de Bélarus. En Crimée se trouvent les tombes des soldats russes qui, par leur courage, ont fait passer la Crimée sous la domination de la Russie en 1783. La Crimée, c'est Sébastopol, une ville légendaire, une ville au destin grandiose, une ville forteresse et la patrie de la marine russe de la mer Noire. La Crimée, c'est Balaklava et Kertch, la colline de Malakhoff [lieu de bataille durant la guerre de Crimée, 1853-1856] et le mont Sapoun [siège de violents combats lors de la Seconde Guerre mondiale]. Chacun de ces lieux est sacré pour nous, ce sont des symboles de la gloire militaire et d'une inouïe vaillance russes[12].

En parallèle, Vladimir Poutine vilipende le « cynisme » et le « deux poids, deux mesures » des Occidentaux, qu'il accuse d'avoir agressé la Yougoslavie, envahi l'Afghanistan puis l'Irak, d'avoir fomenté les révolutions « de couleur »

11. Adresse de Vladimir Poutine à l'Assemblée fédérale, *Kremlin.ru*, 18 mars 2014, https://shorturl.at/hyNfw (en russe).

12. *Ibid.*

en ex-URSS et les révolutions du « printemps arabe » au Moyen-Orient. Le récit nationaliste sur la Crimée « historiquement russe » (*rousskiï Krym*) se marie ainsi à l'expression d'un ressentiment envers l'Occident. En évoquant ses préoccupations à propos d'une éventuelle adhésion de l'Ukraine à l'OTAN, Poutine évoquait un scénario inacceptable pour Moscou : une « flotte otanienne [qui] apparaîtrait dans la ville de la gloire militaire russe », Sébastopol.

Lors du concert organisé sur la place Rouge le soir de ce discours, le chef d'État russe déclare que la péninsule, tel un bateau, est « retournée à son port d'attache », en terminant son intervention par un slogan que l'on entendait scander lors des « marches russes » nationalistes : « Gloire à la Russie[13] ! » Constituant un exemple frappant de discours nationaliste, la rhétorique mobilisée par Poutine révèle aussi bien l'importance du ressentiment dans la stratégie politique du Kremlin que l'imbrication des éléments ethnique, historique et impérial dans l'imaginaire national(iste) russe[14].

En quelques semaines seulement, l'attitude d'une grande majorité des Russes à l'égard de l'Occident se détériore fortement. Un sondage du Centre Levada réalisé en juillet 2014 montre que 74 % des interrogés avaient un sentiment négatif à l'égard des États-Unis – la cote maximale sur toute la période postsoviétique ; et ce contre 44 % six mois plus tôt. On peut dire la même chose au sujet de

13. Discours de Vladimir Poutine sur la Place Rouge à Moscou, *Izvestia*, 18 mars 2014, https://shorturl.at/YRcPY (vidéo en russe).

14. Veljko Vujačić, *Nationalism, Myth, and the State in Russia and Serbia : Antecedents of the Dissolution of the Soviet Union and Yugoslavia*, New York, Cambridge University Press, 2015, p. 304 et suivantes.

la hausse drastique des sentiments négatifs envers l'Union européenne, ce chiffre étant passé de 34 % à 60 % sur la même période[15]. Quelques mois après la chute du régime de Ianoukovitch, la moitié des sondés russes (52 %) déclaraient que l'Ukraine était « devenue une marionnette entre les mains de l'Occident et des États-Unis, qui mènent des politiques anti-russes[16] ».

Ces attitudes populaires sont dans une large mesure construites par les médias officiels russes désignant le Maïdan ukrainien comme un coup d'État monté par Washington et ses « satellites » européens. Le pouvoir à Kiev serait pris par des « nationalistes » et « fascistes » ukrainiens héritant de Stepan Bandera (*banderovtsy*), ces « hommes de main de Hitler pendant la Seconde Guerre mondiale » selon Poutine[17].

En février 2015, le directeur du FSB, Nikolaï Patrouchev, affirmait sans ambages que les États-Unis ne s'intéressaient « pas à l'Ukraine, leur objectif étant d'affaiblir nos positions ». Selon lui, « les Américains s'efforcent d'entraîner la Russie dans un conflit militaire interétatique, en utilisant les évènements ukrainiens dans le but de changer le régime [en Russie] pour enfin démembrer notre pays[18] ». Ces aveux donnent à penser que, côté russe, l'hypothèse d'une guerre à grande

15. « Attitude Towards Countries and Their Citizens », Centre Levada, 16 septembre 2022, https://vu.fr/unfn.

16. « La crise ukrainienne : actions des dirigeants ukrainiens et russes », Centre Levada, 12 août 2014, https://shorturl.at/lAnzh (en russe).

17. Adresse de Vladimir Poutine à l'Assemblée fédérale, 18 mars 2014.

18. Nikolaï Patroushev, « Les États-Unis tentent de surmonter la crise aux dépens des autres, en détruisant des pays entiers », *Rossiïskaïa gazeta*, 10 février 2015, https://vu.fr/QLJlV (en russe).

échelle est sinon retenue, du moins non exclue depuis la « crise » de 2014.

Ce scénario, pourtant, ne semble guère susciter l'enthousiasme dans la société russe. Au moment des hostilités dans le Donbass, à l'été 2014, un tiers seulement des personnes interrogées (31 %) par le Centre Levada ont soutenu l'affirmation selon laquelle « les intérêts géopolitiques et stratégiques de la Russie sont désormais plus importants que les problèmes socio-économiques internes », 55 % ayant dit qu'ils préféreraient voir les dirigeants russes « se concentrer en priorité sur la résolution » de ces problèmes[19]. Sans doute cet état de l'opinion publique explique-t-il en partie la décision du Kremlin de ne pas reconnaître les « républiques populaires » de Donetsk et de Louhansk en 2014, et de ne pas donner suite aux revendications des voix nationalistes réclamant le « rassemblement des terres russes » (*vossoedinenie rousskikh zemel'*).

***

Néanmoins, les évènements ukrainiens incitent le régime poutinien à faire du discours nationaliste un moyen de mobilisation contrôlée en soutien à Vladimir Poutine. Dans une déclaration d'octobre 2014 au forum Valdaï, le chef du Kremlin se targue d'être « le plus grand *nationaliste* » de Russie. Il oppose alors son nationalisme « authentique », consistant à aligner les actes politiques « de sorte qu'ils profitent au peuple », à un nationalisme « destructeur » car relevant d'une « intolérance envers

19. « La crise ukrainienne : actions des dirigeants ukrainiens et russes », *op. cit.*

les autres », inadmissible dans un « État multiethnique et multiconfessionnel[20] ».

Auparavant, le « nationalisme » était fortement associé dans le discours poutinien à des notions comme « xénophobie », « chauvinisme », « antisémitisme » ou encore « extrémisme ». En témoigne ce passage tiré du discours de Poutine prononcé à la réunion du Congrès juif européen à Moscou, en octobre 2007 : « Le chauvinisme, la xénophobie et le nationalisme agressif sont aujourd'hui le lot de presque tous les pays […]. Malheureusement, certaines manifestations d'antisémitisme et les niaiseries de groupes extrémistes sont également observables en Russie[21]. »

Ce glissement sémantique – du « patriotisme » habituel au « nationalisme » d'ordinaire dénoncé et dévalorisé – reflète en effet une volonté de Poutine de consolider sa position d'acteur politique dominant. Il cherche à tracer la ligne entre ce qui est légitime et ce qui ne l'est pas, entre le louable et l'inacceptable lorsqu'on parle du « nationalisme[22] ». Ceux qui souscrivent à cette vision officielle sont tolérés ou soutenus, ceux qui la contestent sont exclus ou réprimés, comme l'ont été de nombreux nationalistes d'opposition depuis la fin des années 2000.

La déclaration de Poutine s'inscrit en effet dans un contexte marqué, au début des années 2010, par une

20. Discours de Vladimir Poutine au forum Valdaï, *Kremlin.ru*, 24 octobre 2014, https://vu.fr/TAnRg (en russe).

21. Discours de Vladimir Poutine à la réunion du comité exécutif du Congrès juif européen à Moscou, *Kremlin.ru*, 10 octobre 2007, https://vu.fr/yrDmb (en russe).

22. Veera Laine, « "Biggest Nationalist in the Country" : Self-Descriptive Uses of "Nationalist" in Contemporary Russia », *Contributions to the History of Concepts*, vol. 16, n° 2, 2021, p. 108-130.

certaine banalisation du mot « nationalisme » dans les discours politiques. Cette banalisation est attestée par le fait que des figures de l'opposition démocratique comme Alexeï Navalny ou Mikhaïl Khodorkovski, ancien oligarque exilé en Suisse, se sont dit « nationalistes ».

Plus encore, le chef du Kremlin cherche à convaincre les masses que seule sa voix est authentiquement celle de la nation. Une autre allocution, qu'il prononce dans le cadre d'une réunion ultérieure du forum Valdaï, en octobre 2018, en témoigne :

> Vladimir Poutine : [...] Je veux que la Russie survive, y compris dans l'intérêt du peuple russe. C'est pourquoi j'ai dit que j'étais le plus authentique, le plus vrai et le plus efficace des nationalistes. Mais ce n'est pas ce nationalisme sauvage et idiot, qui conduirait notre État à l'effondrement.
>
> Fiodor Loukianov [directeur scientifique du forum] : S'il n'y a que vous, ce n'est pas suffisant. Avez-vous des personnes qui partagent vos idées et votre vision du nationalisme ?
>
> V. Poutine : Oui. Près de 146 millions de personnes [nombre d'habitants de la Russie].
>
> F. Loukianov : Excellent[23] !

L'intervention russe en Ukraine provoque, à l'intérieur de la Russie, un « effet drapeau », situation typique des périodes de crise internationale. Au lendemain de l'annexion de la Crimée, la cote de popularité de Vladimir Poutine caracole dans les sondages au-dessus du seuil de 80 % d'opinions positives, contre 60 % à la fin de 2013

23. Session plénière du forum Valdaï, *Kremlin.ru*, 18 octobre 2018, https://vu.fr/AyHRv (en russe).

(voir en annexe p. 360). Pour l'administration présidentielle, ce paramètre est en effet primordial : dans un système autoritaire aux allures de dictature personnelle, le soutien déclaré au chef et à sa politique doit créer un sentiment d'unanimité[24]. Cet état de fait se reproduira au moment de l'invasion de 2022, alors que des propos glorifiant Poutine, « protecteur de la Patrie » et « défenseur des Russes », circulent abondamment sur les réseaux sociaux, dont VKontakte, le plus utilisé en Russie.

En rassemblant une très grande majorité des Russes autour de son chef, le Kremlin écrase d'emblée les opposants à son régime. Déjà dans son « discours de Crimée », Vladimir Poutine fustige les « traîtres à la nation » (*natsional-predateli*) et membres de la « cinquième colonne » (*piataïa kolonna*) : tous ceux qui contestent sa politique envers l'Ukraine. Des voix contestataires sont ainsi assimilées à des ennemis non seulement du régime mais également des intérêts vitaux de la « nation ». En introduisant ces termes dans le discours officiel, Poutine a repris le stigmate de la trahison qui fut par le passé utilisé à l'encontre des dirigeants russes jugés peu soucieux des intérêts de la majorité ethnique. Poutine, Eltsine et Gorbatchev ont tous eu l'honneur douteux d'être baptisés « traîtres à la nation » dans les cercles du nationalisme radical. Le discours poutinien projette, lui, cette accusation sur l'opposition politique.

Et de nouveau en mars 2022 : au moment de l'invasion à grande échelle de l'Ukraine, le chef du Kremlin emploie le même procédé rhétorique pour affirmer que

24. Katia Arenina, « Comment les sociologues ont appris aux Russes à aimer Poutine et la guerre en Ukraine », *Proekt.media*, 7 juillet 2022, https://shorturl.at/tb7mO (en russe).

la société russe n'a d'autre choix que de « se purifier » des présumés « traîtres », accusés de s'opposer à « l'opération spéciale » contre l'Ukraine et de s'incliner devant le mode de vie occidental. Ces accusations sont accompagnées d'images fortes et chargées d'émotion : « Le peuple russe, dit Poutine, sera toujours capable de distinguer les vrais patriotes des canailles et des traîtres et les recrachera tout bonnement comme un moucheron qui serait entré accidentellement dans sa bouche[25]. »

Ces déclarations ont été immédiatement suivies par l'extension des dispositifs de répression faisant partie de la « politique de la peur » du Kremlin. En juillet 2014, Poutine a approuvé les amendements au Code pénal russe, votés par le Parlement, en vue de punir tout « appel au séparatisme » – formule juridique désignant d'éventuelles mises en cause du rattachement de la Crimée à la Russie – par des amendes et même des peines de prison[26].

Après le 24 février 2022, la législation répressive a été considérablement élargie, avec l'adoption d'une loi dite de censure militaire. Ce dispositif prévoit des peines pour la « discréditation » des forces armées et la diffusion préméditée de « fausses informations » sur elles. Par le biais de ces nouvelles normes judiciaires, les autorités russes ont multiplié les répressions. Selon le groupe de défense des droits humains OVD-Info, 935 personnes ont fait l'objet de poursuites pénales pour ces motifs,

25. Intervention de Vladimir Poutine à la réunion avec les chefs des administrations régionales sur les mesures de soutien socio-économique, *Kremlin.ru*, 16 mars 2022, https://vu.fr/bbuvJ (en russe).

26. « Poutine durcit les sanctions contre les appels au séparatisme », *Rossiïskaïa gazeta*, 22 juillet 2014, https://vu.fr/BjdmZ (en russe).

dont certaines *in absentia*, entre février 2022 et mai 2024 ; 9 435 cas de poursuites administratives et 1 206 cas de pression sur les médias et les journalistes indépendants ont été enregistrés sur la même période[27].

Une combinaison de répression et de propagande a produit un nouveau ralliement autour de Poutine[28]. Ce ralliement lui a permis de remporter le scrutin présidentiel de mars 2024, organisé de nouveau en l'absence totale de concurrence réelle. Fort d'un score inédit de 87 % des voix et d'un taux de participation de 77,5 %, le chef du Kremlin n'a pas dérogé à sa stratégie de prédilection : fabriquer une « majorité poutinienne » à la faveur d'une mobilisation contrôlée qui le place hors de critique et en fait l'incarnation de la fierté nationale.

Mais le recours au nationalisme a été sans doute encore plus important dans le discours déployé par le Kremlin pour justifier sa politique agressive envers l'Ukraine.

---

27. « Persecution of the anti-war movement report », mai 2024, OVD-Info, 31 mai 2024, https://vu.fr/taEh.

28. Denis Volkov, « Un soutien extraordinaire : ce que les élections révèlent de l'état de la société russe », Centre Levada, 20 mars 2024, https://shorturl.at/R4atA (en russe).

16

JUSTIFIER LA GUERRE PAR LE NATIONALISME. DE L'INSTRUMENTALISATION À L'IDÉOLOGIE ?

Aujourd'hui en Occident, on parle beaucoup d'un impérialisme et d'un bellicisme russes qui seraient innés sinon à l'État russe, du moins à Vladimir Poutine et à son entourage. Répétant « la logique du comportement géopolitique de ses prédécesseurs » que furent l'empire des tsars et l'Union soviétique, la Russie contemporaine ferait preuve d'une « inertie impériale » traduisant « le désir des élites politiques de recréer un empire[1] ». Dans la mesure où la « guerre a toujours été un mode d'existence pour l'État russe, sa raison d'être », Poutine n'aurait fait que rendre à la Russie « l'un de ses principaux archétypes : la guerre[2] ».

Poutine est souvent comparé à Staline, qui était inspiré par un certain messianisme impérial grand-russe. Mais il n'est pas moins souvent rapproché de Hitler avec lequel il partagerait des ambitions impérialistes provenant d'un ethnonationalisme exacerbé et raciste. Au début de l'invasion

1. R. Zaporozhchenko, « The End of "Putin's Empire" ? » *op. cit.*, p. 119. Voir également Claudio Sergio Ingerflom, *Le Domaine du maître : l'État russe et sa mission mondiale*, Paris, PUF, 2023.

2. Sergueï Medvedev, *Une guerre made in Russia. Pourquoi la Russie ne veut pas de la paix*, trad. du russe, Paris, Buchet-Chastel, 2024 (2023), p. 10, 17.

de l'Ukraine, Vladimir Poutine s'est lui-même comparé à Pierre le Grand, fondateur de l'Empire russe qui prit le titre d'empereur (*imperator*). Il a ajouté que sa responsabilité, comme celle de son prédécesseur il y a trois cents ans, était de « récupérer les territoires historiques » de la Russie[3].

Mais peut-on vraiment affirmer que le régime poutinien est animé par une doctrine cohérente qui « fait du rassemblement des communautés ethno-nationales russes et des anciennes régions de l'Empire russe le principe directeur[4] » de sa politique ? Les éléments dont on dispose témoignent en faveur d'un usage opportuniste du discours nationaliste par un chef d'État autoritaire qui doit justifier ses actes auprès de ses concitoyens. Cette instrumentalisation n'est pourtant pas sans conséquence car elle finit par orienter son action.

Dans son discours « de Crimée », Poutine disait notamment :

> Je comprends bien ceux qui sont sortis sur le Maïdan avec des slogans pacifiques contre la corruption, l'inefficacité du gouvernement et la pauvreté. [...] Mais ceux qui sont à l'origine des récents évènements en Ukraine poursuivaient d'autres objectifs : ils préparaient un nouveau coup d'État, prévoyant de s'emparer du pouvoir coûte que coûte. La terreur, les meurtres et les pogroms ont été mis à contribution. Les principaux exécutants de ce coup d'État étaient des nationalistes, des néonazis, des russophobes et des antisémites. Ce sont eux qui déterminent en grande partie la vie en Ukraine d'aujourd'hui.

3. « Poutine compare sa politique à celle de Pierre le Grand », *L'Express*, 9 juin 2022, https://vu.fr/LaxSx.

4. Neil Melvin, « Nationalist and Imperial Thinking Define Putin's Vision for Russia », RUSI, 2 mars 2022, https://vu.fr/tngtA.

Ce passage est caractéristique à deux égards. D'une part, Poutine ne fait que projeter sur le pays voisin un discours *préexistant* qui rejette le « mauvais » nationalisme (ethnique) au sein de la Russie. Le « nationalisme » ukrainien est ainsi recodé comme « néonazisme » et comme « antisémitisme ». D'autre part, Poutine ajoute un autre mot à cette liste : la russophobie, soit une notion clef du vocabulaire nationaliste. Jusqu'en 2014, le chef du Kremlin n'avait jamais prononcé ce mot dans ses interventions publiques, alors qu'il était repris depuis des années tant par l'opposition parlementaire ralliée au régime que par les idéologues regroupés au sein du club d'Izborsk, qui parlaient tous volontiers de « l'Occident russophobe ». Poutine n'a fait que reprendre cet élément de langage en en faisant un outil politique.

Depuis 2014, la « russophobie » devient omniprésente dans le discours du Kremlin, et surtout du ministère russe des Affaires étrangères[5]. Outre l'Ukraine, dont le gouvernement est accusé d'exclure, sinon de haïr tout ce qui est russe, le mot « russophobie » dénonce la politique des États baltes, de la Pologne ainsi que d'autres pays européens, mais surtout celle des États-Unis. L'élargissement de l'OTAN à l'Est, la « réécriture de l'histoire » en Europe centrale et orientale, les accusations d'ingérence de Moscou dans les élections présidentielles aux États-Unis, le supposé mauvais traitement des « compatriotes » russes à l'étranger ou encore les critiques occidentales

5. Neil Robinson, « "Russophobia" in Official Russian Political Discourse », *De Europa*, vol. 2, n° 2, 2019, p. 61-77 ; Giorgio Comai, « Russophobia in Russian Official Statements and Media. A Word Frequency Analysis », 1er août 2021, https://shorturl.at/I5fuQ.

de la situation des droits humains en Russie constitueraient autant de manifestations d'une « russophobie agressive » des Occidentaux.

Dans une allocution prononcée au Musée juif à Moscou le 27 janvier 2015, à l'occasion de la journée internationale dédiée à la mémoire des victimes de l'Holocauste, Poutine a implicitement comparé la russophobie à l'antisémitisme, les classant tous deux parmi « les idées misanthropiques toujours présentes dans le monde » : « Nous restons confrontés à des tentatives de division des sociétés sur une base ethnique, raciale et religieuse, à des manifestations d'antisémitisme, de russophobie et d'intolérance agressive à l'égard d'autres peuples, cultures et traditions[6]. »

Un communiqué caractéristique du ministère des Affaires étrangères, publié le 4 septembre 2015, reliait le projet d'extension des sanctions européennes à l'encontre des citoyens et organisations russes aux agissements d'une « minorité russophobe agressive parmi les dirigeants de l'Union européenne et de ses États membres ». Le communiqué précisait en même temps : « Nous espérons que les approches pragmatiques et raisonnables visant à établir de nouvelles relations politiques avec la Russie, fondées sur un partenariat économique mutuellement bénéfique, prévaudront progressivement au sein de l'UE[7]. »

Les usages du terme « russophobie » se sont encore multipliés après le 24 février 2022 à tel point qu'il a été inscrit dans le Concept de politique étrangère russe

6. Discours de Vladimir Poutine au Musée juif à Moscou, *Kremlin.ru*, 27 janvier 2015, https://vu.fr/XRRvB (en russe).

7. Commentaire du département de l'information et de la presse du ministère russe des Affaires étrangères de Russie, *MID.ru*, 4 septembre 2015, https://vu.fr/VZSaE (en russe).

de 2023. L'un des objectifs déclarés est de « contrer la campagne de russophobie déclenchée par des États inamicaux », c'est-à-dire tous les États ayant imposé des sanctions à la Russie[8].

Le recours à ce registre discursif induit naturellement une stigmatisation de l'adversaire, dont le comportement serait animé par des émotions négatives et ferait ainsi preuve de manque de rationalité. Cela permet au régime russe de consolider son propre camp dans une perspective parfaitement stratégique : expliquer les tensions internationales par la haine que les étrangers ont de « nous » renforce la cohésion interne et la loyauté envers le chef politique, qui assume le rôle de protecteur du collectif menacé.

Cette consolidation contribue également à canaliser la xénophobie interne – qui vise les minorités ethniques – en l'orientant vers les États occidentaux et le gouvernement « nationaliste » qu'ils soutiennent en Ukraine. En effet, l'annexion russe de la Crimée a provoqué une baisse significative des attitudes xénophobes à l'intérieur de la Russie. Si en octobre 2013 45 % des personnes interrogées soutenaient l'interdiction de résidence des ressortissants d'Asie centrale en Russie, ce chiffre est descendu à 29 % l'été suivant. La proportion de sondés disant ressentir les tensions interethniques dans leur commune de résidence est passée de 43 % à 23 % sur la même période[9].

Pareillement, les études sociologiques ont enregistré une forte amélioration de la considération envers les Tchétchènes depuis 2022, ce résultat étant attribué à la « participation

---

8. Concept de politique étrangère de la Fédération de Russie, *op. cit.*

9. « L'intolérance et la xénophobie », Centre Levada, 11 octobre 2016, https://vu.fr/QIPG (en russe).

notable de représentants de ce groupe ethnique à “l’opération spéciale”[10] ».

***

Et pourtant, en 2014, le Kremlin reconnaît Petro Porochenko, élu en mai de la même année, comme président légitime de l’Ukraine post-Maïdan. Poutine accepte de négocier avec lui, ainsi qu’avec les dirigeants français et allemand au « format Normandie ». Après la signature des accords de Minsk, le discours officiel russe dénonçant la montée du « fascisme » en Ukraine cède la place à un autre discours, représentant l’Ukraine comme un État en faillite incapable de redresser son économie ni de répondre au défi séparatiste à l’est de son territoire. Cette politique se fonde à l’évidence sur un calcul rationnel.

La Crimée a toujours constitué un lieu stratégique car la flotte russe de la mer Noire y est stationnée. En revanche, le Kremlin « n’a jamais perçu le Donbass » comme un territoire important pour sa sécurité nationale, ce qui explique « l’intention initiale de Moscou de le réintégrer à l’Ukraine[11] ». Tandis que les dirigeants russes cherchaient à « maintenir l’élite ukrainienne dans l’orbite russe[12] », la réintégration des entités séparatistes en qualité de territoires autonomes au sein de l’Ukraine devait permettre au Kremlin de bloquer la prise de décisions

10. « Niveau de xénophobie et tensions interethniques, attitude à l’égard des immigrés », Centre Levada, 15 mai 2024, https://vu.fr/sMHtN (en russe).

11. Denys Kiryukhin, « Russia’s Policy Towards Donbas Since 2014 : The Nation-Building Process and Its Ideology », *Russian Politics*, vol. 8, n° 2, 2023, p. 164.

12. *Ibid.*

majeures dans le pays voisin[13]. Cette ligne a été maintenue durant des années, et ce malgré les appels des nationalistes pro-Kremlin à « protéger » les Russes ethniques dans le Donbass. Cela ne ressemble pas à une doctrine nationaliste ou impérialiste toute faite que le régime russe aurait cherché à mettre en œuvre.

Après l'annexion de la Crimée, des experts de premier plan proches du Kremlin expliquaient que la Russie n'avait pas de velléités expansionnistes ni irrédentistes. Fiodor Loukianov, aujourd'hui président du Conseil de politique étrangère et de défense (SVOP), écrivait que « le but de la Russie n'[était] pas l'expansion mais l'édification d'une barrière entre elle et l'Occident » et que le régime poutinien s'en tenait toujours au principe formulé sous Eltsine : « Le renoncement à un empire au sens classique du terme, et la tentative de bâtir une sorte d'État-nation[14]. »

Dmitri Trenine, alors directeur de l'antenne moscovite du centre Carnegie, influent laboratoire d'idées situé à Washington, affirmait que la construction nationale ukrainienne, accélérée dans l'après-2014, devait faciliter « la transition de la Russie dans sa condition post-impériale, ainsi que la formation d'une nation politique russe ». Selon lui, les voies des « Slaves orientaux » ne pouvaient que se séparer, l'Ukraine et le Bélarus étant attirés par l'Union européenne et la Russie s'affirmant comme « une grande puissance indépendante ». Et Trenine de conclure : « La Russie n'est ni l'Europe ni l'Asie, elle est simplement

---

13. Mathieu Boulègue, « La guerre dans le Donbass trois ans après les accords de Minsk 2 », *Revue Défense nationale*, vol. 809, n° 4, 2018, p. 107-112.

14. Fiodor Loukianov, « La Russie, une puissance révisionniste ? », *Politique étrangère*, vol. 80, n° 2, 2015, p. 20.

la Russie. Pour paraphraser [le deuxième président ukrainien], Leonid Koutchma, la Russie n'est pas l'Ukraine[15]. »

Que s'est-il alors passé pour que Poutine décide de lancer son « opération spéciale » ? Certains observateurs évoquent la coopération militaire entre l'Ukraine et l'OTAN qui s'est considérablement approfondie entre 2014 et 2022[16]. D'autres évoquent la pandémie de Covid-19 et l'isolement de Poutine qui auraient consolidé ses « convictions sur l'Ukraine et sur l'Occident » tout en provoquant chez lui « une obsession du passé au détriment du présent[17] ». On peut penser à d'autres facteurs encore comme « la menace idéologique que représenterait une Ukraine démocratique et prospère » pour le Kremlin ou « le désir potentiel d'un dictateur vieillissant de conquérir l'immortalité par l'expansion territoriale[18] ».

Nul ne sait avec certitude quel était le motif dominant ayant poussé Poutine à prendre la décision fatidique d'agresser l'Ukraine. Cependant, l'instrumentalisation du discours nationaliste par le président russe montre la façon dont les calculs stratégiques se sont imbriqués dans les constructions idéologiques et les émotions qu'elles suscitent.

---

15. Dmitri Trenin, « Russia and Ukraine : From Brothers to Neighbors », *Carnegie*, 18 mars 2018, https://shorturl.at/A2eW8.

16. J.J. Mearsheimer, « The Causes and Consequences of the Ukraine War », *op. cit.* ; Dmitri Trenin, « L'Ukraine et le monde : ce que veut la Russie », *Politique étrangère*, vol. 89, n° 1, 2024, p. 51-64.

17. Nataliya Bugayova, Kateryna Stepanenko et Frederick W. Kagan, « Weakness Is Lethal : Why Putin Invaded Ukraine and How the War Must End », Institute for the Study of War, 1er octobre 2023, https://vu.fr/lOOdy.

18. Filip Kostelka, « John Mearsheimer's Lecture on Ukraine : Why He Is Wrong and What Are the Consequences », *EUIdeas*, 11 juillet 2022, https://vu.fr/tDrbc.

Au moment de son élection à la présidence ukrainienne, en avril 2019, Volodymyr Zelensky est considéré par le Kremlin comme un interlocuteur « modéré », par opposition au président sortant, Porochenko, et malgré la présence des faucons « russophobes » dans les instances du pouvoir en Ukraine[19]. Un an plus tard, le ministère russe des Affaires étrangères ne cachera plus sa désillusion :

> Le 20 mai [2020] marque le premier anniversaire de l'investiture du président Zelensky. [...] En arrivant au pouvoir, Zelensky a promis de débarrasser les Ukrainiens de l'héritage de Porochenko, d'entamer de véritables réformes, d'apporter la paix au Donbass et de changer la vie pour le mieux. [...]
>
> L'année écoulée a montré qu'il ne s'agissait que de vœux pieux. Comme toujours à Kiev, les paroles du président ont été en décalage avec ses actes. [...]
>
> L'actuel président a hérité de son prédécesseur [Petro Porochenko] une peur panique d'une minorité agressive de nationaux-radicaux, qui se sentent maîtres du pays et dictent aux autorités ce qu'il faut faire et comment il faut le faire. [...]
>
> Malheureusement, la russophobie connaît aujourd'hui un nouvel essor en Ukraine et se voit élevée, comme sous Porochenko, au rang de politique d'État. Il y a un an, cette orientation a pourtant été rejetée par la majorité de la population du pays, ce qui a permis à Zelensky d'accéder au pouvoir[20].

19. Réponses aux questions du ministre russe des Affaires étrangères, Sergueï Lavrov, *MID.ru*, 22 décembre 2019, https://vu.fr/gmLja (en russe).

20. Commentaire du département de l'information et de la presse du ministère russe des Affaires étrangères, *MID.ru*, 20 mai 2020, https://vu.fr/ZMMZK (en russe).

Entre-temps, la situation dans la région s'est aggravée : des manifestations anti-gouvernementales ont éclaté au Bélarus en 2020-2021, à la suite de la réélection contestée d'Alexandre Loukachenko à la présidence du pays. Soutenu depuis Moscou, ce dernier a violemment réprimé la contestation. Sur fond d'impasse dans les négociations sur les accords de Minsk, plusieurs escalades localisées ont également eu lieu dans le Donbass.

Le 12 juillet 2021, un article signé par Vladimir Poutine est publié sur le site du Kremlin en trois langues : russe, anglais et – exceptionnellement – ukrainien. Ce texte, intitulé « De l'unité historique des Russes et des Ukrainiens », décrit l'Ukraine en termes de « projet anti-Russie » en construction[21].

Une fois de plus, Poutine se contente de reprendre à son compte une expression promue depuis des années par des auteurs complotistes et nationalistes. En 2011, la maison d'édition russe Èksmo a lancé une série d'ouvrages sous le nom « Projet anti-Russie ». Signés par des agents des services spéciaux à la retraite, ces écrits dénonçaient les « conspirations » occidentales ayant pour objectif d'affaiblir la Russie[22]. Pour sa part, Oleg Nemenski, idéologue ethnonationaliste coopté par le régime, n'a cessé d'affirmer que le projet national ukrainien (*oukraïnstvo*) était contraire à l'existence même de la nation et de l'État

21. Vladimir Poutine, « Sur l'unité historique des Russes et des Ukrainiens », *Kremlin.ru*, 12 juillet 2021, https://vu.fr/fNLBr (en russe).

22. Ilia Barabanov, « Vladimir Poutine a écrit un article sur le projet "anti-Russie". D'où vient cette expression ? », BBC, 13 juillet 2021, https://vu.fr/ebcwG (en russe).

russes, constituant en somme une « négation de la russité » voire un « russocide[23] ».

Dans son article, Vladimir Poutine mobilise tout à la fois les deux visions historiques russes de l'Ukraine et des Ukrainiens discutées dans le chapitre 6 : l'une tsariste et l'autre soviétique. Lorsqu'il postule que les Russes et les Ukrainiens forment « un seul et même peuple », il remobilise, dans un contexte historique très différent, la conception tsariste de la nation russe comprenant les Russes, les Ukrainiens et les Biélorusses[24]. Sous cet angle, on comprend mieux l'obstination avec laquelle les autorités russes cherchent à « russifier » les populations qui se trouvent aujourd'hui sur les territoires ukrainiens occupés. Dans le même temps, Poutine reprend à son compte la matrice soviétique de la « fraternité » russo-ukrainienne lorsqu'il affirme que « la véritable souveraineté de l'Ukraine n'est possible qu'en partenariat avec la Russie[25] ».

De cette dernière affirmation se dégagent les contours d'une pensée sécuritaire qui rappelle celle de la souveraineté limitée, autrefois appelée « doctrine Brejnev », du nom du secrétaire général du Parti communiste de l'Union soviétique de 1964 à 1982. Cette doctrine

23. Oleg Nemenski, « "Chtoby byt' Roussi bez Roussi". Oukraïnstvo kak natsional'nyï proïekt » [« Être Rous sans Rous ». L'ukrainisme comme projet national], *Voprosy natsionalizma*, n° 5, 2011, p. 77-123 ; *idem*, « "L'ukrainisme" est une secte qui vise à détruire tout ce qui est russe sur terre », *Oukraïna.ru*, 1er février 2020, https://vu.fr/ghjBl (en russe).

24. Pål Kolstø, « Ukrainians and Russians as "One People" : An Ideologeme and Its Genesis », *Ethnopolitics*, 2023, p. 1-20, DOI : 10.1080/17449057.2023.2247664.

25. V. Poutine, « Sur l'unité historique des Russes et des Ukrainiens », *op. cit.*

renouvelée suppose deux formes de coopération pour les États indépendants de l'ex-URSS[26]. La première forme est celle de l'intégration dans des structures que la Russie domine, dont l'Union économique eurasiatique (Arménie, Bélarus, Kazakhstan, Kirghizistan, Russie) et l'Organisation du traité de sécurité collective (les mêmes cinq États plus le Tadjikistan)[27]. La deuxième option est la prétendue « finlandisation », terme courant en relations internationales pour désigner un ensemble de restrictions imposées par un État fort ou dominant à un État plus faible, à l'instar de l'influence qu'exerça l'Union soviétique sur la Finlande pendant la guerre froide.

Aujourd'hui, cette forme de coopération forcée signifie que la Fédération de Russie accepte de reconnaître l'indépendance des autres États issus de l'Union soviétique dans leurs frontières, en échange de quoi ces États doivent renoncer aux projets d'adhésion aux structures occidentales comme l'Union européenne et l'OTAN. Ces États peuvent mener une politique « multivectorielle », consistant à diversifier leurs partenariats, mais elle ne doit en aucun cas être tournée contre la Russie. Si ces conditions sont remplies par les États de l'ex-URSS, transformés en « zone d'influence » russe, Moscou s'engagera à respecter les accords de Bélovej faisant acte de la disparition de l'URSS.

---

26. Réponses de Vladimir Poutine aux questions concernant son article « Sur l'unité historique des Russes et des Ukrainiens », *Kremlin.ru*, 13 juillet 2021, https://vu.fr/YAICU (en russe).

27. En juin 2024, le Premier ministre arménien, Nikol Pachinian, a annoncé le retrait de son pays de cette organisation, qui n'aurait pas assisté l'Arménie dans la guerre du Haut-Karabagh. La date du retrait n'a toutefois pas été précisée.

À cet égard, la guerre d'agression menée par la Russie contre l'Ukraine – plus encore que l'annexion de la Crimée, en 2014, survenue après la destitution de Viktor Ianoukovitch – peut être lue comme une punition pour le non-respect de ces règles imposées par l'État dominant de la région. Sous la présidence de Petro Porochenko (2014-2019) et de son successeur, Volodymyr Zelensky (depuis 2019), l'État ukrainien a systématiquement cherché à se distancier de Moscou et à réduire l'influence du Kremlin sur ses élites politiques et économiques.

***

Le contenu de l'article du 12 juillet 2021 suggère que la décision d'attaquer l'Ukraine n'était pas encore prise à ce moment. À la fin du texte, Poutine dit espérer qu'il sera entendu et conclut : « La Russie n'a jamais été et ne sera jamais une “anti-Ukraine”. Et ce que sera l'Ukraine, c'est à ses citoyens d'en décider[28]. » Si Poutine évoque dès 2021 la façon « arbitraire » dont les bolcheviks avaient redessiné les frontières, il ne mobilisera l'argument nationaliste sur les frontières « artificielles », « anhistoriques » et « léninistes » de l'Ukraine qu'en février 2022[29] – au moment où il est devenu clair que son « offre » symbolique a été ignorée, ou rejetée, et où la décision d'envahir est prise. En d'autres termes, Poutine fait le choix d'une vision tsariste de l'Ukraine pour justifier une nouvelle « punition » qu'il lui inflige. Ce faisant, il reprend les

28. V. Poutine, « Sur l'unité historique des Russes et des Ukrainiens », *op. cit.*

29. Adresse de Vladimir Poutine à la nation, *Kremlin.ru*, 21 février 2022, https://vu.fr/QbjEx (en russe).

considérations des nationalistes anti-soviétiques dénonçant, à l'instar de Soljénitsyne, les « fausses frontières léninistes de l'Ukraine » indépendante[30].

Dans son discours du 21 février 2022, annonçant la reconnaissance des « républiques » de Donetsk et de Louhansk, Poutine a insisté sur le fait que l'État ukrainien aurait été « créé » par les bolcheviks[31]. Ces derniers – Lénine en tête, mais aussi Staline et Khrouchtchev – sont explicitement tenus pour responsables de la délimitation des frontières administratives de la République soviétique d'Ukraine devenue Ukraine indépendante, processus qui se serait produit aux dépens de la Russie elle-même. Un élément de langage est crucial à cet égard : en parlant de la période soviétique, Vladimir Poutine désigne l'espace géographique de l'URSS comme celui d'une « Russie historique ». La nuance est de taille car l'Union soviétique ne serait qu'une dernière incarnation de cette grande Russie.

Cette lecture, qui emprunte au discours des nostalgiques de l'Empire tsariste, suppose que les dirigeants de l'URSS – de Lénine à Gorbatchev – n'ont pas pu préserver cet espace, car ils auraient trop cédé aux populations non russes d'une part et n'auraient pas su renouveler les mécanismes de domination d'autre part. Déjà en 2016, l'actuel chef du Kremlin accusait Vladimir Lénine d'avoir causé, par ses idées, la désintégration ultérieure de l'Union soviétique en 1991[32], que Poutine ne cesse depuis des années de décrire comme une « catastrophe »

30. A. Soljénitsyne, « "Rousskiï vopros" k kontsou XX veka », *op. cit.*

31. Adresse de Vladimir Poutine à la nation, 21 février 2022.

32. « Pourquoi Poutine s'en prend-il à Lénine ? », *Courrier international*, 27 janvier 2016, https://vu.fr/dgbtz.

et une « tragédie ». Pourtant, cette désintégration fut très majoritairement plébiscitée par la population ukrainienne lors du référendum du 1er décembre 1991. Le président Boris Eltsine, qui précéda Poutine à la tête de la Russie, avait alors donné son aval à l'indépendance de l'Ukraine parmi d'autres républiques de l'ex-URSS.

Ce même procédé de réappropriation d'une rhétorique nationaliste de plus en plus radicale est perceptible dans les usages politiques du terme « génocide » pour définir l'attitude de l'État ukrainien à l'égard des habitants du Donbass. Ce qualificatif a été déployé avec véhémence par l'opposition parlementaire soumise au Kremlin dès le début du conflit russo-ukrainien. Ainsi, Mikhaïl Emelianov, député Russie juste à la Douma, déclarait en octobre 2014 qu'il était

> absolument évident qu'un génocide est en cours dans le sud-est de l'Ukraine [...], et ce sur une base ethnique. Il semble que [...] l'Ukraine ne considère plus le Donbass comme son territoire : l'Ukraine et ses autorités actuelles ont accepté le fait qu'elles avaient perdu le Donbass, et leur tâche principale consiste désormais à tuer autant de personnes que possible dans le Donbass, à détruire les infrastructures, à détruire le potentiel industriel du Donbass afin qu'il ne soit plus possible de vivre sur ce territoire.

De tels propos sont restés lettre morte... jusqu'à la veille de l'invasion à grande échelle de l'Ukraine. En décembre 2021, lors d'une réunion du Conseil présidentiel pour la société civile et les droits de l'homme – nom qui n'est pas dénué d'amère ironie dans la Russie poutinienne –, l'un de ses membres, Kirill Vychinski, ancien journaliste ukrainien devenu propagandiste russe, a insisté sur le fait que la Russie devait identifier la politique ukrainienne à l'égard du Donbass de « génocide des russophones ». Dans sa réponse improvisée, Poutine s'est montré évasif : « Ce qui se passe actuellement au Donbass [...] rappelle bien sûr le génocide que vous avez mentionné. [Mais] nous devons agir avec beaucoup de prudence afin de ne pas dévaloriser les concepts [comme le génocide] qui doivent refléter certaines réalités. Réfléchissons-y[33]. »

En revanche, dans son discours du 21 février 2022, Poutine a utilisé en toute confiance le terme de « génocide » à propos de la situation dans le Donbass au cours des huit années précédentes :

> Le soi-disant monde civilisé, dont nos collègues occidentaux se sont autoproclamés les seuls représentants, préfère ne pas remarquer [...] cette horreur, ce génocide que subissent près de quatre millions de personnes [dans le Donbass]. Et ce uniquement parce que ces personnes étaient en désaccord avec le coup d'État soutenu par l'Occident en Ukraine en 2014 et se sont opposées au nationalisme primitif [*pestchernogo*] et agressif, et au néonazisme qui ont été élevés au rang de politique d'État[34].

Poutine a continué d'insister sur le qualificatif « génocide » depuis lors.

Au moment de l'invasion à grande échelle, Poutine a redéployé le discours élaboré en 2014 avant de le délaisser pour un temps. En dénonçant le « nazisme » en Ukraine et son « élévation » au niveau de politique d'État, la

33. Réunion du Conseil pour la société civile et les droits de l'homme, *Kremlin.ru*, 9 décembre 2021, https://vu.fr/bJKGh (en russe).

34. Adresse de Vladimir Poutine à la nation, 21 février 2022.

rhétorique russe reprend toujours les éléments du langage officiel soviétique, qui associait volontiers « nationalisme » (terme autrefois accompagné du qualificatif « bourgeois ») au « fascisme/nazisme » – somme toute, l'archétype du mal. Dans son discours du 24 février 2022 annonçant les objectifs de « l'opération spéciale » russe – la « démilitarisation » et la « dénazification » de l'Ukraine –, Poutine attribue ainsi au gouvernement « nationaliste » ukrainien la volonté de « faire la guerre et [de] tuer, tout comme les bandes de bourreaux composées de nationalistes ukrainiens, collaborateurs de Hitler pendant la Grande Guerre patriotique, tuaient des personnes sans défense[35] ».

L'objectif de « dénazifier » l'Ukraine vise aussi les puissances occidentales qui, par leur soutien à Kiev, encourageraient la résurgence du « fascisme ». Celui-ci est à son tour réinterprété comme le rejet symbolique de la Russie, dès lors qu'elle se veut gardienne de la mémoire de la Victoire de 1945 tout en restant l'« héritière », ou le « successeur en droit » (*pravopreemnik*), de l'Union soviétique, statut inscrit dans la Constitution russe en 2020 (art. 67.1)[36]. Il y a eu par la suite des tentatives pour personnaliser ce « mal ». Ainsi, dans une déclaration du 1er mai 2022, le ministre russe des Affaires étrangères, Sergueï Lavrov, a tenté une comparaison entre Hitler, qui aurait eu selon lui « du sang juif », et le président Zelensky, en postulant que « parmi les pires antisémites, il y a des Juifs[37] ».

35. Adresse de Vladimir Poutine à la nation, *Kremlin.ru,* 24 février 2022, https://vu.fr/DXShd (en russe).

36. M. Laruelle, *Is Russia Fascist ?*, *op. cit.*, chap. 4.

37. « Sergueï Lavrov parle de "juifs antisémites" en Ukraine et provoque l'indignation en Israël », RFI, 2 mai 2022, https://vu.fr/OEDPU.

***

Tous ces exemples montrent que la ressource nationaliste a été invoquée comme un élément important de justification de la politique agressive du Kremlin envers l'Ukraine. Mais l'usage de cette ressource relève de la dialectique : en construisant l'image d'une Ukraine soutenue et influencée par l'Occident dans sa peur, sinon sa haine de la Russie et des Russes, Vladimir Poutine et son entourage ont fait entrer ces mêmes émotions dans leur propre raisonnement stratégique.

Tournée vers le monde extérieur, leur rhétorique nationaliste semble avoir transformé la perception du « nous » identitaire, entraînant ainsi une redéfinition des intérêts nationaux. À force de répéter que l'Occident est intrinsèquement « russophobe » et qu'il manipule cyniquement l'Ukraine, on finit par le croire soi-même. Présentant à la population russe l'environnement international comme étant (irrationnellement) hostile à la Russie, Poutine a contribué à attiser la confrontation avec l'Occident, au point de se donner pour objectif de détruire l'ordre international libéral. L'expert pro-Kremlin Dmitri Trenine résume : « L'hégémonie américaine doit laisser place à un ordre multipolaire [...] et le droit international fondamental, avec son principe central de souveraineté nationale, doit redevenir le fondement des relations internationales[38]. »

D'une façon similaire, l'utilisation stratégique par le Kremlin d'une rhétorique nationaliste de plus en plus virulente n'a fait que renforcer sa conviction que la « perte »

38. D. Trenin, « L'Ukraine et le monde : ce que veut la Russie », *op. cit.*, p. 60.

de l'Ukraine – quoi que cela signifie – était inacceptable pour la Russie. Mais, s'efforçant de déjouer la transformation de l'Ukraine en une « anti-Russie », il a formulé une prophétie autoréalisatrice en agressant le pays voisin.

On pourrait remarquer que, ironiquement, « Poutine s'est révélé le plus grand artisan du nationalisme ukrainien depuis le barde ukrainien du XIXe siècle, Taras Chevtchenko[39] ». Du jour au lendemain, arrêter de parler russe, cette « langue de l'occupant », et ne pas la transmettre aux enfants est devenu un geste patriotique pour bon nombre d'Ukrainiens. La « décommunisation » a été complétée par une « dérussification » officialisée : après les monuments à Lénine démantelés partout en Ukraine, est venu le tour des statues d'Alexandre Pouchkine, considéré comme le poète national russe. L'apprentissage de la langue et de la culture russes n'a guère d'avenir dans une Ukraine souveraine. Au-delà d'une mobilisation patriotique engageant de nombreux Ukrainiens russophones, la guerre est susceptible de rendre irréversible l'ukrainisation, correspondant à un processus classique de construction d'un État-nation : un peuple, une langue, un gouvernement central.

En somme, les effets du recours à l'instrument nationaliste ne sont pas déterminés par l'intention des acteurs. Ce choix stratégique finit par configurer le spectre des résultats possibles : certaines options se voient écartées tandis que d'autres, notamment l'usage non dissimulé de la force, peuvent paraître plus admissibles d'un point de vue subjectif. Si la guerre de haute intensité entre la Russie et l'Ukraine n'était pas inévitable, l'appropriation du discours nationaliste par les décideurs russes l'a rendue nettement plus probable.

---

39. Oxana Shevel, « A Decade of Dramatic Change in Ukrainian Society », *Current History*, vol. 122, n° 846, 2023, p. 273.

***

Le nationalisme officiel poutinien, tel qu'esquissé plus haut, est aussi réactionnaire qu'instrumental. S'opposant à toute mobilisation spontanée qui pourrait se transformer en contestation, il vise à exercer un contrôle ferme sur le camp nationaliste. Pour y parvenir, il passe par une cooptation des idées et des acteurs nationalistes, aux aspirations plutôt impérial(ist)es ou plutôt ethnocentriques. Ce faisant, il met en avant la dimension civilisationnelle du collectif national.

Vladimir Poutine a donc utilisé le nationalisme conservateur, nourri d'un ressentiment envers l'Occident, pour se légitimer, et ce sur fond de stagnation économique et de lassitude grandissante de la société face à son maintien prolongé au pouvoir. Cela a accéléré l'idéologisation du régime, précipitant par là même sa transformation d'un autoritarisme soucieux de préserver une façade démocratique en une dictature personnelle. Face à l'Ukraine et aux Occidentaux, le Kremlin s'est servi du discours nationaliste comme d'une arme permettant de justifier sa politique de force. Ce faisant, il a libéré des passions nationalistes chez les acteurs qui lui sont loyaux comme chez ceux qui s'opposent à lui. Mais ce choix a également affecté la vision du monde des dirigeants russes eux-mêmes.

Peut-on dire alors que le nationalisme, de simple instrument, s'est transformé en système d'idées, de croyances et d'émotions qui leur sont associées ? Oui, si l'on pense aux effets inattendus des usages du nationalisme qui ont fait du régime russe, se voulant pragmatique, « l'otage de ses propres constructions idéologiques[40] ». Non, si l'on entend par idéologie une doctrine codifiée. Car le régime poutinien ne dispose pas d'une doctrine nationaliste toute faite allant au-delà de la définition de la nation – réinterprétée comme civilisation – comme multiethnique mais centrée sur un noyau ethnoculturel (*rousskiï*).

Le « poutinisme » n'est pas comparable aux idéologies ethnonationalistes fondées sur l'irrédentisme ou la haine d'autres groupes ethniques ou d'autres nations. Ce qui est pourtant le cas, nous l'avons vu, de certains nationalistes ethniques qui soutiennent la guerre de la Russie contre l'Ukraine et qui détestent les Ukrainiens en tant que groupe national qualifié d'« ukraino-nazis » (*oukronatsisty*) ou de *vyrousi*, terme désignant ceux qui ont prétendument changé d'allégeance nationale en trahissant la Russie et les Russes. Malgré toutes les destructions humaines et matérielles causées par l'armée russe en Ukraine, cette haine ne semble pas faire partie des intentions de Poutine. Dans la mesure où les Ukrainiens sont considérés comme des membres (potentiels) de la nation russe, aucune mesure discriminatoire visant les citoyens ukrainiens qui se trouvent en Russie ou les citoyens russes d'origine ukrainienne n'a été introduite en temps de guerre. Au contraire, en juillet 2022, Poutine a signé un décret ouvrant la procédure de naturalisation simplifiée à l'ensemble des citoyens d'Ukraine[41].

Malgré la déclaration de Poutine se comparant au premier empereur russe, rien ne prouve non plus qu'il serait

40. D. Kiryukhin, « Russia's Policy Towards Donbas… », *op. cit.*, p. 163.

41. J.S. Fediunin, « Conceptualizing Nativism in Authoritarian Russia », *op. cit.*

animé par l'impératif de regagner autant de « territoires historiques » que possible dans l'espace de l'ex-URSS. Certes, le Kremlin a procédé à l'annexion, dès septembre 2022, de quatre régions ukrainiennes partiellement occupées – celles de Donetsk, de Louhansk, de Zaporijia et de Kherson. Mais l'Ukraine constitue une exception à cet égard, la Russie n'ayant pas cherché, du moins jusqu'à présent, à annexer d'autres territoires, qu'il s'agisse de la Transnistrie, de l'Abkhazie ou de l'Ossétie du Sud. Le revanchisme du Kremlin n'est certainement pas celui du Mouvement de libération nationale d'Evgueni Fedorov, pourtant député Russie unie à la Douma, qui en appelle à déduire de la formule « Russie successeur de l'URSS » que, « au regard du droit international », les territoires « de l'Ukraine entière, ainsi que ceux des États baltes » appartiennent à la Fédération de Russie. Simplement parce que ces États faisaient partie de l'Union soviétique[42].

Après tout, le régime poutinien « ne dépend pas du soutien des acteurs nationalistes », d'autant moins que « les Russes ordinaires ne s'identifient pas à eux ni ne se considèrent comme leurs partisans[43] ».

La pression venant « d'en bas » reste donc limitée. Le politiste Nikolaï Mitrokhine estime que « le soutien réel à la guerre, du moins à en juger par les plaintes des nationalistes russes, ne dépasse pas 10 % à 15 % » de la population russe[44]. Cette estimation est sans doute trop conservatrice.

42. « Evgueni Fedorov explique pourquoi la souveraineté est plus importante pour la Russie que les territoires », *Oukraïna.ru*, 17 mai 2023, https://vu.fr/UrRjp (en russe).

43. P. Kolstø, « Crimea vs. Donbas », *op. cit.*, p. 724.

44. Nikolaï Mitrokhine, « C'est un nationalisme des militaires russes », *Radio Svoboda*, 26 mars 2023, https://vu.fr/lxHUu (en russe).

Toutefois, si les attitudes expansionnistes sont à coup sûr présentes dans les masses, elles ne seraient pas majoritaires et dépendraient de différents facteurs. Ainsi, les soutiens actifs de « l'opération spéciale » et les habitants des régions frontalières de l'Ukraine soutiennent les annexions territoriales beaucoup plus que d'autres. En revanche, les jeunes de vingt à trente ans (la catégorie la moins favorable à la guerre) et les habitants des plus grandes villes sont majoritairement opposés à l'expansion territoriale[45].

Il serait toutefois imprudent de sous-estimer le rôle des idées nationalistes intégrées dans le discours du Kremlin. Elles finissent par influer sur la prise de décisions majeures. Quelles que soient les intentions initiales ou les motivations actuelles qui guident le commandement russe, la Russie agit *en pratique* comme « État en cours de nationalisation, agressif et lésé[46] ». Prendre ces facteurs idéels en considération permet de mieux comprendre pourquoi ce qui apparaissait comme le bluff d'un dirigeant vieillissant et ce qui s'apparente à un choix suicidaire d'un point de vue moral – sur une grille de lecture occidentale – est devenu réalité.

---

45. Vladimir Zvonovsky, « Crimea May be Russia, But Ukraine Definitely Is Not », *Russia.Post*, 28 novembre 2023, https://shorturl.at/y9Bhe.

46. Igor Torbakov, « No Empire Without End », *Eurozine*, 17 juillet 2022, https://shorturl.at/MbCAy.

CONCLUSION

Le nationalisme fait partie des sujets inépuisables en sciences sociales. Il persiste et s'adapte aux réalités changeantes, mais il n'en demeure pas moins un puissant principe de légitimité qui assure la stabilité d'un État et oriente son action. En temps de guerre, le nationalisme raffermit la distinction fondamentale du social entre « nous » et « les autres » et entretient un climat émotif intense qui gagne les cœurs et les esprits.

Le conflit russo-ukrainien oppose deux États et deux sociétés pour lesquels le nationalisme, sous ses différentes formes, représente une force mobilisatrice stratégique. Les thèmes de l'identité nationale, de l'intégrité territoriale et de l'autonomie politique dont disposent, ou sont censées disposer, les nations indépendantes sont au cœur même de la guerre russo-ukrainienne. L'Ukraine se bat pour sa survie et sa future existence. Elle rejette la domination étrangère et réclame à la fois, face à l'intervention armée russe, le droit de définir de manière souveraine les normes de son organisation politique, d'entretenir une culture nationale distincte et de décider librement de ses rapports avec les autres États. La Russie, elle, refuse ce droit aux Ukrainiens et remet en cause l'existence de l'Ukraine en tant qu'État souverain et nation à part entière. Elle considère que l'Ukraine est un État en déliquescence, tombé aux mains d'un centre d'influence étranger, « l'Occident collectif ».

Le motif de la souveraineté menacée est revendiqué, avec plus ou moins de crédibilité, par les deux belligérants. Lorsque l'Ukraine, attaquée, fait face à un véritable et imminent danger de mort, l'État russe invoque à son tour une menace existentielle, provenant de l'Ouest, pour son indépendance ainsi que pour sa place sur la scène internationale[1]. L'agression militaire de la Russie s'appuie sur un nationalisme revanchard combinant la revendication de l'unité nationale des Ukrainiens et des Russes avec un sentiment de nostalgie de grandeur impériale-nationale. Ce nationalisme est réactionnaire dans la mesure où il entraîne une réaction violente à la construction d'un État-nation ukrainien pleinement indépendant ; construction qui est, à certains égards, comparable aux décolonisations du siècle dernier, dont la plupart se sont faites dans la violence.

Mais la guerre russo-ukrainienne n'est pas une guerre coloniale[2] classique où l'agresseur aurait pour objectif central l'occupation des territoires du pays agressé, l'assujettissement des populations qui s'y trouvent et l'exploitation des ressources dont le pays dispose. Elle relève davantage d'une rivalité de projets nationaux. D'un côté, le projet ukrainien en appelle aux valeurs démocratiques et égalitaires. Il se tourne vers l'Europe et s'émancipe de l'influence politique, économique et culturelle de son voisin à l'est. Le projet national russe est, lui, marqué par une adaptation

1. Eleanor Knott, « Existential Nationalism : Russia's War Against Ukraine », *Nations and Nationalism*, vol. 29, n° 1, 2023, p. 45-52.

2. Michel Foucher, *Ukraine, une guerre coloniale en Europe*, La Tour-d'Aigues, L'Aube, 2022.

difficile du pays à sa condition post-impériale. Recentré sur un noyau ethnoculturel, il garde une apparence d'empire.

Cette difficulté de la Russie à prendre la mesure de sa nouvelle situation permet d'expliquer le « délai de retard » de vingt-deux à trente ans depuis la chute de l'Union soviétique avant que la guerre russo-ukrainienne n'éclate, en 2014 puis en 2022. C'est le temps qu'il a fallu pour que les deux États issus de la même entité impériale se construisent, et pour que leurs populations développent un attachement à leurs patries respectives. En 1991, les deux sociétés historiquement imbriquées – de manière asymétrique, au vu de la dominance de la langue et de la culture russes[3] – n'étaient simplement pas prêtes à s'affronter dans un conflit armé. Une génération plus tard, un tel affrontement est devenu possible.

À cet égard, la guerre d'Ukraine n'est pas un simple avatar de la guerre perpetuelle que le Kremlin a menée en Tchétchénie, en Géorgie puis en Syrie. La « question ukrainienne » revêt un enjeu beaucoup plus important aux yeux des dirigeants de la Russie et d'une majorité de sa population. C'est ce que montre la poursuite de cette guerre par Moscou, qui voit s'affaiblir, jour après jour, ses positions dans le Caucase et en Asie centrale[4]. Empêtrée en Ukraine, la Russie sacrifie son influence dans les autres parties de ce qu'elle considère comme son environnement régional.

3. A. Kappeler, *Russes et Ukrainiens, les frères inégaux*, *op. cit.* ; A. Colin Lebedev, *Jamais frères ?*, *op. cit.*

4. Nancy Lubin, « Central Asia and the War in Ukraine », Hoover Institution, 14 décembre 2023, https://vu.fr/lpbAu ; Emil Avdaliani, « South Caucasus Turns Away from Russia toward Middle East », *Carnegie Politika*, 8 février 2024, https://vu.fr/sYlbS.

L'émancipation de l'Ukraine a incité le Kremlin à s'approprier un discours qui emprunte à la fois aux versions stato-impériale et ethniciste du nationalisme russe. Vladimir Poutine fait continuellement référence à une nation multiethnique et composite, élevée au rang de civilisation. Mais il insiste tout autant sur l'élément ethnoculturel : la guerre est menée au nom d'une « protection » des populations définies comme russes (*rousskie*) ou russophones (*rousskoïazytchnye*) par-delà les frontières internationalement reconnues de la Fédération de Russie. Ce sont bien les territoires où vivent ces populations que Poutine désigne comme les « territoires russes historiques ». L'aspect linguistique est d'ailleurs révélateur : Poutine parle tantôt des « terres russes » (*iskonno rousskie zemli*), tantôt des « terres de Russie » (*iskonno rossiïskie zemli*)[5].

On retrouve cette ambiguïté dans la politique de russification menée dans les régions ukrainiennes occupées par l'armée russe. Elle passe essentiellement par la « passeportisation » de la population, l'extension de la bureaucratie de l'État russe, de son système d'enseignement[6] et du rouble. Cette russification est pourtant justifiée par des discours différents : certains insistent sur la « russité » des régions annexées, d'autres imaginent que leur identité pourrait rester ukrainienne, ou « mixte », dans un État fédéral qui se définit toujours comme « pluriethnique ». Ainsi, le ministère russe de l'Éducation a préparé un

5. « Poutine : la politique ukrainienne et occidentale de destruction de tout ce qui est russe n'a pas d'avenir », TASS, 2 août 2023, https://vu.fr/yVyKk (en russe) ; « Poutine : la Fédération de Russie ne peut pas donner aux États-Unis les terres qui appartiennent à la Russie », TASS, 19 décembre 2023, https://vu.fr/ebtaf (en russe).

6. « Ukraine : russification forcée, de l'enseignement dans les zones occupées », Human Rights Watch, 20 juin 2014, https://vu.fr/YilrZ.

manuel d'ukrainien, basé sur des standards soviétiques, afin de permettre aux élèves des quatre régions annexées en 2022, et de la Crimée, d'apprendre l'ukrainien parmi d'autres « langues maternelles » (*de facto*, langues de minorités nationales). Le russe est néanmoins imposé comme langue obligatoire de l'enseignement[7].

Quelle qu'en soit l'issue, la guerre russo-ukrainienne entérinera une séparation non seulement des États mais aussi des sociétés, qui resteront profondément affectées par cette expérience de violence armée. Elle est susceptible d'accroître le poids de la dimension (para)militaire dans la vie sociale et politique des deux pays[8], et de nourrir des sentiments d'antagonisme, d'humiliation et de revanche. Ces passions nationalistes pourraient conduire à des explosions de violence, à l'instar de la guerre dans le Haut-Karabakh et du conflit israélo-palestinien. Par là même, elles risquent d'altérer le bien-être et la sécurité de nombreuses populations civiles.

***

Mais les conséquences de la guerre en Ukraine dépassent à l'évidence l'échelle locale et régionale. Car il s'agit d'une

7. « Ministère de l'Éducation russe : durant cette année scolaire, la langue ukrainienne a été enseignée en Bachkirie et dans cinq autres régions de Russie », *RTVI*, 10 avril 2024, https://vu.fr/IllMD (en russe). L'ukrainien est également étudié dans la république fédérée de Bachkirie, où une communauté ukrainienne est installée de longue date.

8. Voir Danijela Dolenec, « A Soldier's State ? Veterans and the Welfare Regime in Croatia », *Anali Hrvatskog politološkog društva*, vol. 14, n° 1, 2018, p. 55-78 ; Anne Le Huérou et Silvia Serrano (dir.), « Anciens combattants et construction de l'État en ex-URSS », *Revue d'études comparatives Est-Ouest*, n° 1, 2021.

guerre d'agression lancée par une puissance nucléaire contre son voisin manifestement plus faible mais doté d'un fort potentiel de résistance. Plus encore, la politique agressive de la Russie porte en elle le dessein d'un ordre international alternatif à l'ordre libéral occidental. Le Kremlin et les experts qui en sont proches ne le cachent pas.

L'invasion russe de l'Ukraine « a produit un degré d'unité sans précédent dans le monde libéral, motivé à la fois par l'indignation morale et par les menaces existentielles pour sa sécurité[9] ». Quelques jours après le 24 février 2022, le chancelier allemand, Olaf Scholz, prononçait son discours du *Zeitenwende*, ce « tournant historique » annonçant la révision complète d'une politique de défense traditionnellement prudente et d'une politique étrangère conciliante à l'égard de la Russie autoritaire. L'évolution de la position du président Macron et de la classe politique française relève sans doute de l'épuisement du prétendu « gaullo-mitterandisme », doctrine selon laquelle « la France devrait, sans renier ni l'Alliance atlantique ni le choix de la construction européenne, faire échec aux ambitions hégémoniques des États-Unis en "arrimant" solidement à l'Europe une Russie à laquelle on reconnaît de fait une place supérieure à celle de ses anciens vassaux[10] ».

L'Union européenne a été transformée par la guerre menée à ses frontières[11]. En un rien de temps, les Européens se sont mis d'accord pour établir de lourdes

9. Lucan Ahmad Way, « The Rebirth of the Liberal World Order ? », *Journal of Democracy*, vol. 33, n° 2, 2022, p. 14.

10. Philippe Raynaud, « La question ukrainienne dans la politique française », *Telos*, 10 avril 2024, https://vu.fr/KDMaQ.

11. Nathalie Tocci, « Une Union géopolitique : l'invasion de l'Ukraine transforme-t-elle l'Europe ? », *Politique étrangère*, vol. 88, n° 3, 2023, p. 37-48.

sanctions contre la Russie, en réduisant leur dépendance à ses hydrocarbures. Ils se sont non moins rapidement organisés pour aider l'Ukraine sur le plan militaire et financier tout en accueillant des millions de réfugiés ukrainiens. Les sondages d'opinion ont révélé un ralliement inédit des citoyens européens en soutien à l'Ukraine[12], même si avec le temps le pessimisme quant à la possibilité d'une victoire ukrainienne a progressé[13].

La classe politique européenne semble se réveiller de ce que la politiste Jennifer Mitzen a appelé le « pinkerisme[14] », du nom de l'auteur à succès Steven Pinker. S'inspirant de Norbert Elias, celui-ci a défendu la thèse de la baisse progressive de la violence sous l'effet des évolutions sociales, culturelles et économiques. Le problème vient du fait que des « élites (...) instruites par Pinker sur les causes du déclin de la violence seraient peu motivées pour œuvrer au maintien de cette tendance à la baisse[15] ». En d'autres termes, croire en une pacification provoquée par le cours naturel des choses revient à baisser la garde.

Faisant écho à cette réflexion, Emmanuel Macron consacrait son deuxième discours sur l'Europe à la Sorbonne, le 25 avril 2024, à l'urgence de bâtir une « défense européenne crédible » :

---

12. Ivan Krastev et Mark Leonard, « Fragile Unity : Why Europeans Are Coming Together on Ukraine (and What Might Drive Them Apart) », ECFR, 16 mars 2023, https://vu.fr/UupKD.

13. *Idem*, « Wars and Elections : How European Leaders Can Maintain Public Support for Ukraine », ECFR, 21 février 2024, https://vu.fr/kKZzQ.

14. Jennifer Mitzen, « The Irony of Pinkerism. Reviewed Work : The Better Angels of Our Nature : Why Violence Has Declined », *Perspectives on Politics*, vol. 11, n° 2, 2013, p. 525-528.

15. *Ibid.*, p. 525.

> Nous devons être lucides sur le fait que notre Europe, aujourd'hui, est mortelle. [...] Elle peut mourir, et cela dépend uniquement de nos choix. Mais ces choix sont à faire maintenant. Parce que c'est aujourd'hui que se joue la question de la paix et de la guerre sur notre continent et de notre capacité à assurer notre sécurité ou pas[16].

Même son de cloche du côté du président du Conseil européen, Charles Michel, dont la tribune, parue presqu'au même moment, s'intitule « Si nous voulons la paix, préparons la guerre ». Il y écrivait :

> La Russie représente une menace militaire sérieuse pour notre continent européen et pour la sécurité mondiale. Si l'UE ne réagit pas correctement et n'apporte pas à l'Ukraine un soutien suffisant pour arrêter la Russie, nous serons les prochains[17].

Nul ne sait si, en cas de victoire militaire sur l'Ukraine, la Russie déciderait de se lancer dans une guerre nouvelle, cette fois dirigée contre les États membres de la Communauté européenne. Scénario que le Kremlin récuse complètement. « Nous n'avons pas d'intérêts en Pologne, en Lettonie ou ailleurs », disait Poutine dans un entretien accordé à l'éditorialiste ultraconservateur états-unien Tucker Carlson en février 2024[18]. Moscou

16. Discours d'Emmanuel Macron sur l'Europe, 25 avril 2024, https://vu.fr/EXgVz.

17. Charles Michel, « If We Want Peace, We Must Prepare for War », *Euractiv*, 18 mars 2024, https://vu.fr/rXQnN.

18. « Interview de Vladimir Poutine par Tucker Carlson : ce qu'il faut retenir », *Le Point*, 9 février 2024, https://vu.fr/CSuPh. Voir

pourrait en effet n'avoir aucun motif de réaliser le dessein des nationalistes russes galvanisés par la guerre en s'engageant dans un conflit ouvert contre l'OTAN tout entière.

Mais c'est justement là que se situe le problème. Car la Russie n'est pas la seule à remettre en cause l'ordre libéral occidental. Au cours de ces dernières années, elle a bâti une alliance – quelque peu amorphe mais non moins réelle – avec d'autres États autoritaires, dont la Chine, une puissance globale, et l'Iran, une puissance incontournable au Moyen-Orient. Les trois pays se considèrent comme des civilisations millénaires qui portent des modèles de développement alternatifs, sinon supérieurs au modèle occidental. Les dirigeants à Moscou, à Pékin ou à Téhéran n'hésitent pas – et n'hésiteront pas – à utiliser la force pour atteindre leurs objectifs – fixés par un cercle étroit d'individus si ce n'est par une seule personne. Leur lecture des relations internationales n'est pas seulement pragmatique, elle est aussi idéologique.

En effet, les trois régimes s'inspirent d'un nationalisme revanchard vis-à-vis de l'Occident et de son hégémonie réelle ou supposée. Le discours de Xi Jinping sur le « siècle d'humiliation » (1839-1949), imputé à la colonisation occidentale de la Chine, et sur le « rêve chinois », pensé comme une sorte de revanche nationale, en est une illustration éloquente[19]. De même, force est

---

aussi D. Trenin, « L'Ukraine et le monde : ce que veut la Russie », *op. cit.*, p. 62.

19. Barthélémy Courmont et Vivien Lemaire, « "L'humiliation nationale" au service d'un discours chinois décomplexé », IRIS, Asia Focus, n° 206, octobre 2023 ; Jiayu Wang, « Representing Chinese Nationalism/Patriotism Through President Xi Jinping's "Chinese Dream" Discourse », *Journal of Language and Politics*, vol. 16, n° 6, 2017, p. 830-848.

de constater que la puissance du nationalisme iranien, qui se définit lui aussi dans un rapport à l'Autre occidental, « dépasse les divergences politiques, religieuses ou idéologiques » au sein d'un pays qui « tente sans cesse de retrouver sa place au sein de l'échiquier régional et international[20] ».

Les nationalismes en Russie, en Chine et en Iran, comme ailleurs, sont multiples et différents à bien des égards. Mais ils partagent tous un socle commun : la reproduction des hiérarchies de genre. De nombreuses études ont mis en évidence les liens qui existent entre l'égalité (ou l'inégalité) des sexes et la sécurité (ou l'insécurité) internationale. Ainsi, des conditions de sécurité dégradées pour les femmes et les minorités sexuelles favorisent la multiplication de conflits et encouragent la conduite d'une politique étrangère plus agressive[21]. Ces trois régimes (très) autoritaires, dirigés par des hommes, valorisent une forme de masculinité violente et soutiennent les discriminations à l'égard des femmes. Outre la stigmatisation légalisée des personnes LGBTQ+, le rejet du féminisme et la décriminalisation partielle des violences faites aux femmes[22], le régime poutinien reproduit un nationalisme patriarchal qui soutient l'effort de guerre. Ce nationalisme assigne aux hommes le rôle de défenseurs de la patrie et aux femmes celui de soutiens

20. Azadeh Kian, « Les ambiguïtés du nationalisme iranien », *Orient XXI*, 2 novembre 2017, https://vu.fr/HyqCG.

21. Valerie Hudson, Mary Caprioli, Rose McDermott et Donna Lee Bowen, *Sex and World Peace*, 2de éd., New York, Columbia University Press, 2023 (2012).

22. Emil Edenborg, « Anti-Gender Politics As Discourse Coalitions : Russia's Domestic and International Promotion of "Traditional Values" », *Problems of Post-Communism*, vol. 70, n° 2, 2023, p. 175-184.

de « leurs » hommes et de mères de famille au service de l'intérêt national[23].

De surcroît, la cohésion interne du bloc occidental n'est pas inconditionnelle. Le conflit russo-ukrainien survient au moment où la posture de « gendarme du monde », adoptée par les États-Unis dans l'après-1945 puis réaffirmée à l'issue de la guerre froide, est régulièrement remis en cause au sein même des élites à Washington, sans parler de la contestation extérieure. La présidence de Donald Trump, marquée par un retour assumé au courant isolationniste, hérité de la doctrine Monroe (1823), en est la parfaite illustration. Si le néo-isolationnisme trumpien, fondé sur « des conceptions nationalistes et sur un comportement unilatéraliste et non interventionniste », a été partiellement inversé par l'administration Biden, son influence demeure significative dans les cercles dirigeants états-uniens[24]. Le refus de Barack Obama d'intervenir en Syrie à l'automne 2013 contre le dictateur Bachar el-Assad, qui avait pourtant franchi une « ligne rouge » fixée par les États-Unis en utilisant les armes chimiques, a sans doute persuadé Vladimir Poutine de la mollesse des dirigeants occidentaux. Six mois plus tard, il annexait la Crimée. De même, le retrait chaotique des troupes otaniennes d'Afghanistan à l'été 2021, sous Joe Biden, aurait constitué, aux yeux du Kremlin, une nouvelle preuve du déclin général de

---

23. Voir Joshua S. Goldstein, *War and Gender : How Gender Shapes the War System and Vice Versa*, Cambridge, Cambridge University Press, 2001.

24. Soufian Alsabbagh, « Les républicains et la politique étrangère américaine après Trump : entre néo-isolationnisme et rivalité avec la Chine », IFRI, Potomac Papers, n° 41, IFRI, janvier 2021.

l'Occident. Ce qui aurait encouragé la Russie à envahir l'Ukraine[25].

Toujours est-il que les États-Unis se sont ressaisis pour soutenir l'Ukraine à la tête d'une OTAN resoudée. Cela étant, les initiatives prises par les Européens en matière de défense commune « ne suffisent pas à inverser la tendance d'une plus grande dépendance » envers Washington[26]. Pis encore, les Occidentaux n'ont pas su convaincre « le reste du monde » que la guerre en Ukraine représentait un enjeu mondial ; au contraire, ils se sont vus accusés d'avoir une attitude arrogante et de pratiquer le « deux poids, deux mesures ». À cela s'ajoutent les difficultés internes propres aux démocraties occidentales : les inégalités ont explosé depuis la crise économique de 2008 ; les systèmes de protection sociale ont été davantage abîmés par des politiques néolibérales ; la confiance dans les élites et dans les institutions continue de s'affaiblir ; de nombreux citoyens se désintéressent de la chose publique au moment où les dissensions politiques se creusent[27].

Dans ce contexte, l'alliance (pour l'instant) incertaine des puissances autoritaires à l'esprit revanchard pourrait se renforcer, jetant les bases d'un ordre international « illibéral ». Même certains États membres de l'OTAN, comme la Turquie ou la Hongrie (mais aussi les États-Unis en cas de retour de Trump à la Maison

25. Hamit Bozarslan, *Ukraine. Le double aveuglement*, Paris, CNRS Éditions, 2023, p. 12-13.

26. N. Tocci, « Une Union géopolitique… », *op. cit.*, p. 48.

27. Geoffrey Hosking, « Why Has Nationalism Revived in Europe ? », *Nations and Nationalism*, vol. 22, n° 2, 2016, p. 210-221 ; Yascha Mounk, *Le Peuple contre la démocratie*, trad. de l'anglais par J.-M. Souzeau, Paris, Éditions de l'Observatoire, 2018.

Blanche ?) pourraient y contribuer. Le risque ultime pour les nations d'Europe serait alors de devenir des cibles faciles d'influences et d'ingérences étrangères, appuyées par la force armée. En 2023, les dépenses militaires ont augmenté sur l'ensemble des cinq zones géographiques définies par l'Institut international de recherche sur la paix de Stockholm (SIPRI) : Europe, Asie, Afrique, Moyen-Orient, Océanie, et ce pour la première fois depuis 2009[28]. Face à la montée des tensions internationales, les États misent sur la force militaire. Mais en renforçant leur sécurité individuelle, ils contribuent collectivement à accroître l'insécurité globale, ce qui finit par diminuer leur propre sécurité[29].

La guerre en Ukraine signe incontestablement « le retour de l'histoire[30] » pour un Occident qui, au moment de la chute du mur de Berlin, aurait confondu la fin d'une époque avec la fin des temps. Le monde revient à un état de rivalité entre grands, moyens et petits États qui, selon les circonstances, se rapprochent ou s'éloignent les uns des autres. Une telle situation favorise le renouveau des nationalismes, lesquels sont susceptibles d'apporter leur lot de conflits là où les frontières restent contestées et où la quête de statut anime l'action politique.

Dans son *magnum opus* écrit au début des années 1960, Raymond Aron insistait : le principe de la paix n'est pas différent de celui de la guerre. Car « les paix sont fondées

28. « Global Military Spending Surges Amid War, Rising Tensions and Insecurity », SIPRI, 22 avril 2024, https://vu.fr/sjiJS.

29. Thibault Fouillet, « Le dilemme de sécurité : caractériser la vision stratégique d'un État au XXIe siècle ? », *Revue Défense nationale*, n° 837, 2021, p. 89-94.

30. Serhii Plokhy, *La Guerre russo-ukrainienne. Le retour de l'histoire*, trad. de l'anglais par J. Dalarun, Paris, Gallimard, 2023.

sur la puissance, c'est-à-dire sur le rapport entre les capacités d'agir les unes sur les autres que possèdent les unités politiques[31] ». Plus de trente ans après la chute du bloc socialiste, cette maxime n'a rien perdu de son actualité.

31. R. Aron, *Paix et guerre entre les nations*, *op. cit.*, p. 158.

BIBLIOGRAPHIE

Étant donné que toutes les références sont indiquées en notes de bas de page, cette bibliographie ne contient qu'une sélection d'ouvrages accessibles en français ou en anglais.

AREL Dominique et Jesse DRISCOLL, *Ukraine's Unnamed War : Before the Russian Invasion of 2022*, Cambridge, Cambridge University Press, 2023.

ARON Raymond, *Paix et guerre entre les nations*, 8e éd., Paris, Calmann-Lévy, 2004 (1962).

AUDOIN-ROUZEAU Stéphane, *La Part d'ombre : le risque oublié de la guerre. Dialogues avec Hervé Mazurel*, Paris, Belles Lettres, 2023.

BARABANOV Ilia et Denis KOROTKOV, *La Mort est notre business : la véritable histoire du groupe Wagner et de son fondateur Evgueni Prigojine*, trad. du russe par M. Rieka, préface de K. Bolchakova, Paris, Flammarion, 2024.

BEISSINGER Mark R., *Nationalist Mobilization and the Collapse of the Soviet State*, Cambridge, Cambridge University Press, 2002.

BLUHM Katharina et Mihai VARGA (dir.), *New Conservatives in Russia and East Central Europe*, Londres, Routledge, 2019.

BRAUMOELLER Bear F., *Only the Dead : The Persistence of War in the Modern Age*, Oxford, Oxford University Press, 2019.

BREUILLY John, *Nationalism and the State*, 2de éd., Manchester, Manchester University Press, 1993 (1982).

BRUDNY Yitzhak M., *Reinventing Russia : Russian Nationalism and the Soviet State, 1953-1991*, Cambridge (MA), Harvard University Press, 1998.

CALHOUN Craig, *Nationalism*, Minneapolis, University of Minnesota Press, 1997.

CLÉMENT Karine, *Contestation sociale à bas bruit en Russie. Critiques sociales ordinaires et nationalismes*, Vulaines-sur-Seine, Éditions du Croquant, 2021.

COLIN LEBEDEV Anna, *Jamais frères ? Ukraine et Russie : une tragédie postsoviétique*, Paris, Seuil, 2022.

DELANNOI Gil, *La Nation contre le nationalisme, ou la Résistance des nations*, Paris, PUF, 2018.

DIECKHOFF Alain et Christophe JAFFRELOT (dir.), *Repenser le nationalisme. Théories et pratiques*, Paris, Presses de Sciences Po, 2006.

ELTCHANINOFF Michel, *Dans la tête de Vladimir Poutine*, Paris, Actes Sud, 2015.

HALL John A. et Siniša MALEŠEVIĆ (dir.), *Nationalism and War*, New York, Cambridge University Press, 2013.

HASSNER Pierre, *La Revanche des passions. Métamorphoses de la violence et crises du politique*, Paris, Fayard, 2015.

HORVATH Robert, *Putin's Fascists. Russkii Obraz and the Politics of Managed Nationalism in Russia*, Londres, Routledge, 2021.

HOSKING Geoffrey, *Rulers and Victims : The Russians in the Soviet Union*, Cambridge (MA), Harvard University Press, 2006.

HUDSON Valerie, Mary CAPRIOLI, Rose MCDERMOTT et Donna Lee BOWEN, *Sex and World Peace*, 2de éd., New York, Columbia University Press, 2023 (2012).

HUTCHINSON John, *Nationalism and War*, Oxford, Oxford University Press, 2017.

KAPPELER Andreas, *Russes et Ukrainiens, les frères inégaux. Du Moyen Âge à nos jours*, trad. de l'allemand par D. Eckert, Paris, CNRS Éditions, 2022 (2017).

KOLSTØ Pål et Helge BLAKKISRUD (dir.), *The New Russian Nationalism : Imperialism, Ethnicity and Authoritarianism, 2000-2015*, Édimbourg, Edinburgh University Press, 2016.

KOLSTØ Pål et Helge BLAKKISRUD (dir.), *Russia Before and After Crimea : Nationalism and Identity, 2010-17*, Édimbourg, Edinburgh University Press, 2018.

KOLSTØ Pål, *Strategic Uses of Nationalism and Ethnic Conflict : Interest and Identity in Russia and the Post- Soviet Space*, Édimbourg, Edinburgh University Press, 2022.

KRASTEV Ivan et Stephen HOLMES, *Le Moment illibéral – Trump, Poutine, Xi Jinping : pourquoi l'Occident a perdu la paix*, trad. l'anglais par J.-F. Hel-Guedj, Paris, Fayard, 2019.

LARUELLE Marlène (dir.), *Le Rouge et le noir. Extrême droite et nationalisme en Russie*, Paris, CNRS Éditions, 2007.

LARUELLE Marlène, *Le Nouveau nationalisme russe. Des repères pour comprendre*, Paris, L'Œuvre, 2010.

LARUELLE Marlène, *Russian Nationalism : Imaginaries, Doctrines, and Political Battlefields*, New York, Routledge, 2018.

LARUELLE Marlène, *Is Russia Fascist ? Unraveling Propaganda East and West*, Ithaca, Cornell University Press, 2021.

MALEŠEVIĆ Siniša, *Grounded Nationalisms : A Sociological Analysis*, Cambridge, Cambridge University Press, 2019.

MILLER Alexei, *The Romanov Empire and Nationalism. Essays in the Methodology of Historical Research*, trad. du russe par S. Dobrynin, Budapest, Central European University Press, 2008 (2006).

MORAN Daniel et Arthur WALDRON (dir.), *The People in Arms : Military Myth and National Mobilization Since the*

French Revolution, Cambridge, Cambridge University Press, 2003.

NIQUEUX Michel (dir.), *La Question russe. Essais sur le nationalisme russe*, Paris, Éditions universitaires, 1992.

NIQUEUX Michel (dir.), *L'Occident vu de Russie : anthologie de la pensée russe de Karamzine à Poutine*, 2de éd., Paris, Institut d'études slaves, 2017 (2016).

ORY Pascal, *Qu'est-ce qu'une nation ? Une histoire mondiale*, Paris, Gallimard, 2020.

PLOKHY Serhii, *La Guerre russo-ukrainienne. Le retour de l'histoire*, trad. de l'anglais par J. Dalarun, Paris, Gallimard, 2023.

ROUSSELET Kathy, *La Sainte Russie contre l'Occident*, Paris, Éditions Salvator, 2022.

SCHNAPPER Dominique, *La Communauté des citoyens. Sur l'idée moderne de nation*, Paris, Gallimard, 1994.

SUSLOV Mikhail, *Putinism – Post-Soviet Russian Regime Ideology*, Londres, Routledge, 2024.

TAGUIEFF Pierre-André, La *Revanche du nationalisme : néopopulistes et xénophobes à l'assaut de l'Europe*, Paris, PUF, 2015.

TAYLOR Brian D., *The Code of Putinism*, New York, Oxford University Press, 2018.

TORBAKOV Igor, *After Empire. Nationalist Imagination and Symbolic Politics in Russia and Eurasia in the Twentieth and Twenty-First Century*, Stuttgart, Ibidem, 2018.

VUJAČIĆ Veljko, *Nationalism, Myth, and the State in Russia and Serbia : Antecedents of the Dissolution of the Soviet Union and Yugoslavia*, New York, Cambridge University Press, 2015.

WERTH Nicolas, *Poutine historien en chef*, Paris, Gallimard, « Tracts », 2022.

WIMMER Andreas, *Waves of War : Nationalism, State Formation, and Ethnic Exclusion in the Modern World*, Cambridge, Cambridge University Press, 2013.

ANNEXES

1. Carte de la Russie

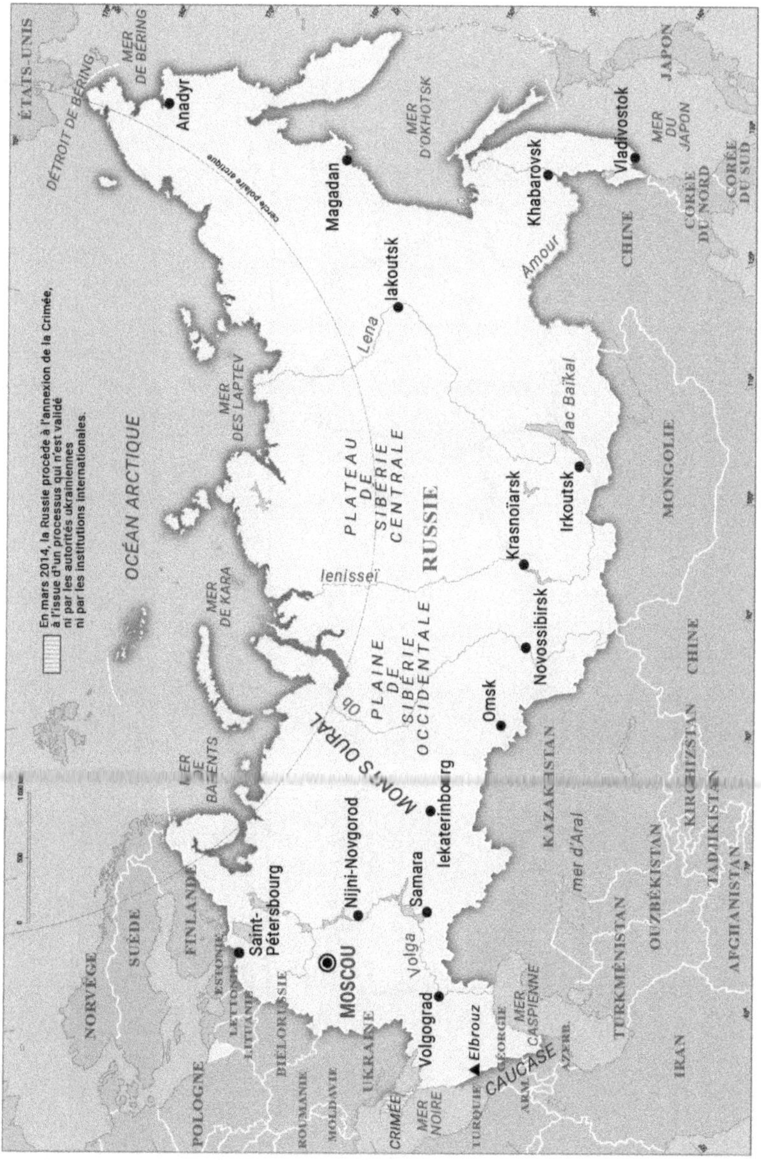

Source : Universalis. Monde-Atlas & cartes [en ligne]. Encyclopaedia Universalis. [s.d.]. Disponible sur : https://www.universalis-edu.com/atlas.

2. Cote de popularité de Vladimir Poutine

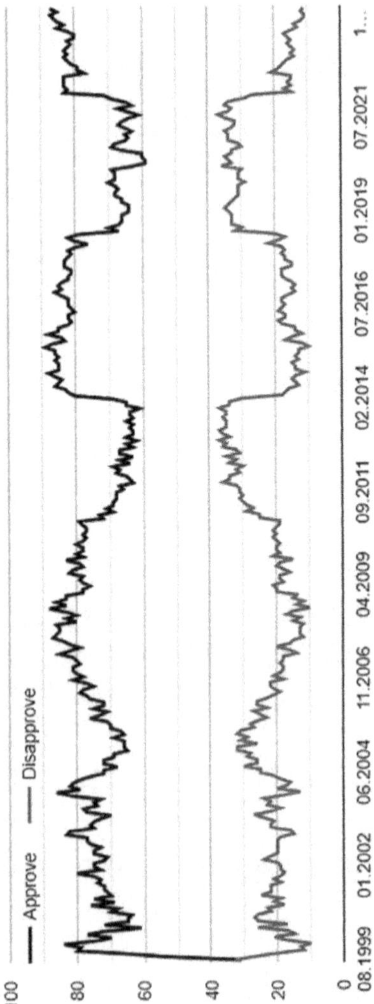

Source : Centre Levada, https://www.levada.ru/en/ratings/.

3. Allégorie de la Russie tripartite

Dimitri Sharapov, 1905. Source : *Wikimedia Commons*, http://surl.li/tvwml (en russe).

REMERCIEMENTS

Ce livre est le fruit de plusieurs années de recherche et de publications sur l'objet « nationalisme russe ». J'ai eu la chance d'être accompagné par d'excellents collègues qui ont encadré et discuté mes travaux. Émile Païne m'a initié aux études du nationalisme à l'École supérieure d'économie à Moscou. Jean Radvanyi m'a accordé toute sa confiance en acceptant de diriger ma thèse de doctorat, soutenue à l'Inalco en décembre 2021. Tous deux ont partagé avec moi leurs savoirs en faisant grandir ma culture scientifique.

Mes remerciements les plus sincères vont à mes collègues du CESPRA à l'EHESS où j'ai eu le bonheur de travailler en qualité de chercheur postdoctorant entre 2022 et 2024. Stéphane Audoin-Rouzeau, Hélène Dumas, Élisabeth Dutartre-Michaut et Christian Ingrao ont créé les meilleures conditions possibles pour mon intégration au sein de l'équipe. Leur attitude amicale, leur soutien et leurs travaux ont été pour moi une grande source d'inspiration. Je remercie l'EHESS pour le soutien financier dont j'ai bénéficié dans le cadre du projet de recherche « Penser le politique au prisme des guerres et des révolutions (XVIIe-XXIe siècles) ».

Je suis reconnaissant à toutes et tous les collègues qui ont discuté en toute amitié les hypothèses et les résultats de mes recherches. Je pense tout particulièrement à Helge Blakkisrud, Gil Delannoi, Pål Kolstø, Valéry Kossov, Marlène Laruelle et Jean-Robert Raviot qui m'ont fait des remarques pertinentes à différentes étapes de mon parcours. J'exprime ma gratitude envers Helge Blakkisrud et Marlène Laruelle pour leur immense gentillesse à mon égard.

Je sais gré à mes collègues du Centre de recherches Europes-Eurasie de l'Inalco, laboratoire auquel je reste associé. Étienne Boisserie, Catherine Géry, Sophie Hohmann et Svetlana Krylosova m'ont toujours encouragé et assisté dans toutes mes démarches. Mes remerciements vont également à Bella Delacroix Ostromooukhova et Cédric Pernette pour leur soutien sans faille.

Je remercie la Fondation des Treilles créée par Anne Gruner Schlumberger, qui a pour vocation d'ouvrir et de nourrir le dialogue entre les sciences et les arts. Le Prix du Jeune chercheur 2024 que son Conseil scientifique m'a attribué est un immense gage de confiance pour mes futures recherches.

J'exprime toute ma gratitude au Conseil d'administration de la Société des Amis de Raymond Aron qui a bien voulu me décerner le Prix pour la Recherche 2023. Je suis d'autant plus honoré que le présent ouvrage paraît dans la prestigieuse collection « Liberté de l'esprit » que Raymond Aron avait fondée chez Calmann-Lévy. L'objectif de la collection consistait à conjuguer une analyse rigoureuse de l'histoire se faisant avec l'attachement sincère aux valeurs de la liberté et de la démocratie. C'est ce dont nous avons grandement besoin en France et en Europe, hier comme aujourd'hui. Il est tout à l'honneur de cette belle maison d'édition d'avoir donné un nouvel essor à l'entreprise initiée par Aron.

C'est donc à mon éditeur, Gilles Achache, que j'adresse mes meilleurs remerciements pour ses conseils toujours avisés, son attitude bienveillante et – une qualité professionnelle de plus en plus rare – sa grande patience. Je remercie toute l'équipe éditoriale qui m'a si bien accompagné, en particulier Marie Merveilleux, Marine Montégut et Nadine Straub.

Je suis redevable à Denis Lakine, Chloé Lecomte-Planche et Adrien Nonjon qui m'ont fait l'amitié de relire certaines parties de ce livre. Je remercie également les équipes éditoriales des médias ouverts aux chercheurs, *The Conversation* et *AOC*, qui ont commenté mes précédentes publications, partiellement reprises dans certains chapitres de ce livre. J'exprime ma profonde reconnaissance à Sylvia Chassaing, Victoire Feuillebois et Axel Vinot Préfontaine pour leurs relectures particulièrement attentives et exigeantes. Le soutien de Velina Minkoff, qui croit en moi plus que je ne le fais moi-même, m'a été précieux. Je ne remercierai jamais assez Anastasia Kozyreva et Mélanie Sadozaï qui ont partagé avec moi de nombreuses discussions et moments joyeux.

Ce livre n'aurait pas vu le jour sans l'amour et la présence de Moreno Mimmo.

Dans la même collection

Hannah Arendt, *Condition de l'homme moderne*, 2018
Raymond Aron, *La Révolution introuvable*, 2018
Yves Roucaute, *Le Bel Avenir de l'humanité*, 2018
Steven Levitsky et Daniel Ziblatt, *La Mort des démocraties*, 2019
Bettina Stangneth, *La Pensée mauvaise*, 2019
Bertrand de Jouvenel, *De la souveraineté*, 2019
Laëtitia Vitaud, *Du labeur à l'ouvrage*, 2019
Jean-Marc Ferry, *Comment peut-on être européen ?*, 2020
Erica Chenoweth et Maria J. Stephan, *Pouvoir de la non-violence*, 2021
Maxence Brischoux, *Le Commerce et la Force*, 2021
Piero Ignazi, *Parti et Démocratie*, 2021
Jean-Louis Missika et Henri Verdier, *Le Business de la haine*, 2022
Gérard Grunberg, *La République et les Sauveurs*, 2022
Ágnes Heller, *Une éthique de la personnalité*, 2023
Hans Joas, *Comment naissent les valeurs*, 2023
Michael O'Sullivan et Pierre-Charles Pradier, *L'Accord du peuple*, 2024
Marie Mendras, *La Guerre permanente*, 2024

Photocomposition Nord Compo à Villeneuve-d'Ascq

Achevé d'imprimer en août 2024
par CPI BUSSIÈRE (18200 Saint-Amand-Montrond)
pour le compte des Éditions Calmann-Lévy
21, rue du Montparnasse, 75006 Paris

PAPIER CERTIFIÉ

CALMANN LÉVY s'engage
pour l'environnement en réduisant
l'empreinte carbone de ses livres.
Celle de cet exemplaire est de :
1 kg éq. CO_2
Rendez-vous sur
www.calmann-levy-durable.fr

N° d'éditeur : 7763887/01
N° d'imprimeur : 2079108
Dépôt légal : septembre 2024
Imprimé en France.